D1984993

Foto Harald Hofmann

Andreu Martín wurde 1949 in Barcelona geboren. Er studierte Psychologie und Philosophie, begann als Texter und Übersetzer von Comics und Fotoromanen, verfaßte Drehbücher und arbeitete für Theater, Film und Fernsehen. Seit den achtziger Jahren gehört er neben Vásquez Montalbán und Juan Madrid zu den profiliertesten spanischen Kriminalautoren. 1993 erhielt er den Deutschen Krimipreis für ›Bis daß der Mord euch scheidet‹. 1994 erschien in deutscher Übersetzung ›Die Stadt, das Messer und der Tod‹; dieser Roman wurde mit dem international renommierten Hammett-Preis ausgezeichnet. Andreu Martín lebt in Barcelona.

Aus Liebe zur Kunst: »Den Gedanken, über Konzept-Kunst zu schreiben, hege ich, seitdem man mir zum erstenmal von diesen merkwürdigen Ausstellungen erzählt hat, in denen die Künstler selbst das ausgestellte Kunstwerk sind...«, schreibt Andreu Martín in seinem Vorwort. Martín nennt die Quellen (wie den Wiener Aktionskünstler Otto Muehl), aber er beruft sich nicht auf sie – er denkt und schreibt sie nur ihrem blutigen Ende entgegen.
Da ist zum einen Daniel Ponce, Privatdetektiv und Maler, der mit der Suche nach drei gestohlenen Picasso-Gemälden beauftragt wird und dabei auf den Millionär und Mäzen Bartrina und den Konzept-Künstler Pascual Carlos trifft. Zum anderen ist da der junge Kellner und Casanova Esteban Rius, der von zwei Frauen entführt wird, ihnen aber wieder entkommt und schließlich für einen Mord verantwortlich gemacht und von der Polizei gejagt wird.
Sie können nicht wissen, daß sie beide von Anfang an mit eingeplant sind als Opfer, als Teil einer scheußlichen Performance...

Lieferbare Titel von Andreu Martín im Fischer Taschenbuch Verlag:
›Hammerschläge‹ (Bd. 11434), ›Don Jesús in der Hölle‹ (Bd. 11435), ›Barcelona Connection‹ (Bd. 11436); *in Vorbereitung:* ›Bis daß der Mord euch scheidet‹ (Bd. 12158/April 1995).

Andreu Martín

Aus Liebe zur Kunst

Kriminalroman

Aus dem Spanischen von
Marion Lütke

Mit einem Vorwort
von Andreu Martín und
einem Nachwort von
Juan Madrid

Fischer Taschenbuch Verlag

Veröffentlicht im Fischer Taschenbuch Verlag GmbH,
Frankfurt am Main, Oktober 1994

Lizenzausgabe mit freundlicher Genehmigung
des Elster Verlags, Baden-Baden & Bühl-Moos
Titel der Originalausgabe: ›Por amor al arte‹
Copyright © Andreu Martín 1982
Für die deutschsprachige Ausgabe (mit dem Nachwort von Juan Madrid):
Copyright © Elster Verlag GmbH u. Co. KG, Bühl-Moos 1990
Gesamtherstellung: Clausen & Bosse, Leck
Printed in Germany
ISBN 3-596-11437-3

Gedruckt auf chlor- und säurefreiem Papier

Vorwort des Autors

Den Gedanken, über Konzept-Kunst zu schreiben, hege ich seit der Zeit, als Oscar, einer der Herausgeber der satirischen Zeitschrift El Jueves, mir zum ersten Mal von diesen merkwürdigen Ausstellungen erzählt hat, in denen die Künstler selbst das ausgestellte Kunstwerk sind, oder in denen sie sich auf einen Berg aus Porzellan stürzen, um zu sehen, wie das flüchtige Sonnenlicht darin bricht. Anfangs schien es mir ein recht banales, oberflächliches und witziges Thema zu sein. Als ich mich dann mit den politischen Inhalten der Konzept-Kunst auseinandersetzte, merkte ich, daß der Roman eine ganz unerwartete soziale Komponente bekommen könnte. Und als ich schließlich mit einigen Konzept-Künstlern sprach, mußte ich feststellen, daß das Grundschema, das ich ausgearbeitet hatte, längst von der Realität überholt worden war. Als ich zum Beispiel mit Carlos Benito über die Möglichkeit sprach, in einem Mordfall die Gewalt unserer Gesellschaft widerzuspiegeln, erzählte er mir von dem österreichischen Künstler, der ein Kunstwerk gemacht habe, das darin bestand, einem Blinden mit Stockschlägen beide Beine zu zertrümmern.

Diese Kunst mit Hard-core-Pornos, die auf dem Schwarzmarkt in den USA derartig viel Geld in Umlauf bringen, zu verbinden, war ein fast schon elementarer Schritt. Ebenso unvermeidlich war die Berührung mit dem Gedanken, daß Geld und Macht selbst die revolutionärsten Theorien korrumpieren. Mit all diesem Material in Händen war es relativ leicht, dem Roman eine Form zu geben. Ich brauchte ihn nur noch als ein weiteres konzeptuelles Kunstwerk zu entwerfen, als eine verrückte und bedeutsame Performance, aus der mein Weltbild für jeden ersichtlich würde, ohne viel zwischen den Zeilen lesen zu müssen.

Andreu Martín

Inhaltsverzeichnis

Sechs Monate später

Die erste wichtige Frage wird sein: Woher kam Francisco Guillola Probat am zehnten Februar um drei Uhr morgens?
Wenn mitten auf der Straße eine Leiche auftaucht, stellt sich die Polizei immer drei philosophische Fragen: Wer war die Person? Wohin ging sie? Woher kam sie? In diesem Fall werden die ersten beiden Probleme leicht zu lösen sein. Bei dem Opfer wird es sich um genau die Person handeln, die die mitgeführten Papiere ausweisen (Personalausweis Nr. 38471949, geboren am 7. August 1933 in Barcelona, in gleichnamiger Provinz, Sohn von Abilio und Concepción, Familienstand: verheiratet, Beruf: Ingenieur). Er war unterwegs zu seinem Talbot SX, den er in der Calle Loreto geparkt hatte, ungefähr fünfzig Meter von der Stelle entfernt, an der später seine Leiche gefunden werden sollte. Aber: Woher kam er?
Seine Frau wird selbstverständlich sagen, daß alles erklärbar sei, und sie wird der Polizei zu verstehen geben, daß sie keinen Widerspruch dulde. Ihrer Meinung nach hatte Francisco gerade die Firma verlassen, bei der er angestellt war (PROMISA, mit Sitz im Industriegebiet von Vallès, ungefähr zehn Kilometer von Barcelona entfernt). »Um sieben rief er an (Schluchzen), um mir zu sagen, daß er noch einige dringende Arbeiten zu erledigen habe (Stammeln) und daß ich mit dem Essen nicht auf ihn zu warten brauche und daß ich ruhig schon schlafen gehen solle (ersticktes Schluchzen). Das war nichts Ungewöhnliches (Weinen). Er hat zuviel gearbeitet!«
Die beiden Inspektoren vom Morddezernat, die ihr die Nachricht überbringen, werden sich angesichts dieser unangenehmen Situation ratlos anschauen. Einer jungen Witwe mitzuteilen, daß ihr Mann gerade ermordet worden ist, erweist sich immer als überaus schwierig. Solche Nachrichten rufen immer Schluchzen, Stammeln, Schlucken, Weinen und Hysterie hervor. ›Beruhigen Sie sich, bitte, beruhigen Sie sich doch.‹ Wesentlich peinlicher wird es noch, wenn man hinzufügen muß: »Herr Guillola kam nicht von der Arbeit, denn seine Firma befindet sich zehn Kilometer außerhalb von Barcelona. Er und sein

Auto wurden aber in der Innenstadt, in der Nähe der Plaza Francesc Macià, gefunden.« Durch eine solche Eröffnung stellt man unmittelbar die logische Schlußfolgerung in den Raum: ›Ihr Mann hat Sie betrogen, gnädige Frau.‹

Es ist nicht leicht, diese Rolle zu spielen.

Jorge Dalmau, zuständig für Öffentlichkeitsarbeit bei PROMISA und enger Freund des Verstorbenen, wird die Vermutungen bestätigen.

»Nun ja, er tischte seiner Frau ab und zu eine kleine Lüge auf... Sorgen Sie dafür, daß sie nichts davon erfährt. Sie leidet so... Na ja, er hat mir von einem Massagesalon in der Calle Loreto erzählt, wo er gewöhnlich hinging. Manchmal erzählte er seiner Frau, daß er noch zu arbeiten habe, und ging dorthin, um... na ja, sie können sich schon vorstellen... Aber sagen Sie seiner Frau nichts davon. Sie leidet so...«

In der Tat wird die Chefin des Massagesalons Sensus (für dessen Ansehen sich ein Arzt mit deutschem Namen verbürgt) die endgültige und unbestreitbare Antwort auf diese noch offene Frage geben.

»Jawohl, Herr Guillola war in der Nacht vom neunten auf den zehnten Februar bei uns. Ja, bis ungefähr drei Uhr früh. Jawohl, gewöhnlich kam er mindestens zweimal die Woche. Er hatte Rheuma, und wir behandelten ihn nach der Spezialmethode des Doktor Weisshagen, der dieses Haus leitet.«

Mit *›wir‹* meinte die Frau wohl die Masseusen (oder sollte man besser sagen: die Krankenschwestern), deren kurze Bademäntel ihre schönen Beine zur Geltung brachten. Wenn Polizisten ein solches Etablissement besuchen und ihre Polizeimarken vorzeigen, kommt es mit Sicherheit zu einer Art Erdbeben. Ein Aschenbecher landet dann schon mal ungewollt auf dem Boden. Am Ausgang wird ein Inspektor den anderen fragen:

»Kannst du dir vorstellen, was für'n Rheuma Guillola hatte?«

Und der andere, der sich durch seinen derben Humor auszeichnet, wird antworten:

»Irgendein Glied wird wohl zu hart gewesen sein, und deshalb brauchte er Massagen.«

Von da an wird der Ausgangspunkt für die Untersuchung feststehen:

Ein junger, gutaussehender Manager betrügt seine Frau. Während sie annimmt, daß er sich krummlegt, um das Familieneinkommen zu vergrößern, sucht er ein Haus von zweifelhaftem Ruf auf. Dort bleibt er bis kurz vor drei Uhr morgens (den Angaben des Amtsarztes zufolge der Stunde seines Todes). Zufrieden macht er sich auf den Weg, entspannt und gestärkt durch die Massage, und begibt sich zum Auto. Aber irgend jemand stellt sich ihm in den Weg. Jemand mit einem Messer (oder einem anderen spitzen Gegenstand), der ihn dazu überredet, Mantel, Jackett und Weste abzulegen. Ein Mann mit einem Messer kann jeden zu allem überreden. Man hat ihm den Weg versperrt und ihn zur Ecke einer nahegelegenen Sackgasse geschleppt. Man wird ihm irgendeinen rituellen Satz gesagt haben. So was in der Art wie: »Die Brieftasche«, »Keine Mätzchen, sonst schlitz ich dich auf.« Hat er die Brieftasche freiwillig hergegeben, oder hat man sie ihm später abgenommen? Hat er Widerstand geleistet? Unwichtig. Tatsache ist, daß das Messer ins Hemd drang, sich zwischen die Rippen bohrte und brutal herumgedreht wurde. Ein grausames und überflüssiges Detail. Der Stich war zweifellos tödlich. Diese Geste vergrößerte lediglich die Qual des Opfers. *Aber der Mörder war kein Profi.* Er wurde ungeduldig. Riß das Messer aus der Wunde und stach nochmal zu, jetzt in den Magen, in den Bauch, zweimal, dreimal.

Schließlich knöpfte er Weste, Mantel und Jackett des Opfers wieder zu, so als wolle er die Wunden und das Blut verbergen. Er setzte den Toten auf den Boden, lehnte ihn mit dem Rücken an eine Wand und bog ihm die Beine so zurecht, bis er in einer Art Fötushaltung dasaß. Als besonders bizarres Detail stellte er vor den Toten ein großes Stück Pappe.

In dieser Gegend, eines der besseren Viertel Barcelonas, sind Bettler nicht gern gesehen. Die Passanten gehen achtlos an ihnen vorüber und beschleunigen ihren Schritt, um sie so schnell wie möglich hinter sich zu lassen. Deshalb wird niemand die teure und frischgebügelte Kleidung des Penners bemerken, und auch nicht die dunklen Flecken auf seiner Hose und den Lederkoffer an seiner Seite. Jedenfalls niemand bis kurz vor neun am nächsten Morgen. Dann wird ihn jemand ansprechen, *wird das Blut entdecken,* wird ihn an der Schulter rütteln, und Francisco Guillola Probat wird in sich zusammensacken wie ein Kartenhaus, unwiderruflich tot. Jemand wird die Nummer 091 wählen und in dieser ruhigen und respektablen Gegend ein stundenlanges Kommen und Gehen von Sanitätern, Polizisten, Zeugen und Gaffern verursachen.

Auf dem Stück Pappe neben dem eleganten Koffer des Managers wird man die unbeholfenen Sätze eines Analphabeten lesen können:

HAB FRAU UND DREI KINDER.
KEIN ABEIT.
HAB HUNGER.
BITTE UM
GNADE.

Ein Tag zuvor

Die Spotlights blenden, als wollten sie alle Anwesenden zum Wahnsinn treiben. Esteban verzieht sein Gesicht zu einer Grimasse des Widerwillens. Plötzlich gehen die gelben und roten Lichter aus. Das schwarze Licht erzeugt ein schwindelerregendes Flimmern, alles erscheint und verschwindet im Rhythmus eines ratternden Maschinengewehrs. Tak-tak-tak. Frenetische Bewegungen lösen sich wie in Zeitlupe auf. Arme brauchen Jahrhunderte, um sich zu heben, und Ewigkeiten, um sich wieder zu senken. Verneinendes Kopfschütteln im Dreiertakt. Tak-tak-tak. Füße in der Luft, Füße auf dem Boden. Zärtliche Gesten (die Hand eines Mannes auf dem Knie eines Mädchens) wirken jäh und abgehackt wie Ohrfeigen, die in der Luft herumfuchtelnden Hände der Tänzer dagegen wirken unendlich langsam.

Und die Musik ist ohrenbetäubend.

»Was ist los, Téfano!?« schreit Pepe.

Esteban schaut zu ihm rüber, schüttelt den Kopf und geht an den Tisch, an den man ihn heranwinkt. Die Kleine ist farblos wie ein Backfisch, vom Fummeln fast bis zur Atemlosigkeit erregt. Das Hemd des Jungen ist aufgeknöpft. Esteban erinnert sich an die Hand des Mädchens, die die spärlich behaarte Brust streichelte, als sie sich gierig küßten. Die Hand des Typen unterdessen... Ach, was soll's!

»Nochmal das gleiche,« schrie der Grünschnabel.

»Was hattet ihr?«

Und die Musik, tam, tam, tam... »Ein Gin Tonic und ein Sanfrancisco!«

...ohrenbetäubend.

»Der Sanfrancisco ohne Alkohol?«

»Tu ihm diesmal was Scharfes rein«, sagt das Mädchen.

Esteban drängt sich bis zur Theke vor.

Was soll schon sein. Nichts. Nur, daß er kein Mädchen mehr hat, und das deprimiert ihn. Nicht, daß er unsterblich verliebt gewesen wäre, das hätte ihm noch gefehlt. Das Schlimme war, daß Raquel Schluß

gemacht hatte, und nicht er. Das tut weh. Esteban mag es nicht, wenn Frauen Eigeninitiative zeigen. Und Raquels überraschendes und brutales Verhalten heute morgen hatte ihm gar nicht gefallen.
»Ich gehe«, hatte sie gesagt.
»Was?«
»Ich gehe.«
»Aber du wolltest doch zwei Wochen bleiben...«
»Egal, ich gehe.«
Sie packte ihre Sachen, schob ihn zur Seite, ging zum Schrank, holte ihre Kleider heraus, schob ihn zur Seite, ging zum Koffer. Sie schob ihn zur Seite wie irgendeinen lästigen Gegenstand.
»Aber wieso?«
»Weil ich muß, Téfano, genau darum, oder soll ich dir jetzt mein Leben erzählen?«
Das war ihm noch nie passiert, und nie im Leben hätte er damit gerechnet, daß ihm sowas passieren könnte. Wenn ihm eine Frau auf diese Tour käme, würde er ihr eine verpassen, daß sie nicht mehr wüßte, wo ihr der Kopf stände, hatte er immer vor seinen Freunden geprahlt. Aber an diesem Morgen, vor vollendete Tatsachen gestellt, konnte er nur wie ein Fisch nach Luft schnappen. Und er spürte, wie er drauf und dran war loszuheulen, untröstlich, niedergeschlagen, am Boden zerstört, verknallt wie ein Schuljunge. Er sah Raquel vor sich und fand sie noch schöner als damals, als sie nackt am Strand zwischen den Felsen lag; schöner als damals, als sie sich ihm mit diesem lasziven Lächeln hingab; schöner als in der Disco, wo sie sich vor drei Tagen kennengelernt hatten.
»Was trinkst du?«
»Wann macht ihr zu?«
»Ungefähr in einer Stunde.«
»In einer Stunde trinke ich... Bring mir drei Gin Tonics und einen Kellner, der mir Gesellschaft leisten will.«
Jetzt noch, hier in der Disco an der Theke (»Ein Gin Tonic und ein Sanfrancisco mit Alkohol, Pepe!«), litt er unter diesem ungeheuren Druck in der Lunge, dem Knoten im Hals und dem unermeßlichen Schmerz, den er heute morgen verspürte, als Raquel die Tür öffnete und sagte: »Jetzt geh bitte«, in einem Tonfall, als spräche sie mit dem Hotelboy.
Esteban war wie versteinert, fassungslos und hilflos wie ein Kleinkind, das sich im Wald verlaufen hat. Fast hätte er sie um einen Kuß

gebeten, einen letzten Kuß, aber er konnte sich glücklicherweise zusammenreißen. Stocksauer betrat er den Hotelflur, die Straße, die Welt. Den ganzen Morgen über war er außer sich vor Wut. Nach dem Mittagessen überfiel ihn eine unsägliche Melancholie.

»Du brauchst einen neuen Flirt«, hatte Pepe gesagt, als sie die Disco aufschlossen.

»Was ich brauche, ist Raquel«, hatte Esteban erwidert, ohne sein eigenes Erstaunen zu verbergen. »Diese Frau ist was Besonderes, ich schwör's dir, sie ist einzigartig. Du hast sie ja nicht richtig gekannt, aber…«

»Du doch auch nicht, Téfano, jetzt hör aber auf. Sie war doch nur drei Tage hier.«

Pepe stellt das große, rote Glas Sanfrancisco auf das Tablett, die Flasche Tonic, die Flasche Gin und das Glas. Geschickt drängt sich Esteban erneut durch die Menge, »Vorsicht, bitte«, bis zu dem erregten Pärchen, das unruhig zu ihm aufschaut, als litte es schon unter Entzugserscheinungen.

Mit den geschickten Bewegungen eines Profis gießt Esteban den Gin über Zitrone und Eiswürfel und füllt das Glas mit Tonic auf. Durch das Licht bekommt das Gemisch eine helle, eisblaue Farbe. Esteban beugt sich vor, um das Gebräu auf den Tisch zu stellen. Aus den Augenwinkeln sieht er zwei lange Beine, leicht geöffnete Schenkel und einen Minirock, der da aufhört, wo die Beine anfangen. Fast *körperlich* spürt er den eindringlichen Blick, der ihn durchbohrt. Ohne von den Schenkeln hochzuschauen, hätte er die Augen beschreiben können: Hell, groß und geheimnisvoll. Ein durchdringender Blick, vieldeutig und verheißungsvoll, der wie gebannt auf Esteban gerichtet ist, auf seine energischen Gesichtszüge und sein volles schwarzes Haar. Einer dieser Blicke, die Urlaubseroberungen ankündigen. Als das Mädchen (die lange blonde Mähne aus dem Gesicht gekämmt) sich ertappt fühlt, wendet sie sich verwirrt ab und schaut zur Tanzfläche. Plötzlich haben alle angefangen zu tanzen, plötzlich sind ihre Bewegungen nicht mehr unsinnig. Und die Musik ist nicht mehr schrill, nicht mehr zum Verrücktwerden. *Die young stay pretty* von Blondie, ein guter Song. Trotz der verbrauchten Luft im Lokal kann Esteban wieder richtig atmen.

»Müssen wir noch was zahlen?« fragt der Typ mit dem Gin Tonic, der Esteban offensichtlich loswerden will.

»Wie bitte? Was? Ach so, ja…«

»Wieviel?«
Das Pärchen wartet ungeduldig darauf, weiterfummeln zu können. Esteban braucht eine ganze Weile, bis er wieder einen klaren Gedanken fassen und rechnen kann. Die beiden müssen ihn nochmal auffordern, endlich zu kassieren.
Die Blonde schaut weiter zur Tanzfläche, aber es scheint sie ziemliche Überwindung zu kosten. Lieber würde sie Esteban betrachten... (bewundern?).
»Was trinkst du?«
Grüne Augen durchbohren ihn, zack, wie ein Blitz. So ein Blick ist nicht mit Geld aufzuwiegen.
»Du bist doch wohl hier, um was zu trinken, oder?« beharrt Esteban.
»I beg your pardon?«
Ihre Lippen bewegen sich in Zeitlupentempo. Lippen, die zum Küssen wie geschaffen sind. Und wenn sie ihre Lippen bewegt, merkt man, daß sie wenig Übung in dieser Sprache hat. Sie ist keine Engländerin. Schwedin vielleicht, aber jedenfalls ist Englisch nicht ihre Sache. Sie beugt sich zu ihm rüber, als wolle sie sich ihm zum Geschenk anbieten. Ihr Kleid ist weit ausgeschnitten, und unter dem leichten Stoff können sich ihre vollen Brüste frei bewegen.
Esteban kratzt sich an der Wange und macht sein Komiker-Gesicht (eine Nachahmung von Woody Allen), das alle Frauen verrückt macht. Unterdrücktes Lächeln.
»Me«, sagt er, *»waiter«*, und tippt sich auf die Brust. *»You drink. Or not.«*
»Yes, drink«, sie unterdrückt ihr Lächeln *nicht*. *»Yes...«*, überlegt sie. Sie ist so verliebt, daß sie sich nicht konzentrieren kann. »Genau wie ich«, denkt Esteban.
»Gin Tonic?« schlägt er vor.
»Oh, yes...«, sagt sie gefügig, denn nach einer Unterhaltung mit Apollo wird alles köstlich schmecken. *»Yes, Gin Tonic.«*
Im Takt der Musik geht Esteban zur Theke.
»Einen Gin Tonic, aber schnell!« ruft er euphorisch.
Pepe beugt sich zu ihm rüber, ohne sein fleißiges Hantieren mit Gläsern und Flaschen zu unterbrechen, und schlägt einen vertraulichen Ton an.
»Also, sei doch ehrlich«, nimmt er den Gesprächsfaden wieder auf, »wie viele Frauen hast du diesen Sommer denn schon aufgerissen?«

»Puh«, stöhnt Esteban. Er bewegt Schultern und Arme, so als hätte er gerade einen neuen Tanz erfunden.
»'ne Menge, nicht? Und alle sind abgehauen, oder?«
»Die eine geht, die andere kommt«, trällert Esteban. »Wird das endlich was mit dem Gin Tonic?«
»Du bist verrückt«, schließt Pepe und stellt die Sachen aufs Tablett, »ich meine, diese Raquel ist doch nur eine von vielen, Mann...«
»Raquel?« empört sich Esteban. »Was für 'ne Raquel? Was erzählst du denn da für einen Blödsinn. Hör doch auf, Mensch, quatsch doch nicht so 'n dummes Zeug..!«
Die blonde Erscheinung ist noch da. Und auch ihre Blicke. Sie steht an ihrem Platz, läßt ihn nicht aus den Augen, bis die Disco schließt. In der Zwischenzeit haben sich verschiedene Einfaltspinsel an sie rangemacht. »Willst du tanzen?« Sie hat nein gesagt. Sie hat sie nicht einmal angelächelt. Sie hat sie nicht eines einzigen Blickes gewürdigt. »Nein« und Punkt. Unerbittlich. In seinen freien Minuten hat Esteban mit ihr geplaudert, seine wenigen Wörter Englisch gestammelt und das Fehlen der Sprache durch Gestik wettgemacht, worin er besonders talentiert war.
»Ich, Esteban, und du...? *You? Name?*«
»Du, Teban? Ich, Judy.«
»Du ... allein? *Alone?*«
»Ich, *Freundin.*«
»Ich, *Freund. Friend.* Ich glücklich, *happy,* du Freundin.«
»Ich glücklich, du *happy,* ich *friend.*
Die beiden sind glücklich. Später, am Strand, gehen sie erregt Hand in Hand. Eine feuchte, salzige Brise zerzaust ihr Haar. Judy zieht Esteban in Richtung Hafen. Alles ist romantisch und verlockend: das Schweigen; die Boote, die leicht im Wind schaukeln; die Wellen, die wollüstig die Kaimauer streicheln; der Mond dort oben und das ganze Drum und Dran. Schließlich traut sich Esteban, seinen rechten Arm um die Blondine zu legen. Die Art, wie sie sich an ihn schmiegt, verspricht ihm tausend Liebeswunder. Kichern, hi, hi, hi. Sie ist größer als Esteban, ihr Mund liegt genau in Augenhöhe des Jungen.
Als sie zum Anlegeplatz kommen, glaubt Esteban, daß sie in eines der Boote klettern werden, aber Judy biegt nach links ab, überquert die menschenleere Promenade und führt ihn in eine stockdunkle Straße. Einen kurzen Moment lang werden sie von Autoscheinwerfern geblendet. Esteban kommt zu dem Schluß, daß er sich nun den ersten

Kuß erlauben könne. Er erlaubt ihn sich, gegen die Holztür der einzigen Speditionsfirma des Dorfes gelehnt. Bis dahin war es Judy gewesen, die ihm mit ihren Augen, ihrem Kichern, ihren Brüsten, ihrem Minirock und ihren unendlich langen Beinen tausend Wunder versprochen hatte. Jetzt war die Reihe an ihm, mit seiner Zunge, seinen Händen, seinem Bauch. Das Gleichgewicht war hergestellt. Dem ersten Kuß folgen mehr, zärtliche Bisse in den Hals, ins Ohrläppchen, hihihi. Und die Hände sind überall. Ein anderes Auto taucht sie sekundenlang in Scheinwerferlicht.

»*Come on*«, seufzt sie verlangend. Sie zerrt Esteban zu einem Ford Transit am rechten Straßenrand. Judy öffnet die hintere Tür, und die ganze Welt erstrahlt, als sei dies der Eingang zum Paradies.

Innen sieht der Wagen aus wie ein kleines Apartment. Küche, eingebaute Betten und so weiter. Eine dunkelhaarige Frau liegt auf dem Boden, der aussieht wie eine riesige Matratze. Kilometerlanges Gewühl aus Bettlaken, aus denen sie hervorblinzelt. Sie fängt an, eine Sprache zu sprechen, die weder wie englisch noch sonstwie bekannt klingt. Das Bettlaken verrutscht und eine rosige Brustwarze ist zu sehen. Esteban stockt der Atem. Mit offenem Mund schaut er auf Judy. Judy zeigt auf die Dunkelhaarige, lächelt ihn an, erzählt irgendeinen Quatsch und sagt:

»Erika.«

Esteban braucht eine Weile, um die Fassung zurückzugewinnen. Langsam versteht er, was ihn erwartet, aber er muß erst dreimal schlucken, bevor er es richtig begreift. Er kann sich nicht recht zwischen Erika oder Judy entscheiden, aber sie werden ihm wahrscheinlich sowieso keine Wahl lassen. Na ja, es wird das erste Mal sein, daß er's so macht, und er wird bestimmt nicht kneifen. Nur zu, was sind schon zwei Nummern in einer Nacht. Oder vier, oder...? Und was sich nicht von unten regeln läßt, wird eben von oben erledigt! Nur zu, Mann, du hast den Hauptgewinn gezogen und wirst ihn dir doch nicht entgehen lassen, oder?

Er klettert in den Wagen. Erika, die Dunkelhaarige mit den kleinen, kegelförmigen Brüsten, ist plötzlich hellwach. Mit einem Laut des Entzückens wirft sie sich auf ihn, knabbert an seinen Lippen und leckt sein Gesicht, nackter und verführerischer als Eva in der Bibel. Man muß langsam und vorsichtig vorgehen, denkt Esteban, aber Erika ist nicht seiner Meinung. Judy schließt die Tür, und schon greifen vier Hände nach ihm. Er ist vom Küssen und Streicheln wie berauscht.

Paß auf, Esteban, stell sie beide zufrieden, und du hast für den Rest des Monats ausgesorgt.
Es ist wie bei einem Handballspiel. Esteban ist der Ball. Er wechselt von einer zur anderen. Judy hat sich das Kleid ausgezogen. Esteban weiß nicht, wohin zuerst mit seinen Händen. Er ahnt, daß er morgen Muskelkater in der Zunge haben wird. Seine Umgebung fängt an, sich zu drehen, so als säße er in einem Riesenrad. Die Lust treibt ihn zum Wahnsinn. Ihm wird schwindlig vom vielen Hin-und Herschauen. Erika denkt nur an sich, sie ist die Unersättliche, die Verschlingende. Judy ist die Zärtliche. Sie lädt seine Batterien wieder auf. Erst sie, dann die andere, hin und her, von einer Seite zur anderen... Und dann plötzlich dieses Spray, das Estebans Gesicht in eine übelriechende Wolke hüllt.
Er wird blind. »Aaahhh...« Ein ekelhafter Brechreiz durchzuckt ihn. Er schlägt um sich, ohne irgend etwas greifen zu können. Er fühlt nichts mehr, er sieht nichts mehr. Ein weiches Stück Stoff legt sich auf Mund und Nase. Jetzt fühlt er Haut, Haare, die lange Mähne von Judy, aber die Flüssigkeit dringt durch die Nase ins Gehirn, in seine erblindeten Augen. Sein Körper wird langsam leer, wie der einer aufblasbaren Puppe, aus der die Luft rausgelassen wird. Ein schreckliches Kribbeln, und Esteban vergißt die beiden Mädchen, das blonde Haar, die weiche Haut. Er vergißt alles. Es gibt nur noch diesen Strudel, das Schwindelgefühl, den Alptraum, den Wahnsinn, das Dunkel, die Ohnmacht, heftiges Atmen, Träume. Er sitzt im Flugzeug. Er fliegt. Fliegt an einen unbekannten Ort.

Der Tag der Tat

Das erste, was Esteban wieder spürt, ist die Liebkosung in seinem Gesicht, die Feuchtigkeit auf seinen Wangen, das Gewicht auf seinem Körper, das Kitzeln an seinem Geschlecht, eine warme Hand, erfahrene Finger.
Er öffnet die Augen, blinzelt und entdeckt ganz in seiner Nähe Erikas Gesicht, das Gesicht einer unartigen Göre. Sie lächelt ihn an, als wolle sie ihn um Verzeihung bitten. Über ihm ein Dach aus wurmstichigen Balken, die fast in der Luft schweben. Das Dach ist durchlöchert wie ein Sieb. Man kann den Himmel sehen, viel zu hell und furchtbar blau. Große Steinblöcke und alte Gewölbe, wie in einer Kirche. Erika streckt ihre Zunge raus, legt sich wieder auf ihn und leckt seine Wangen, seine Lippen, seinen Hals, sein Ohrläppchen. Trotzdem ist die Situation nicht angenehm.
Er liegt auf dem Boden, hart und unbequem. Kleine Steinchen bohren sich in seinen Rücken. Seine Hände, unter ihm, sind gefesselt. Zwei Metallringe umschließen seine Handgelenke und drücken schmerzhaft auf seine Nieren. Angebunden, mit Handschellen gefesselt, ein Gefangener. Er ist zwei Sadomasochistinnen oder so was Ähnlichem in die Hände gefallen. Erika flüstert ihm zärtliche Worte ins Ohr, aber auch das ist nicht angenehm. Esteban versteht diese Sprache nicht. Jeder Satz kommt ihm vor wie eine Drohung. Dennoch, wie die Dinge manchmal sind, macht es ihn an. Man sagt, daß Angst genauso erregend wirken kann wie ein Pornofilm, und er erfährt das in diesem Augenblick am eigenen Leibe. Mal sehen, ob die Masos recht haben. Egal, Hauptsache, man tut ihm nicht weh. Er mag es nicht, wenn seine Hände gefesselt sind. Deshalb zieht sich sein Körper ruckartig zusammen, und er stößt die Dunkelhaarige mit einem Grunzen weg. Aber sie richtet sich auf und lächelt immer noch auf diese provozierende Art. Der geöffnete Reißverschluß des weißen Overalls läßt ihre kegelförmigen Brüste erkennen. Auf Esteban wirken sie wie gefährliche Waffen. Erika fängt an, sich zu entblößen. Sie zieht den Overall bis zur Taille runter und steigt aus der Hose. Esteban verwechselt das

Zittern der Angst mit dem der Erregung. Er lächelt, halb beglückt, halb schüchtern und leicht dümmlich. Fast würde er mit den Zähnen klappern.
»Bind mich los, Kleine. Los, mach schon...« murmelt er mit belegter Zunge. Sein Mund ist völlig ausgetrocknet. Kopfschmerzen, Katzenjammer. Er hat das Gefühl, als würde jemand seine Lunge kneten. Als wäre ihm sehr kalt.
Erika setzt sich rittlings auf ihn und bewegt sich geschickt. Sie beide passen ausgezeichnet zueinander. Es wäre köstlich, wenn man ihm nicht die Hände unter seinem Körper gefesselt hätte. Es wäre großartig, wenn er diese Haut, diese Kurven, diese weichen und diese knochigen Stellen streicheln könnte. Es wäre herrlich, in einem Bett zu liegen, selbst wenn es nur die Pritsche im Wohnmobil wäre. Es wäre wunderbar, es richtig gut zu machen. Aber gleichzeitig denkt er, daß auch die unvollkommenen Dinge manchmal ihre guten Seiten haben. Denn sie bewegt die Hüften, als würde sie eine brasilianische Samba tanzen. Und das Gefühl, das vom Bauch bis in seinen Kopf steigt, hat die Stärke der Niagarafälle. Der bloße Anblick dieses göttlichen Körpers läßt die Eisenringe vergessen, die sich in seine Nieren und Handgelenke bohren, die kleinen Steine, die seinen Rücken malträtieren. So ändert Esteban seine Meinung.
»Mach, Mädchen, mach, alles hängt nur von dir ab«, sagt er. »Komm, komm, komm...!«
Und endlich: *»Ahhhh!«* Im Schaudern versinken, in der Lust schwimmen, für eine Sekunde in der Bewußtlosigkeit untertauchen. Atemlos werden und die Lungen mit frischer, kalter Luft füllen. Sie läßt sich auf ihn fallen. Die Eisenringe fangen wieder an, seine Nieren zu martern und seine Handgelenke zu quälen. Esteban wird sich wieder seiner Situation bewußt.
»Komm, jetzt mach mich los, verdammt!«
Erika, die Dunkelhaarige, scheint auf ihm eingeschlafen zu sein. Sie atmet tief durch und ihr Atem kitzelt seinen Hals. Esteban versucht es auf die zärtliche Tour:
»Nun mach schon, Süße, mir tut alles weh...«
Wie, zum Teufel, sagt man, ›Binde mich los‹, auf Englisch?
Von ferne hört er eine Stimme. Erika schreckt hoch. Esteban kann es nicht wissen, aber der Befehl, der noch im Raum widerhallt, hieß: »Bind ihn los«. In dieser unbekannten Sprache; vielleicht war es ja schwedisch. Erika schenkt ihm verschwörerisch ein letztes zärtliches

Lächeln und wird wieder ernst. Sie steigt in den weißen Overall mit den silbernen Reißverschlüssen. Jetzt kann Esteban Judy sehen, die reizende Blondine mit den grünen Augen, die sich in der vergangenen Nacht in ihn verliebt hatte. Sie hat den gleichen Overall wie ihre Freundin an und hält noch einen weiteren in der linken Hand. In der rechten hält sie eine Automatik, die viel zu groß ist für ihre zarten Finger.

Sie befinden sich in der Ruine einer Kirche. Ein Spitzbogen führt nach draußen. Kleine Schießscharten sind über die Wände verstreut.

»Hallo, Judy!« Esteban versucht, sich einzuschmeicheln. »Wie wär's, wenn ich's mit dir ungefesselt treibe?«

Ihm ist klar, daß sie ihn nicht versteht, aber er muß reden. Die Pistole macht ihn nervös.

Judy gibt Erika den anderen weißen Overall. Sie kommt näher, resolut, hart und unversöhnlich. Es ist vorbei mit dem Liebemachen. Jetzt ist Krieg angesagt. Noch ein Befehl, *tamtarata!* Vielleicht: ›Zieh ihm den Overall an‹? Wie auch immer, Esteban ist alles egal. Er stemmt sich mit den Füßen ab und versucht zurückzuweichen, indem er seine Schultern über den Boden schiebt. Der nächste Befehl gilt ihm. Ein Wink mit der Pistole: »Aufstehen!« ›Sie werden mich umbringen‹, denkt Esteban. Okay, auf die Füße. Wenn er weiter wie eine Schnecke am Boden kriecht, wird er sowieso nicht fliehen können. Er kommt sich lächerlich vor, wie er sich um die eigene Achse dreht, sich auf den Ellbogen abstützt und auf den Knien herumrutscht, um aufstehen zu können. Seine geschwollenen Hände schmerzen, sein Herz pocht rasend, und er spürt ein stechendes Gefühl in der Magengegend. Erika macht sich an seinen Handschellen zu schaffen. Sie ist todernst. Sie müssen ihn losbinden, um ihm den Overall anzuziehen. Judy, die Lange, drückt ihm die Pistole an den Hals. Esteban erstarrt zur Salzsäule. Mit erhobenem Kinn versucht er die Berührung mit dem kalten Metall zu vermeiden. ›Sie werden mich umbringen. Einfach so, weil sie wahnsinnig sind.‹

Eine Hand ist frei, die andere auch. Sie sind übel zugerichtet, schmerzen.

Judy greift mit ihrer freier Hand nach dem obersten Knopf von Estebans Hemd, reißt ihn ab, macht dasselbe mit dem zweiten. Dann brüllt sie irgendwas. Nicht schwer zu verstehen, was es heißen soll: »Zieh das aus, los, zieh dich aus!« Und die Pistole an seinem Hals. ›Die bringen mich um. Ich muß fliehen.‹ Ein Knopf, der nächste, und noch einer. Seine Hände zittern. Seine Finger bewegen sich wie von selbst. Esteban läßt das Hemd auf den Boden fallen. Eine blitzschnelle Handbewegung, und die Pistole zeigt auf seine Hose. Seine Hände zerren an dem Gürtel. Sie machen, was sie wollen, wider Estebans Willen. Sie greifen nach der Pistole, schlagen sie weg. Esteban springt zur Seite, um einem Schuß auszuweichen, der nicht losgeht. Mit seinen Schultern stürzt er sich auf die riesige Judy. Sie straucheln, stolpern übereinander und fallen zu Boden. Esteban ist nur noch von einem Gedanken besessen: die Pistole in eine andere Richtung zu drehen, damit der Schuß gegen das Dach geht, gegen die Wand oder sonstwohin. Schrilles Geschrei. ›Sie sind schwächer als du, kreischen wie Frauen; haben nicht das nötige Reaktionsvermögen für eine Schlägerei.‹

Erika wirft sich auf ihn. Esteban verpaßt ihr einen Fußtritt, ohne genau zu zielen. Eigentlich wollte er ihr ins Gesicht treten, aber er traf ihre Brust. Ein Schrei. Erika taumelt und fällt hin. Er wird am Hals gepackt, aber mit einer heftigen Bewegung kann Esteban die bewaffnete Hand abschütteln. Judy ist hinter ihm. Sie versucht ihn zu würgen, läßt die Pistole nicht los. Esteban konzentriert sich ganz auf dieses zarte, weiße Handgelenk, das so zerbrechlich wirkt wie Porzellan. Er kann es ihr brechen, wenn er will. Das weiß er. Ein-, zwei-, dreimal schlägt er ihre Hand auf den Boden, bis Blut aus den Fingerknöcheln fließt. Aber sie würgt ihn immer noch. Er bekommt keine Luft mehr. Erika liegt wieder auf ihm, greift ihm zwischen die Beine. Esteban reagiert, als hätte er in eine Steckdose gefaßt. Er zappelt wie wild, schüttelt sich, und Erika fällt unbeholfen zur Seite. In einiger Entfernung fällt die Pistole auf den Boden. Judy brüllt Befehle. Erika fängt an zu rennen. Esteban macht sich los, schlägt um sich, trifft Judy, wo, weiß er nicht. Er springt, hebt die Pistole auf. Mit der Waffe in der Hand macht er eine Volldrehung, prallt mit Judy zusammen, die auf ihn zugestürzt war. Ineinander verknäult gehen sie zu Boden. Esteban hat sie nicht bändigen können. Vor allem hat er ihre bewaffnete Hand nicht zu packen gekriegt. Deshalb zögert er jetzt keine Sekunde mehr. Es ist zwar unschön, eine Frau zu schlagen, besonders mit einem spitzen Gegenstand, aber Notwehr ist Notwehr. Mit einem erschütternden Schlag saust die Pistole auf ihren mit weißem Stoff bedeckten Rücken nieder. Zack! Ein Schrei. Und nochmal. Zack! Auf den Kopf, bis Blut fließt. Judy liegt ganz ruhig da, fast entspannt.

Erika steht weiter weg neben dem Altar der Einsiedelei. Auch sie hat

eine Pistole in der Hand. Esteban schießt. Er benutzt Judys Körper als Deckung, hebt ihn hoch, er ist tonnenschwer. Esteban schießt. Die Pistole bäumt sich auf, geht los, als hätte sie ein Eigenleben. In der Einsiedelei hallt Lärm und Geschrei, herrscht völlige Verwirrung. Die Kugeln prallen an den Wänden ab, zong, zong, zong. Erika duckt sich, macht sich klein, schlägt ihre Hände vors Gesicht. Um den Tod nicht zu sehen, der nicht ankommt. Schlecht gezielt. Sie richtet sich wieder auf. Jetzt springt Esteban auf sie zu, die Pistole in der Hand. Er hat Judy zur Seite geworfen und sich in einen unkontrollierbaren Rammbock verwandelt. Er ignoriert den schwarzen Pistolenlauf, der auf ihn gerichtet ist; schlägt mit seiner Waffe zu, in rhythmischem Auf und Ab. Es fallen Schüsse. Diese Pistolen scheinen wirklich ein Eigenleben zu führen. Um sie herum zischen die Kugeln. Die Knallerei übertönt alles. Gellendes Pfeifen martert ihr Trommelfell. Estebans Pistole knallt gegen Erikas Gesicht, einmal, zweimal. Dann ein gut plazierter Schlag, der das Mädchen hinter den Steinaltar schleudert. Esteban wirft sich auf sie, bearbeitet sie mit Fußtritten und feuert nochmal ab. Bis das Mädchen wie ein bewegungsloses Bündel am Boden liegt.
Keine Zeit nachzudenken. Sein Körper agiert weiter automatisch. Er fängt an zu rennen. Jetzt sind es die Beine, die sich von alleine bewegen. Vorbei am Ford Transit. Mit Riesenschritten in den Wald, der die Einsiedelei umgibt. Er wagt nicht, sich umzuschauen, rennt durch stacheliges Gestrüpp, das ihm bis zur Hüfte reicht. Er stolpert, fällt, rollt einen Abhang hinunter. Voller Angst greift er nach der Pistole. Später gelangt er an einen ausgetrockneten Bach, läuft ihn entlang, runter ins Tal. Flüchtet.

Es ist eine warme, mondhelle Nacht. Niemand wundert sich, wenn jemand ohne Hemd durchs Dorf spaziert. Erstens ist es heiß, und zweitens läuft an der Costa Brava jeder rum, wie er will. Wundern könnte man sich höchstens über die Pistole, die Esteban in seinem Gürtel festgeklemmt hat, oder über die Kratzer und Wunden auf seinem Oberkörper. Aber Esteban sucht in dunklen Ecken Schutz, bis er auf ein freies Feld gelangt. Ein großer Platz hinter der Diskothek Marilyn, der im Sommer als Parkplatz benutzt wird. In dieser abgelegenen Gegend am Berghang, an dem die letzten Häuser des Dorfes stehen, sind nie viele Leute. Deshalb ist es für ihn ein Leichtes, auf die Mülltonnen zu klettern und ungesehen in der kleinen Fensterluke des

Lagers zu verschwinden. Auf der anderen Seite hangelt er sich über die aufgestapelten Getränkekisten hinunter. Esteban versucht sich einzureden, er sei nun in Sicherheit.
Er versteckt die Pistole zwischen den verstaubten Kisten und nimmt sich eine Flasche Gin aus dem Regal. Gierig stürzt er den Alkohol hinunter, bis ihm das Blut zu Kopf steigt. Plötzlich fühlt er sich wie in einer Gefängniszelle. Musik von Led Zeppelin und das Getöse der Gäste dringt in den Raum. Dort hinter der Tür flackern die Spotlights, und die Leute lachen, trinken und fummeln. Das Lager ist klein, schmutzig, beengend und ungemütlich. Esteban verspürt Platzangst und Unruhe. Eine Kerkerzelle mit Gittern aus Spinnennetzen.
Plötzlich betritt Natillas, einer der Kellner, den Raum und überrascht Esteban, der seinen gesenkten Kopf mit den Händen abstützt. Beide erschrecken sich zu Tode.
»Téfano, was, zum Teufel, machst du denn hier?«
Esteban schaut ihn an und versucht ruhig zu bleiben.
»Nichts«, murmelt er, »ich wollte zur Arbeit.«
»Pepe ist außer sich vor Wut, daß du noch nicht da bist.«
»Sag ihm, er soll herkommen!«
»Aber...«
»Mach schon, verdammt nochmal, hol ihn her! Er soll herkommen!«
Natillas ahnt, daß etwas Merkwürdiges passiert ist. Estebans Stimme klingt wie ein Schluchzen. Der Junge ist weiß wie die Wand und hat verquollene Augen. Sie treten fast aus den Höhlen, wie bei einer Kröte. Durch das Lokal kann er nicht reingekommen sein, dann hätten sie ihn gesehen. Er muß durch die Fensterluke geklettert sein.
Die Diskothek ist rappelvoll. Pepe, der Besitzer, macht keinen Hehl aus seiner schlechten Laune. Stumm, die Lippen aufeinandergepreßt, wirft er die Gläser ins Spülbecken. Etliche sind schon zu Bruch gegangen.
»Téfano ist im Lager«, teilt Natillas ihm mit. Pepe runzelt lediglich die Augenbrauen. »Er sagt, du sollst zu ihm kommen.«
Natillas bleibt hinter der Theke, Pepe betritt den kleinen Gang und geht an den Toiletten vorbei zur hintersten Tür, die ins Lager führt. Esteban ist aufgestanden und versucht seine Fassung wiederzugewinnen. Aber seine Nervosität steht ihm auf der Stirn geschrieben. Er wischt sich die Hände an den Hosenbeinen ab. Unaufhörlich rauf und runter, wie besessen.

»Was ist los, Téfano?« fragt Pepe väterlich beruhigend. »Wir haben schon auf dich gewartet...«
»Ich sitze in der Tinte, Pepe«, unterbricht ihn Esteban, der nicht weiß, wohin er gucken soll. Mit zitterndem Finger zeigt er auf Pepe und knirscht mit den Zähnen wie ein gefährliches Raubtier. Einmal hat er einem Typen, der ihn mit einem Messer angegriffen hatte, beide Arme gebrochen. Man mußte ihn festhalten, damit er ihn nicht umbrachte.
»Du mußt mir helfen«, Esteban betont jedes Wort, »ich bin heute den ganzen Morgen hier gewesen, hatte hier was zu tun...«
»Aber was ist denn los, Téfano?« Esteban fährt hoch, als hätte man ihn mit einer Peitsche geschlagen. Er scheint zu wachsen und ist gespannt wie ein Flitzebogen. »Ich bin heute morgen hier gewesen«, schreit er völlig aufgelöst. Drohend ballt er seine Fäuste. »Ich bin heute morgen hier gewesen, oder ich werde alles erzählen. Ich erzähl den Bullen die ganzen Geschichten von deinen *Deals;* erzähl ihnen, wer der Dealer ist; ich kenn sie alle, Pepe.«
»Ruhe, Mann, immer mit der Ruhe!« Pepe ist massig und korpulent. Er hat vor keinem Angst, und derjenige, der ihn ungestraft bedrohen kann, ist noch nicht geboren worden. Er ist zu allem bereit.
»Ich scheiß auf deine Ruhe!« brüllt Esteban wie ein Verrückter. »Überzeug lieber Natillas und Pincha und was weiß ich wen davon, daß ich heute morgen hier gewesen bin. Klar?«
Pepe legt die Hand auf Estebans Brust und schubst ihn gegen die Kartons. Gepolter und Chaos inmitten einer Staubwolke. »Gib jetzt Ruhe«, schreit Pepe wild, »erzähl mir endlich, was los ist. Aber in Ruhe, Téfano, ich will dir ja gar nichts Böses!«
Esteban holt zum Schlag aus. Pepe duckt sich zur Seite, wird an der Schulter getroffen. Er schlägt zurück, in den Magen. Esteban krümmt sich, taumelt und setzt sich in die Kartons. Pepe schlägt ihm ins Gesicht. Nicht um ihm wehzutun, sondern um ihn zu beruhigen. »Jetzt aber in Ruhe, Téfano, verdammt, wir können doch über alles reden.« Esteban sitzt wie angewurzelt da, schaut in eine andere Richtung, atmet unruhig. Pepe senkt seine Stimme. Er versucht, Ruhe zu bewahren, kann aber seine Aufregung nicht verbergen. »Erzähl mir alles«, seufzt er, »du kannst mir vertrauen, Mann. Aber ohne Drohungen, verstanden. Wir sind doch Freunde, Mensch.« Pause. Esteban, zwischen den Kisten eingeklemmt, dreht sich langsam zu ihm, mit gesenktem Kopf. Er sieht aus wie ein armer Sünder vor seinem Beichtvater.

»Ich will doch nur, daß du mir hilfst«, jammert er.
»Was ist passiert?«
»Ich weiß es nicht. Ich versteh überhaupt nichts mehr. Ich hab vielleicht zwei Frauen umgelegt. Das ist los. Aber ich weiß nicht, warum.«

Ein Tag später

Die beiden Nackten liegen erschöpft auf dem Sofa und betrachten von weitem das Gemälde. Er hat seine Augen halb geschlossen, eine Zigarette zwischen den Lippen. Sein Mund ist ausdruckslos wie der von Donald Duck. In ihrem Blick liegt Verachtung. Draußen wird es hell, und man kann jetzt die Linien der Ölfarbe sehen, die er mit dem Spachtel aufgetragen hatte, bevor die Nacktheit des Modells über die Inspiration siegte. Staffelei und Leinwand stehen draußen auf der Terrasse, umgeben von Fernsehantennen, einem Schwarm Mauerseglern und dem zarten Licht des anbrechenden Tages. Die Glastür steht offen; es ist kalt.

»Du holst dir nur Modelle, um mit ihnen anzubändeln, stimmt's?« murmelt sie. Er antwortet nicht. »Ich meine, du bist gar kein Maler, oder?«

»Ich habe nichts, was mich als Maler ausweist, wenn du das meinst. Ich bin auch nicht dem Berufsverband der Kunstmaler angeschlossen, falls es sowas geben sollte. Aber ich male...«

»Auf deinem Türschild steht, daß du Privatdetektiv bist.«

»Ich bin ein Privatdetektiv, der malt. Und wenn ich male, dann bin ich Maler. Meinst du nicht auch?«

»Das nennst du malen?« fragt sie naiv und offenherzig, ohne jede Absicht, ihn zu beleidigen. »Und wo bin ich?«

»Du bist dieser weiße Fleck dort rechts.«

»Aha.« Sie dreht langsam ihr Gesicht zu ihm, um zu sehen, ob er scherzt. Er lächelt sie freundlich an, aber nicht so wie jemand, der einen Witz macht.

»Siehst du mich so? Als einen weißen Fleck?«

»Ich *sehe* dich nicht so, ich *interpretiere* dich so«, antwortet der Maler – nicht der Detektiv – ungehalten. »Als ich dich bat, im Zimmer auf und ab zu gehen, *warst* du für mich ein weißer Fleck mitten in der Dunkelheit des Zimmers. Braunschattierungen, ockerfarben, grau, und du ein weißer Hauch zwischen all diesen verschiedenen Formen. Verstehst du?«

Nein, das Modell versteht nichts. Sie war schon von dem Augenblick an verwirrt, als er sie gebeten hatte, sich auszuziehen und zwischen den altertümlichen Möbeln herumzuspazieren. Er saß auf der Terrasse, hinter Staffelei und Leinwand verschanzt, und sagte ununterbrochen: »Beweg dich, beweg dich, geh nach rechts, ja genau, bleib stehen, setz dich, steh auf, kletter aufs Sofa, geh wieder runter, leg dich auf den Tisch, ja so, heb die Beine hoch, schau zur Tür, bleib so...!« Sie gehorchte, weil sie dafür sechstausend Pesetas bekam. Sie nahm an, daß der Maler irgendeine besondere Haltung suchte, irgendeinen interessanten Blickwinkel. Sie ging nach rechts, zu dem alten Aktenschrank aus Holz, stützte sich mit den Ellbogen auf, machte eine halbe Drehung, setzte sich auf einen der Stühle, die nur für Klienten reserviert waren (unbequeme Möbelstücke mit starren Lehnen und Polstern, die härter waren als das Holz); sie stand auf, las das Juristen-Diplom, das auf den Namen Daniel Ponce Cabestany ausgestellt und von General Franco unterschrieben war; sie legte sich auf diesen Schreibtisch, der aussah wie ein Katafalk. Nur schwer ertrug sie die Kälte der Glasplatte. Sie ging zur Tür, blieb an dem Kunstleder kleben, das mit Reißzwecken befestigt war. Das war der Moment gewesen, in dem Daniel Ponce, der Maler-Detektiv, sie von hinten umarmte und anfing, ihre Brüste zu massieren, diese ästhetischen Tupfer auf einem sehr mageren Körper.
Auch jetzt hatte Daniel Ponce seinen Arm von hinten um ihren Hals gelegt und massierte ihre rechte Brust, aber weniger inbrünstig als beim ersten Mal. Er macht es mechanisch, ist in Gedanken ganz woanders. Er ist zufrieden mit seinem Kunstwerk und mit der Nacht, die er mit dem Modell verbracht hat. Jaime Trullás hatte sie ihm empfohlen. »Wenn du dich an sie ranmachen willst, mach nur, sie hat bestimmt nichts dagegen«, hatte er gesagt, und er hatte recht gehabt.
Nach einer geraumen Zeit sagt sie: »Ich verstehe gar nichts.«
Er steht auf, wirft sie dabei fast von der engen Couch.
»Los, auf geht's! Ich muß gleich meinen Laden aufmachen, und mein Partner hat nichts für Malerei übrig.«
Draußen ist es hell geworden. Ein strahlender Augusttag kündigt sich an. Die Sonne knallt unbarmherzig auf die Terrasse. Noch immer nackt, rennt der Maler-Detektiv los, um sein Kunstwerk zu retten. ›*Akt in Bewegung*‹ wird er das Bild nennen. Das Modell zieht sich an und schaut dabei unentwegt Daniel an. Vielleicht fragt sie sich, warum sie sich hat rumkriegen lassen, und vielleicht gelangt sie zu

dem Schluß, daß Daniel genau genommen ein ganz interessanter Typ ist. Völlig weißes Haar, sachlicher Blick und zynisches Lächeln. Sie schätzt ihn auf Anfang vierzig, aber er könnte auch jünger sein. Das weiße Haar steht in einem eigenartigen Gegensatz zu seinem Lausbubengesicht. Vielleicht fragt sie sich ja, welche Farbe Daniels Bart haben würde (weiß, schwarz, grau, blond?). Viele Mädchen, die ihn kennen, haben sich dieselbe Frage gestellt.

Sie hat ihre Jeans angezogen, knöpft sie zu und holt ihre Handtasche. Jetzt kommt diese typische und lästige Situation. Daniel, immer noch nackt, sucht in seiner Brieftasche nach Geld. ›Warum bezahlt er mich‹, fragt sich das Modell, ›für meine Arbeit, oder weil ich mit ihm ins Bett gegangen bin?‹ Sie will nicht für eine Nutte gehalten werden, deshalb sagt sie: »Ist schon gut. Laß ruhig...« und geht hinaus. Die Luft im Raum wirkt plötzlich kalt und abgestanden. Daniel läßt sich nicht aus der Ruhe bringen. Er zuckt mit den Achseln, steckt Geld und Brieftasche wieder weg, geht unter die Dusche und vergißt die vergangene Nacht. Das Badezimmer hat die Größe eines Einbauschranks. Zum x-ten Mal ärgert sich Daniel darüber. Unwillkürlich muß er an sein Zuhause denken. Das Telefon klingelt. Er streift die himmelblaue Anzughose über und nimmt den Hörer ab, während er mit einem Badetuch sein Haar frottiert.

»Ja, hallo!«

»Ponce, bist du's?«

»Ja.«

»Hier ist Melga.«

Melgarejo arbeitet gelegentlich für die Agentur. Er ist Spezialist für Überwachungen und Beschattungen. Ein Säufer, der mit seiner grauen, müden Erscheinung nirgends auffällt. Vergangene Nacht hatte Daniel ihn um eine Gefälligkeit gebeten:

»Die ›Person‹ ist von Zuhause verschwunden. Kann sein, daß sie das Kind mitgenommen hat und zu einer gewissen Isabel gefahren ist. Sie wohnt in...« Er diktierte ihm die Adresse der Feministin in Hostafranchs, die der ›Person‹ in letzter Zeit allerlei Flöhe ins Ohr gesetzt hatte (Information, die er einem Tagebuch entnommen hat). »Du kannst auch folgende Adressen überprüfen, schreib mit...! Das sind Adressen von Verwandten. Taxi soll dir helfen!«

Kurz bevor Daniel mit dem Modell angebändelt hatte, hatte Melga angerufen und bestätigt, daß die ›Person‹ tatsächlich mit dem Kind zu der Adresse in Hostafranchs gefahren war, um dort zu übernachten

(Die Information stammt von der Portiersfrau, die sich über das laute Heulen des Bengels beschwert hatte).
»Sie war sternhagelvoll«, berichtete Melgarejo, »der Portiersfrau zufolge war es ein Wunder, daß ihr das Kind nicht runtergefallen ist. Jedenfalls war das Treppenhaus viel zu klein für sie. Sie ist wie eine Verrückte von einer Ecke zur anderen getorkelt und wer weiß wie oft gestolpert. Ohne Hilfe wär sie die Treppe nicht hochgekommen.«
»In Ordnung«, sagte Daniel, »Du und Taxi, ihr fahrt wieder hin und beobachtet die ganze Nacht das Haus.«
Jetzt, am nächsten Morgen, wird Daniel ernst und sachlich.
»Was ist los, Melga?«
»Die Frau hat gerade das Haus in Hostafranchs verlassen...«
»Mit dem Kind?«
»Nein, ohne. Ich bin ihr mit dem Taxi zum Bahnhof Sants gefolgt. Sie hat eine Fahrkarte für den Zug, der um viertel nach neun von Gleis elf abfährt, gekauft und trinkt jetzt einen Kaffee in der Bahnhofscafeteria.«
»In Ordnung. Ich fahr sofort los.«
»Können wir jetzt gehen?«
»Ja, kommt in einer Stunde ins Büro. Javier wird euch bezahlen.«
In Windeseile zieht Daniel sich an (lachsfarbenes Hemd, himmelblaues Jackett, marineblaue Krawatte, die er wie ein Taschentuch in seiner Reverstasche drapiert). Er kritzelt ein paar Sätze in sein Notizbuch (»Melgarejo und Taxi haben etwas für mich erledigt. Mach keine langen Geschichten und gib ihnen das Geld, Javier. Ich werd's Dir später erklären.«) Er rennt los. Es ist zwanzig vor neun. Die Büroräume der Detektei ›Ponce-Galán‹ befinden sich im Dachgeschoß eines fünfzehnstöckigen Gebäudes. Modern, häßlich und lächerlich wie ein Pubertierender überragt der Bau die alten Häuser von Gracia.
Um zum Bahnhof Sants zu kommen, muß man an der Plaza Lesseps den Cinturón de Ronda nehmen, ihn auf der Höhe des Campo del Español wieder verlassen, nach links abbiegen, die Avenida de Sarriá überqueren, in die Calle Numancia fahren, die schnurstracks zum größten Bahnhof Barcelonas führt. Das alles in zwanzig Minuten, noch dazu im morgendlichen Berufsverkehr, ist wahrlich ein Rekord. Daniel muß einige Verkehrsregeln mißachten, um es zu schaffen.
»Eine Fahrkarte für den Zug, der um viertel nach neun auf Gleis elf abfährt.«

Das Bahnhofsgebäude besteht aus einer riesigen Halle mit glänzendem Fußboden. Alles supermodern, sehr neu und sehr sauber. Man merkt sofort, daß hier nie Dampfloks abgefahren sind. Nirgendwo ist ein Fleckchen Ruß zu entdecken. Eine Reihe von Treppen, die peinlich genau durchnumeriert sind, führen zu den Gleisen und machen Fernreisen zu Spazierfahrten mit der Metro.
Da ist der Zug. Er entdeckt Celia gleich in einem der ersten Abteile, in die er reinschaut. Sie ist allein und sieht aus, als würde sie schlafen. Sie reagiert nicht, als die Tür aufgeht und Daniel sich auf den Platz ihr gegenüber setzt. Sie trägt eine weiße Bluse, die den BH durchschimmern läßt, und einen tabakbraunen Rock. Und Turnschuhe! Immer irgendein kitschiges Detail; oder ein freakig-progressives, ganz wie man's nimmt.
Sie ist schön, fast engelsgleich. Abgesehen vom Alkohol, der ihr Gesicht gezeichnet hat, und dem verbitterten Ausdruck ihres Mundes, besitzt ihre Schönheit immer noch die heitere Gelassenheit, die zu Vertraulichkeiten einlädt und verhindert, daß Männer in ihrer Gegenwart fluchen. Niemand würde sie für sechsunddreißig halten. Sie sieht aus wie ein Mädchen. Ein großes Mädchen, das bei den Männern eher väterliche als erotische Gefühle weckt. Ein Engel.
»Wohin fährst du?« fragt Daniel sanft.
Sie öffnet ihre Augen, sieht ihn und wird sofort ein pures Nervenbündel. Aber äußerlich bleibt sie ruhig und starr, wie ein Kaninchen vor der Schlange. Ihre Augen werden riesengroß, ihre Gesichtszüge verzerren sich. Sie will nicht, daß man sie weinen sieht, und bedeckt ihr Gesicht mit den Händen. »Geh!« sagt sie. Mehr kann sie nicht sagen. Sie schluchzt auf. »Geh! Geh! Geh!« wiederholt sie stammelnd und schluchzend. Gleich bekommt sie den unvermeidlichen hysterischen Anfall. Daniel zündet sich eine Zigarette an und schaut gelassen aus dem Fenster. Eine dicke, bebrillte Matrone hat vom Bahnsteig aus alles beobachtet. Staunend betrachtet sie die beiden. Daniel schenkt ihr sein schönstes und verführerischstes Lächeln und zwinkert ihr freundschaftlich zu. Mit schamrotem Gesicht wendet sie sich ab.
Celia hat sich bewegt. Sie versucht, ihn nicht anzusehen, drückt sich an die Rücklehne des Sitzes. Sie findet ihr inneres Gleichgewicht wieder, jedenfalls soweit, daß sie wieder etwas sagen kann.
»Geh zu deinen Flittchen. Verschwinde!«
»Aber Celia, was sagst du denn da! Welche Flittchen denn?« fragt er verletzt.

»Hau ab, geh zu deinen Nutten...« wiederholt sie schluchzend.

»Red doch keinen Unsinn«, sagt er bittend, müde und geduldig, »ich hab dir doch gesagt, daß ich arbeiten mußte. Ich war hinter einem Börsenmakler her. Ich hab dich angerufen, um dir Bescheid zu sagen, daß ich nicht nach Hause kommen kann. Ich hab dich gestern um acht angerufen, aber du warst nicht zu Hause.« Das war wahr: Als er festgestellt hatte, daß sie nicht zu Hause war, hat er Melgarejo und Taxi mobilisiert. »*Du* bist gegangen, Celia, nicht ich. Wolltest du etwa den Kleinen verlassen, einfach so...?« Nicht eine Spur von Vorwurf liegt in seiner Stimme.

»Verschwinde, hau ab!« Sie stößt einen erstickten Schrei aus und verkrampft sich, als würde sie gleich explodieren. Jeden Moment kann ihr Körper in tausend Stücke zerspringen.

»Ja, wein ruhig. Wein dich richtig aus«, sagt er sehr verständnisvoll, »und beruhige dich. Wir können doch in Ruhe über alles reden.«

Einige Minuten verstreichen. Sie kauert sich auf ihrem Sitz zusammen, als wolle sie im Polster verschwinden. Jemand öffnet die Abteiltür. Ein sehr förmlicher Herr mit Schnauzbart blickt bestürzt ins Abteil. Daniel lächelt ihn strahlend an. Der Herr verläßt fluchtartig das Abteil, um sich anderswo niederzulassen.

»Warum bist du gekommen?« Erst seufzend, dann schreiend und spuckend: »Warum bist du hergekommen?«

»Weil ich Detektiv bin und mir so schnell keiner entwischt.« Daniel macht gerne Witze, die nur er selbst versteht.

Der Zug fährt mit einem heftigen Ruck an. Celia schaut Daniel an und stellt erschrocken fest, daß er bereit ist, mitzufahren. Sein attraktiver Donald-Duck-Mund lächelt ihr zu. Seine Augen sind so hell, so aufrichtig... Er wird ernst, beugt sich nach vorne, stützt seine Ellbogen auf die Knie und sagt:

»Weil ich dich liebe, Celia. Ich liebe dich, und ich liebe Marc. Ich könnte es nicht ertragen, wenn ihr mich verlaßt...« Seine Stimme wird flehend. »Warum reden wir nicht in Ruhe darüber, Celia? Ich liebe dich, und ich will bei dir sein. Ich verdiene mein Geld auf ehrliche Art und Weise, aber wenn du nicht willst, daß ich in der Agentur arbeite, hör ich damit auf. Das habe ich dir schon tausendmal gesagt. Vielleicht kann ich mit meiner Malerei Geld verdienen, oder ich laß mich als Rechtsanwalt nieder, was weiß ich. Hauptsache, wir bleiben zusammen. Erinnerst du dich an unser Versprechen? Ich habe Wort gehalten. Wir beide bleiben zusammen, Celia, für immer.«

Seine Frau blickt an ihm vorbei, auf den Sitz an seiner Seite. Daniel versteht den Wink, erhebt sich und setzt sich neben sie. Er umarmt sie und gibt ihr, als Zeichen seines Wohlwollens, einen Kuß aufs Haar.
»Ich brauche dich, Daniel«, sagt sie.
»Celia«, murmelt er zärtlich, »Celia..., warum fahren wir nicht nach Hause und holen Marc ab...?« In demselben zuckersüßen Ton fragt er: »Warum wolltest du mich verlassen, Celia...?«
Sie zuckt mit den Schultern, hat die Augen geschlossen und atmet ruhig. Fast könnte man meinen, sie sei eingenickt. Schlaf war immer schon die beste Medizin für sie. Daniel wirft einen verstohlenen Blick auf seine Uhr. Halb zehn. Er zieht die Fahrkarte aus der Tasche.
»Gib mir deine Fahrkarte, Celia. Wir zerreißen sie, deine und meine... als neues Ehrenwort, ja? An der nächsten Haltestelle steigen wir aus und fahren nach Hause. Wir beide zusammen, für immer!«

Um fünf nach elf kommen sie in der Gran Vía de Carlos III an. Ihre Wohnung wirkt steril und modern, im Stil Núnez & Navarro für Reiche. Celia hat sie geschmackvoll eingerichtet, vorwiegend mit kubischen Möbeln aus hellem Holz – einfach, klar und sauber. Die Bilder hat Daniel gemalt. Das Stilleben aus seiner gegenständlichen Phase, als er noch an der Massana studierte; die mißlungene ›*Aufreizende Prostituierte*‹, eine Imitation der Gemälde von Toulouse-Lautrec; die ›*Hinkende Tänzerin*‹ aus seiner kubistischen Phase, eine Frau mit drei Beinen (kleines Augenzwinkern an alle Kunstkenner...). Die Bibliothek ist mit Safrandosen vollgestopft, Sammelstükken von Celia. Auf der durchsichtigen Glasplatte des niedrigen Wohnzimmertisches liegt verloren ein Plastikspielzeug. Eine leere Whiskyflasche. Ein leeres, schmutziges Glas.

Küsse, »Verzeihung«, »Es tut mir leid«, »Es ist meine Schuld, Kleine, diese Scheiß Arbeit, die mir keine Zeit zum leben läßt«. Dasselbe wie immer. »Warum fängst du nicht wieder bei Carlota in der *Boutique* an?« »Oder such dir doch eine Stelle als Lehrerin, ich weiß auch nicht, irgendwas, das dich ein bißchen ablenkt...« »Ich brauche dich, Daniel, ich brauche einen Mann. Ich kann nicht alleine sein...« Sie schließt sich im Badezimmer ein. Daniel geht gelangweilt im Wohnzimmer auf und ab. Er schaltet den Anrufbeantworter ein und hört die Stimme seines Partners Javier Galán:
»Daniel, du bist wegen eines Auftrags angerufen worden. Ich habe ih-

nen angeboten, die Sache selbst zu übernehmen, aber nein, sie wollen, daß du es machst und kein anderer. Du mußt nach Vilafort fahren. Das ist ein Dorf in der Nähe von Gerona. Schreib mit: zu Herrn Puiggrán, Carrer Gran Nr. 12. Auf jeden Fall noch heute mittag. Sie haben nichts gesagt, aber wenn du mehr wissen willst, guck doch mal in den *Hoja* und lies die Rubrik ›In letzter Minute‹, dann bist du wahrscheinlich schlauer. Ich glaube, da ist 'ne Menge Geld zu holen, Daniel. Also, an die Arbeit!«
Celia lehnt wie versteinert am Türrahmen. Ihr verschwommener Blick und ihre kraftlose Haltung zeigen, daß sie alles mitgehört hat. Daniel zündet sich eine Zigarette an und wartet auf ihre Reaktion. Er schaut auf die Uhr. Viertel nach elf.
»Und jetzt?« fragt er, um die Sache zu beschleunigen.
»Mach, was du willst«, seufzt sie.
»Nein, Celia, so nicht. Ich finde, wir sollten was essen, oder?«
Celia zuckt mit den Schultern. Ihr ist es egal. Ihr ist alles egal.
»Bis ich eine andere Arbeit gefunden habe, muß ich mit dieser Sache weitermachen. Mir bleibt nichts anderes übrig. Aber wenn dabei soviel Geld rausspringt, wie Javier behauptet, kann ich mich danach vielleicht eine Zeitlang zur Ruhe setzen ...«
»Mach, was du willst«, wiederholt sie niedergeschlagen.
Daniel umarmt sie.
»Nicht, was ich will, Celia. Wir müssen beide damit einverstanden sein.« Keine Antwort. »Holst du gleich Marc ab und bringst ihn wieder hierher?«
Sie nickt. »Er hat gestern nach dir gefragt.«
»Sag ihm, daß Papa arbeitet, und daß er ihn sehr liebhat.«
»Das ist das einzige, was ich ihm nicht gesagt habe!«
Ein Kuß auf die Wange. Ein Blick auf die Uhr. Er ist spät dran.
»Ich muß los. Sei ein braves Mädchen, Celia. Und keinen Tropfen Alkohol, okay?«
Er zieht das himmelblaue Jackett über und geht. Im Aufzug bringt er pfeifend seine Frisur in Ordnung und lächelt zufrieden seinem Spiegelbild zu. Volles weißes Haar, ein rundes, weiches und sympathisches Gesicht, zynischer Gesichtsausdruck, blauer Anzug, lachsfarbenes Hemd, marineblaue Krawatte, die absichtlich aus der Reverstasche ragt. Steht ihm gut.
Unten am Kiosk kauft er den *Hoja del Lunes* und geht zu einer Telefonzelle. Auf der Seite ›In letzter Minute‹ findet er einen kleinen Arti-

kel, der kurz vor Redaktionsschluß zusammengeschustert worden ist und sich auf ein paar Zeilen beschränken mußte, die ursprünglich einem anderen Artikel vorbehalten waren.

In Vilafort, in der Provinz Gerona, wurden gestern bei einem Überfall auf das Haus des berühmten Industriellen Jorge Puiggrán drei Gemälde von Picasso gestohlen, deren Wert man auf über dreißig Millionen Pesetas schätzt. Bei der Flucht schoß einer der drei maskierten Täter ohne erkennbaren Grund auf die neununddreißigjährige Hausangestellte Elena Mateo, die auf der Stelle ihren Verletzungen erlag.

Daniel durchwühlt zerstreut seine Jackentasche. Er holt eine Handvoll Kleingeld raus, wirft die Münzen in den Schlitz eines öffentlichen Fernsprechers und wählt eine Nummer.
»Javier, hier ist Daniel. Was hat das mit diesem Typen aus Vilafort zu bedeuten?«
»Hast du den *Hoja* gelesen?«
»Ja.«
»Ich nehme an, daß es darum geht. Puiggrán hat übrigens nochmal angerufen. Er ist ganz wild drauf, dich zu sehen. Kennst du ihn?«
»Nein.«
»Ich hab mich ein bißchen umgehört: zweiundfünfzig Jahre alt, Mitglied im Aufsichtsrat der Banco Transibérico, Präsident des Aufsichtsrats der *Holdinggesellschaft* QUIMASSA. Sein Sohn ist Gebrauchtwagenhändler. Seine Frau ist Andalusierin. Hat von ihrer Familie ein Gut geerbt und wer weiß wie viele Hektar Land in Jaen. Oliven und so. Ach ja, Puiggrán hat ziemlichen Einfluß in der Kunstszene. Ihm gehören einige Ausstellungsräume.«
»Wo liegt Vilafort?«
»Paß auf, du nimmst die Autobahn nach Gerona bis zur Ausfahrt Cassá de la Selva. Bevor du nach Cassá reinfährst, biegst du rechts ab, und kurz darauf siehst du die Umleitung nach Vilafort.«
»Alles klar.«
»Ach so, hör zu. Daß ich Melga und Taxi aus meiner eigenen Tasche bezahlen mußte, ist ja wohl 'ne Unverschämtheit. Schließlich hat diese Sache mit deiner Frau ja nichts mit der Agentur zu tun. Und außerdem bin ich kein Millionär, Mann.«
»Ich werd's dir schon zurückgeben. Stell dich doch verdammt nochmal nicht so an. Ich konnte nicht auf die beiden warten.«

»Schon gut, schon gut.«
»Weißt du, wo Melga jetzt ist?«
»Er hat mir gesagt, du könntest ihn wie gewöhnlich erreichen, falls du einen Auftrag für ihn hast. Wie lief's mit Celia?«
»Gut. Bis später.«
Daniel legt auf. Es sind noch drei Münzen im Speicher. Er wählt eine andere Nummer und überfliegt noch einmal die Zeitungsnotiz über den Raub der Picassos.
»Hallo?«
»Ist Melga da?«
»Ja. Ich hole ihn.« Von weitem hört er: »Melga, für dich!!«
»Hallo?«
»Melga? Hier ist Daniel Ponce.«
»Zum Donnerwetter, Ponce, nie wieder. Hast du gehört? Nie wieder! Dieses Arschloch von Galán. Weißt du, was ich alles anstellen mußte, um das Geld zu kriegen? Nie wieder, du...! Ich wußte ja nicht, daß das deine Frau war und die ganze Sache 'ne Privatangelegenheit ist, Mann...!«
»Komm, komm, sei nicht so stur... Hat er dich bezahlt oder nicht?«
»Ja doch, verdammt, aber was ich alles anstellen mußte...«
»Komm schon, das nächste Mal bezahl ich dich aus meiner eigenen Tasche. Bewach das Haus und paß auf, was die Gattin macht...«
»Zum Teufel...«
»Kooooomm, wieviel hat Javier dir gegeben?«
»Das, was er zahlen mußte, Mann. Zweitausend für die Nachtwache, tausend dafür, daß ich den Jungen ausfindig gemacht habe, und tausend für die Informationen über sie. So war's doch abgemacht, oder? Und zweihundert für das Taxi zum Bahnhof, plus Metro...«
»Viertausend, verdammt noch mal, und das findest du wenig? Komm schon, überwach das Haus. Ich geb dir tausend für den Tag, zweitausend für die Nacht und noch mal fünftausend, wenn sie abhaut und du sie wiederfindest. In Ordnung?«
»Ver...«
»In Ordnung oder nicht?«
»Aber du bezahlst aus deiner Tasche, okay? Wenn an der Sache irgendwas nicht stimmt, will ich nichts mit Galán zu tun haben.«
»Oookayyy. Aber mach dich auf die Socken. Sie ist jetzt zu Hause. Setz dich in die Kneipe gegenüber und warte.«

»Zum Teufel, Mann, ich versteh überhaupt nichts.«
Schnitt. Jetzt zum Auto. Es ist viertel vor zwölf. Vielleicht ist Puiggrán gar nicht mehr zu Hause. Daniel steigt in den altmodischen, glänzenden schwarzen Käfer, fährt den Cinturón de Ronda bis zur Diagonal, läßt Barcelona hinter sich und nimmt die Autobahn Richtung Gerona. Um ein Uhr erreicht er Vilafort.

Das erste, was man von Vilafort sieht, ist die obligatorische Tankstelle, die verstaubten Keramikgeschäfte und Souvenirläden für Touristen, die zur Costa Brava unterwegs sind, und ein Gitterzaun, der den Komplex der Geflügel- und Schweinefarm PORCICOSA umgibt. Geist- und fensterlose Gebäude mit Neonaufschrift. Später die beiden Hotels. Das altertümliche Campistraus, mit langer Tradition und vielen Regenlöchern, und das moderne Vilafort, von beängstigenden Ausmaßen, aber bequem und luxuriös. Und das Restaurant Pa amb Tomaquet für Liebhaber der guten katalanischen Küche. Schließlich entdeckt man, am Fuß eines kleinen Hügels, die großen, modernistischen Villen, die alten Landhäuser der Millionäre aus Gerona, die Anfang dieses Jahrhunderts, als der Strandurlaub noch nicht in Mode war, hierherkamen, um frische Luft zu atmen. Gebäude wie aus einem Feenmärchen oder aus einer auf Hochzeitstorten spezialisierten Konditorei. Hohe Mauern, gekrönt von eisernen Lanzen, Ahornblättern, Drachenschwänzen und verschlungenem Blattwerk. Geschlängelte Linien sind die Hauptmerkmale dieser Architektur. Der Häuserblock, der aus einem Supermarkt, der Bar Moderno und billigen Wohnungen besteht und erst zwölf Jahre alt ist, wirkt neben dieser Ansammlung von Kunst, Altertümlichkeit und Hochmut geradezu winzig. Unten im Tal liegt das Bauerndorf mit seiner Rambla, seinem baufälligen Kino und seinen schüchternen, prüden Liebespärchen, seiner dumpfen Ignoranz.
Es dauert eine Weile, bis man merkt, daß die Landstraße sich in die Carrer Gran verwandelt hat und daß man, falls man die Nummer 12 gesucht hat, schon lange daran vorbeigefahren ist. Wildwuchernde Hecken stehen vor diesem Haus. Ein Gebäude, das sich windet wie eine orientalische Tänzerin und entfernt an Gaudís Pedrera vom Paseo de Gracia erinnert. Über den großen Fenstern, die zwischen schlangenförmig gewundenen Säulen hervorspähen, erhebt sich ein Dach, das aussieht wie schmelzende Schokolade.
»Ponce. Hey, Ponce!«

Auf der anderen Straßenseite, von der Terrasse der Bar Moderno aus, winkt Inspektor Nierga herüber. Seine langen Arme fuchteln in der Luft, als wollten sie etwas vom Himmel holen – ein Flugzeug, einen Drachen, eine Wolke oder sowas in der Art. Er macht einen offenkundig zufriedenen Eindruck. Als Daniel das Mädchen bemerkt, das dem Bullen gegenübersitzt, erwidert er den Gruß, überquert die Straße und geht auf die beiden zu. Händeschütteln. Nierga ist jung und schwarzhaarig, hat buschige Augenbrauen und einen vollen Schnauzbart, der so aussieht, als würde er ihn jeden Morgen mit Kohle schwärzen. Mit einem breiten Lächeln strahlt er Daniel an. Seine Augen glänzen vor Freude. Er ist der herzlichste und überschwenglichste Mensch, den Daniel jemals kennengelernt hat. Sie waren einmal gute Freunde, vor langer Zeit. Man nannte sie das ›Komikerpärchen vom Morddezernat‹. Nierga, der Temperamentvolle, und Ponce, der Schelm.

»Mensch, Ponce, was machst du denn hier?«

»Wie du siehst, hat man mich hierherbestellt...« Daniel starrt unentwegt das Mädchen an, das mit dem Rücken zu ihm sitzt. Die schwarze Mähne und eine violette Bluse lassen Daniel vermuten, daß sie jung ist. Auch von vorne enttäuscht sie ihn nicht. Ein schmales, kantiges Gesicht, vornehm und aristokratisch. Der abwesende, ausdruckslose Gesichtsausdruck eines Menschen, der alles mit Distanz betrachtet. Zutiefst gelangweilt gleiten ihre unverschämten schwarzen Augen, die von dunklen, lasterhaften Ringen eingerahmt werden, über Daniel. ›Sie raucht gerne Marihuana‹ folgert Daniel. ›Außerdem gefällt es ihr, den Typen einen zu blasen, und mit Sicherheit macht sie es ziemlich gut‹. Laszive, unwiderstehlich obszöne Lippen. Wenn sie ihren Mund verzieht, zeigt sie kein Lächeln, sondern ihre Zähne, wie ein angriffslustiges Raubtier. Wahrscheinlich ist diese provozierende Unverfrorenheit noch ein Überbleibsel aus den schlecht verarbeiteten Zeiten ihres politischen Aktivismus, als der reiche Herr Papa schützend die Hand über sie hielt, die Kautionen bezahlte und den Gummiknüppel der Bullen fernhielt. Überspannte Träumereien und platter Idealismus aus *Hippie*-Zeiten, in denen sie orientalischen Lehren zugetan war. Aus jener Epoche stammen auch noch ein paar Armbänder und eine Halskette, die sie wahrscheinlich noch nicht einmal zum Schlafen ablegt. Ein Andenken an irgendeinen Guru, der liebte wie ein Gott (wie Buddha). In der Vergangenheit dieses Mädchens entdeckt Daniel außerdem die Einflüsse einer Nonnenschule, die ihre

Spuren hinterlassen hat. Vielleicht schließt er es aus ihrer Art, wie sie die Schenkel zusammenpreßt, aus ihren affektierten Gesten, vielleicht aus ihrer männlichen Art, wie sie die Zigarette hält. Eines Tages hat sie gemerkt, daß links sein und ein *Hippie*-Leben dick machen, und die verlorene Tochter kehrte zurück in die verhätschelnden Hände von Eltern, Maniküren und Frisösen, in die vornehme Gesellschaft.

»Was, du bist hierherbestellt worden?« ruft Nierga. Seine Verwunderung wirkt komisch. Die beiden anderen ignorieren ihn. »Und woher kennt dich der da?« Kopfnicken in Richtung der Villa gegenüber. »Keine Ahnung.« Daniels Blick hängt verliebt an dem Mädchen. Lächeln Marke ›Anbändeln nicht ausgeschlossen‹. »Ich nehme an, wegen meines guten Rufs als Detektiv.«

»Dein Ruf?« fragt Nierga verwundert und verärgert angesichts des heißen Flirts, der sich da anzubahnen droht. Nierga setzt zur Rache an.

»Als du noch im Dezernat warst, hast du dich nicht besonders hervorgetan, möchte ich mal sagen...« Und zu dem Mädchen gewandt sagt er: »Ponce war ein Kollege von mir bei der Polizei, aber er hat vor einiger Zeit gekündigt.«

Nierga interessiert sich also für das Mädchen und scheut nicht vor den miesesten Tricks zurück, um seine Konkurrenz auszuschalten.

»Ich hab mich rechtzeitig zurückgezogen, als ich sah, was da so alles abläuft«, erklärt Daniel freundlich. »Was ich nicht verstehe, ist, wie du es da noch aushältst, Nierga... Verprügelt ihr die Messerstecher immer noch mit nassen Handtüchern? Oder laßt ihr sie unter den Plastikbezügen eurer Schreibmaschinen ersticken?«

Eins zu null. Das Mädchen fletscht lächelnd seine Zähne. Sie hat ihren Mund geöffnet, wie ein Zuschauer, der gespannt darauf wartet, daß seine Mannschaft gewinnt.

Nierga ist beleidigt.

»Sei nicht so blöd, Ponce, du weißt genau, daß diese Zeiten vorbei sind. Seit deiner Kündigung ist sowas nie mehr vorgekommen.«

»Haha.« Ironie. Daniel zwinkert dem Mädchen zu, das immer noch lächelt. Die Sache läuft gut. »Darf ich mich setzen? Wie war das mit dem Bilderraub?«

»Das war'n *Bluff.*«

So nannten sie im Dezernat die Straftaten, die die Opfer selbst vorgetäuscht hatten, um eine Versicherungsprämie oder sowas zu kassieren. Keiner der beiden scheint Nierga zu beachten, als er nach dieser Schlappe resigniert einwirft:

»Ach so, darf ich dir María Carbó vorstellen. Sie war im Haus, als der Überfall stattfand.« Leise fügt er hinzu: »Du Blödmann, du kannst jetzt gehen...!«

»Sehr erfreut!« Wieder ein Augenzwinkern von Daniel. Nochmal Händeschütteln.

»Sehr erfreut!« Lachen, um die Lächerlichkeit der Floskeln zu unterstreichen.

»Setz dich!« befiehlt Nierga.

Daniel setzt sich neben das Mädchen.

»Wie heißt sie?«

»María.«

»Du bist also Augenzeugin. Sie haben mit ihren Pistolen auf dich gezielt, dich an die Wand gestellt und so weiter. Was ist das denn so für 'n Gefühl?«

»Aufregend«, sagt sie kühl und herablassend. Sie versucht, ernst zu werden. Vergeblich. Daniels eindringlicher Blick wirkt auf sie wie eine unwiderstehliche Liebkosung.

»Eine echte Sex-and-crime-Show. Stell dir vor, ich hatte nur einen Bikini an...«

Haha. Die beiden lachen schallend und lassen ihren angestauten Gefühlen freien Lauf. Der Kellner wartet.

»Eine Limo, bitte«, bestellt Daniel.

»Sie lag gerade am Swimmingpool und sonnte sich«, erzählt Nierga, »halbnackt und sexy. Und plötzlich tauchen diese Maskierten mit ihren Pistolen auf und bringen die Leute um.«

»Wie interessant. Erzähl weiter.«

Sie fängt an zu erzählen, lustlos, als hätte man sie um die Beschreibung einer belanglosen Banalität gebeten.

Es ist nach ihr gerufen worden.. »Wer hat dich gerufen?«

»Jorge... Jorge Puiggrán. Der, dem das Haus gehört.«

»Und wie hat er gerufen? So? María!!« Daniel imitiert einen nervösen, zitternden Schrei. »Oder so: María!« Diesmal energisch. »Oder: María!« Singend. Er macht weiter, imitiert noch andere Gemütszustände, bis sie sich vor lauter Lachen nicht mehr halten können. Nierga wirft ihnen böse Blicke zu. Er sieht aus wie der typische Bösewicht in alten Filmen.

»Was ich eigentlich fragen will, ist, ob er erschrocken wirkte?«
»Nein«, sagt sie und unternimmt einen zweiten vergeblichen Versuch, ernst zu werden. »Nein, nicht daß ich es bemerkt hätte. Er hat mich gerufen, ich bin aufgestanden und zum Haus gegangen. Ich weiß nicht, in welchem Ton er mich gerufen hat.«

»*Marita!*«
Sie erhob sich widerwillig aus ihrem Liegestuhl, lief durch den Garten, sprang die fünf Treppenstufen rauf. Die Tür hatten Puiggrán und Bartrina offen gelassen.
»Marita!« schrie Puiggrán ganz in ihrer Nähe. In dem Moment wirkte er wirklich verzweifelt.
»Was ist los, Jordi?« schrie Beatriz aus der oberen Etage.

»Wer?« unterbricht Daniel.
»Beatriz, die Frau von Puiggrán«, erklärt Nierga.
Der Kellner bringt die Limonade. »Was macht das?« Feilschen: »Nein, warte, ich zahle.« »Nein, nein, laß sein, ich bezahle.« »Wir bleiben doch Freunde, auch wenn du dich an María ranmachst.«
Sie rekonstruieren weiter den Tatverlauf.
María betrat die Halle, ging mit verdrießlichem Gesicht durch den Flur zur Küche und blieb wie angewurzelt stehen, als sie einen Mann im weißen Overall sah. Er hatte einen Sturzhelm auf, so daß man seine Gesichtszüge nicht erkennen konnte. In der rechten Hand hielt er eine protzige Waffe und zielte damit auf Bartrina, Puiggrán und Elenita.

»Puiggrán und wer noch?« fährt Daniel erneut dazwischen.
»Bartrina. José Luis Bartrina, ein Nachbar. Wir wollten alle zusammen einen Grillabend bei Jorge machen. Meine Eltern sollten auch kommen, aber sie waren noch in der Messe ...«
»Opus Dei«, wirft Nierga ein.
»Ich bin ein bißchen früher losgegangen, um mich dort zu sonnen und eine Runde zu schwimmen. Unser Swimmingpool ist noch nicht fertig. Dann war da noch Elenita, das Dienstmädchen. Sie stand mit erhobenen Händen da und war sehr nervös.«

»Du bleibst da ganz ruhig stehen«, sagte der Maskierte über die Köpfe von Puiggrán, Bartrina und Elenita hinweg zu María. María spürte den Druck eines metallenen Gegenstandes auf ihrem nackten Rücken. Eine Pistole natürlich. Sie erschrak. Hinter ihr standen zwei weitere Maskierte, die ihr durch den Hauseingang gefolgt sein mußten.

»Beschreibe sie«, bittet Nierga, der aufmerksam die vieldeutigen Blicke beobachtet, die Daniel und María sich zuwerfen.
»Also... Der, der sprach, war groß, völlig vermummt. Er trug sogar Handschuhe. Also, alle waren gleich angezogen. Weiße Overalls und solche Helme, wie Astronauten sie tragen.«
»Die Stimme? Irgendein Akzent, ein Dialekt?« fragt Daniel. »Katalanisch, kastilisch, galizisch, ausländisch, südamerikanisch...?«
»Nein, er hatte keinen Akzent. Er sprach kastilisch, ziemlich energisch, aber ruhig. Ich meine, er wirkte so, als würde überhaupt nichts Besonderes passieren.«
»Und die beiden anderen?«
»Das waren Frauen. Also, ich meine, eine von ihnen war jedenfalls eine Frau. Ganz sicher. So wie sie sich bewegte. Außerdem konnte man unter ihrem Overall ihre Brüste erkennen. Die andere... Also ich würde sagen, das war auch eine Frau. Obwohl es nicht so offensichtlich war. Der Overall war ihr nämlich ein bißchen zu groß. Vielleicht war es ja auch ein Schwuler. Ich meine, wegen dieser Art sich zu bewegen und so. Die andere war ziemlich groß und auffällig. Sie hatte lange Beine, eine attraktive Frau. Die beiden haben während der ganzen Zeit nicht gesprochen. Der einzige, der was gesagt hat, war der Typ.«

»Nach oben!« sagte er. »Ich will die Sammlung sehen!«
Puiggrán und Bartrina gingen vor, dann kam Elenita und zum Schluß María. Die drei Einbrecher in den Astronautenanzügen folgten ihnen.
»Deine Frau soll herkommen!« Wieder ein Befehl.
»Beatriz, zum Teufel«, schrie Puiggrán ungeduldig. »Hörst du mich denn nicht?« Seine Stimme klang wie die eines Ertrinkenden.
Beatriz, die noch nicht ganz angekleidet war, erschien an der Schlafzimmertür.
»Ich komm ja schon, Mann!«
Plötzlich hielt sie inne, legte den Kopf zur Seite und guckte wie ein Vögelchen. »Ohhh!« Sie entdeckte die drei Eindringlinge, und ihre

Stimme klang so, als hätte sie plötzlich jemanden wiedererkannt und als wolle sie ihn besonders freundlich begrüßen.
»Alle zusammen!« rief der Einbrecher. »Ich will, daß ihr zusammensteht!«
Sie stellten sich in einer Gruppe vor die Tür zum Gemäldesaal.
»Jetzt mach die Tür auf. Du sollst die Tür aufmachen!«
Puiggrán zog einen Schlüsselbund hervor, suchte mit zitternden Händen nach einem Schlüssel, steckte ihn ins Schlüsselloch, drehte ihn um...

»Wie hat sich Puiggrán in der ganzen Zeit verhalten?« fragt Daniel mit der Stimme und dem Blick eines Don Juan. »War er ruhig, selbstsicher...?«
»Nein, überhaupt nicht. Er war völlig nervös...« María bewegt ihre Hände, als hätte sie die Parkinsonsche Krankheit. »Ich dachte, er würde jeden Moment in Ohnmacht fallen. Er war völlig blaß und sah krank aus. Später, als die drei schon weg waren und die Polente kam, fing er in Beatriz' Armen an zu weinen. Eine richtige Show.«
»Glaubst du nicht, daß er nur geblufft hat?«
»Nein.«
»Und dieser Bartrina?«
Das Lächeln, das Daniel schon vermißt hat, strahlt von neuem auf ihrem Gesicht. »Also, man weiß ja, wie er ist. Er sieht immer aus, als nähme er nichts besonders wichtig. Stillgestanden, ausgehalten ... nichts gesagt. Er hat mich in den Arm genommen, als wolle er mich beschützen. Also, er zitterte ein bißchen. Das habe ich gemerkt, als er mir die Hand auf die Schulter legte. Aber ansonsten hat er sich benommen wie ein ganzer Kerl.« María wirft Daniel einen provozierenden Blick zu, als wolle sie fragen: ›Wie hättest du dich wohl in so einer Situation verhalten?‹
»Schließlich und endlich war es Bartrina ohnehin egal. Es waren weder seine Bilder noch seine Hausangestellte.«
»Und glaubst du, Bartrina könnte an diesen Bildern interessiert sein?«
María macht eine wegwerfende Handbewegung, die wohl bedeuten soll: ›Was für ein Quatsch!‹ Sie zündet sich eine Zigarette an – die fünfte im Laufe dieser Unterhaltung –, und guckt wieder schelmisch. Daniel hört nicht auf, sie mit seinen unverschämten Blicken auszuziehen. Schließlich stößt sie den Rauch ihrer Zigarette aus und sagt:

»Nein. Diese Art von Kunst paßt nicht zu ihm. Ständig streitet er sich mit Jorge über diese Bilder…
»Gab es irgendwelche Sicherheitsvorkehrungen?« wechselt Daniel das Thema.
»Keine Ahnung«, sagt María.
»Ja doch, die gab es«, schaltet sich Nierga ein. »Aber sie haben nicht funktioniert. Erzähl weiter, María.«
»Ja also, die Große nahm die drei Bilder ab; sie gingen zur Tür und dann…«

Dann streckte der Mann seinen Arm aus, und die Waffe in seiner Hand erschien riesengroß. Er schoß. Alle sprangen zur Seite. Peng, peng. María schrie und fühlte sich noch nackter, noch dünner, noch zerbrechlicher als zuvor. Peng. Puiggrán und Bartrina schauten erschrocken von einem zum anderen. Peng. Beatriz legte schützend ihre Hände vors Gesicht. Peng, peng. Die Schüsse brachten die Wände zum Wackeln und ließen die Glasrahmen der ausgestellten Bilder vibrieren. Peng. Der Schuß traf einen Humbert genau in der Bildmitte. Ein Trullás fiel herunter, und der Glasrahmen zersprang auf dem Boden. Peng. Elenita wich zurück, prallte gegen die Wand und weinte herzzerreißend. Sie wimmerte und wimmerte, fiel auf die Knie, aufs Gesicht. Schluchzend und schreiend lag sie auf dem Boden, bis sie plötzlich verstummte.
Die anderen starrten sie an. »Elenita!« In ihrem Rücken waren drei faustgroße Löcher, aus denen das Blut spritzte. Und die Diebe waren nicht mehr da.

»Ich blieb wie angewurzelt stehen. Stand da wie eine Blöde und sagte nur ›Elenita, Elenita‹, ohne irgendwas zu begreifen. Alle fingen an, wild in der Gegend herumzurennen. Ich mußte Beatriz helfen, sie hatte einen hysterischen Anfall.«
»Ich kann hier nirgendwo einen *Bluff* entdecken«, sagt Daniel und wendet sich (endlich!) wieder an den Polizisten.
»Die Bilder«, erwidert der andere wichtigtuerisch, »sind mit vierundzwanzig Millionen Pesetas versichert.«
»Aber deshalb mußte man doch nicht so einen Wind machen… Er hätte doch nur die Bilder in aller Heimlichkeit verschwinden lassen können…«
»Nein.« Nierga schlägt einen fürchterlich dozierenden Ton an:

»Kunstwerke können nur gegen schweren Raub und nicht gegen einfachen Diebstahl versichert werden. Dieses Theater hatte einzig und allein den Zweck, einen Raubüberfall – und nicht einen Diebstahl – vorzutäuschen. Außerdem wollte er damit alle Verdächtigungen von sich weisen, klar. Aber überleg doch mal: Die Typen kannten sich perfekt mit dem Alarmsystem aus. Und die Bilder kann man weder verkaufen noch öffentlich ausstellen. Du kannst dir ja vorstellen, daß wir sofort alle Händler, Sammler, Galerien und Museen informiert haben. Alle wissen jetzt, daß die Bilder gestohlen wurden. Es ist genauso, wie wenn jemand ›*Die Lanzen*‹ von Velázquez stehlen würde. Was kann er denn damit machen?«

»Sie im Haus verstecken und den ganzen Tag angucken.«

»Nein, nein... Nicht mal im Irrenhaus könnte man die Bilder aufhängen. Nein, die Versicherungsgesellschaft hat schon alles in Bewegung gesetzt, um nicht zahlen zu müssen. Buxadé ist jetzt bei Puiggrán. Die alte Einschüchterungsmasche.«

»Buxadé?« Daniel fährt erschrocken hoch. Sein erstauntes Gesicht wirkt komisch. »Der von Júpiter?«

»Ja, er ist im Auftrag der Versicherungsgesellschaft hier.«

»Und warum hast du mir das nicht eher gesagt?«

»Ich dachte, du würdest ihn nicht gerne treffen.«

»So!? Ich muß meinen Klienten vor diesem Widerling schützen.« Daniel steht auf.

»Hör zu, Ponce...« Nierga hält ihn am Arm fest, wird sehr ernst. »Du mußt wissen, auf was du dich da einläßt. Aber ich will, daß du mich über alles informierst. Wir haben es hier mit einem Mord zu tun, also keine Heimlichkeiten.«

Daniel tut so, als könne er kein Wässerchen trüben und spielt den Gekränkten, weil jemand seinen guten Willen angezweifelt hat.

»Du kannst mit mir rechnen. Ich werde die Karten offen auf den Tisch legen. Wir treffen uns später im Pa amb Tomàquet, und ich werde dir erzählen, was Puiggrán gesagt hat.« Er dreht sich zu María um, die ihn immer noch vielversprechend und herausfordernd mustert.

»Komm doch auch, dann können wir in Ruhe weiterreden. Manchmal erinnert man sich...«

»Ja, gerne.«

Daniel überquert die Straße und bemüht sich, jugendlich-dynamisch aufzutreten.

Er stößt das Gartentor zur Villa der Familie Puiggrán auf (geschichtsträchtiger Schrott aus eisernen Schneckengehäusen und spitzen Drachenschwänzen), geht durch einen Garten mit grünem Rasen und violetten Bougainvilleen, darauf bedacht, nur auf die Schieferplatten zu treten, die den Weg zum Haus markieren. Rechter Hand liegen Schwimmbad und Grillplatz. In einiger Entfernung umrahmen dichtbelaubte und moosbedeckte Bäume die gewölbten Hausmauern. Dieses schattige Plätzchen ist hervorragend für einen Mittagsschlaf geeignet, wenn man sich unbedingt Rheuma holen will. Linker Hand windet sich eine Mauer, die mit scharfen Zacken ausgestattet ist, den Hang hoch. Kein Hundegebell. Keine Gärtner, keine Wachtposten. Daniel drückt auf die Klingel.

Ein verschlafenes Individuum öffnet ihm die Tür. Mit seinen fünfzig Jahren sieht er aus wie ein etwas verspäteter Vertreter der Null-Bock-Generation. Glatze, schwarzer Anzug, rote Krawatte. Keine Livree, die darauf hinweist, daß es sich um den Butler handelt. Er zieht fragend die Augenbrauen hoch.

»Mein Name ist Daniel Ponce. Herr Puiggrán erwartet mich.«

»Darf ich bitte Ihre Karte sehen. Danke. Treten Sie ein.«

Die Eingangshalle ist beeindruckend groß. Freitreppen, Flure, Fenster aus farbigem Glas, verschnörkelte Möbel und überall nackte Nymphen, die Lampen hochhalten. Die Atmosphäre ist feierlich wie in einer gotischen Kathedrale. Sich auf die geschnitzten Bänke zu setzen oder seinen Mantel an die mit Reliefs geschmückte Garderobe zu hängen, käme einer Entweihung gleich. Die Tür wird geschlossen. Die Sonne, die durch die gelben Fenster dringt, taucht die Szenerie in schummriges Licht.

Sie betreten einen kleinen Gang. Der Butler zeigt auf einen Raum zu seiner Rechten.

»Haben Sie bitte die Güte, hier zu warten. Der gnädige Herr hat noch Besuch. Er wird Sie gleich empfangen.«

»Waren Sie im Haus, als der Überfall stattfand?«

Der Butler schaut Daniel an, als stelle er gerade zum ersten Mal fest, daß er es mit einem Menschen zu tun hat.

»Nein, mein Herr«, sagt er schneidend.

»Warum nicht?«

Selbst wenn die Stirn des Butlers noch einen halben Meter höher gewesen wäre, er hätte seine Augenbrauen nicht noch mehr hochziehen können.

»Weil gestern Sonntag war, mein Herr, und sonntags habe ich meinen freien Tag.«
»Ich bin Privatdetektiv«, versucht Daniel ihn zu beruhigen. »Herr Puiggrán hat mich hierherbestellt, damit ich ihm die Kerle vom Hals halte, die jetzt hier ein- und ausgehen. Sie verstehen schon: Polizei, Versicherungsgesellschaften und all diese Leute. Es wäre besser, wenn Sie mich jetzt zu ihm führen würden.«
»Ich bitte Sie zu warten, mein Herr.« Mit jedem Wort gibt ihm der Diener zu verstehen, daß jegliche Unterhaltung zwecklos und das Interview nun beendet sei.
»Hören Sie, Herr Puiggrán wird über meinen Besuch sehr erfreut sein. Dieser Hund von Buxadé dürfte gerade dabei sein, ihn vollzuquatschen. Melden Sie mich an, und Sie werden sehen, wie zufrieden ihr Herr und Gebieter reagieren wird.«
»Ich schickte mich gerade an, dies zu tun.«
Mit einer leicht anmaßend wirkenden Verbeugung verläßt der Butler den schmalen Raum. Er geht den langen, dunklen Gang entlang, der einem Metrotunnel gleicht. Am Ende des Tunnels dringt gleißendes Licht herein. Buxadés Stimme ist immer deutlicher zu hören.
»Hat nicht Ihr Chemiekonzern QUIMASSA illegal marokkanische Arbeiter verschoben?« Die Stimme wirkt feierlich, der Ton ist bedeutungsschwanger, alles klingt sehr höflich und wohlerzogen. »Und unterstand nicht die Detektei Magenta, die zu demselben Konzern gehörte, zwei... sagen wir... Schlägertypen, die von eben den Marokkanern, die sie ausgebeutet hatten, ermordet wurden?«
Der Butler ist vor der Tür stehengeblieben, vielleicht aus Klugheit, um die Demütigung seines Chefs nicht aus nächster Nähe mitzuerleben, vielleicht aus purer Neugier.
»Mir ist nichts darüber bekannt«, antwortet eine rauhe, unsympathische Stimme, »und der Polizei auch nicht.«
»Aber mir ist es bekannt.« Die feierliche Stimme läßt nicht locker. »Und ich habe nur einen Tag gebraucht, um das herauszufinden. Sie können sich also vorstellen, daß es für mich ein Leichtes ist, den Verbleib der Bilder ausfindig zu machen.«
»Herr Buxadé...« Die unsympathische Stimme wird drohend.
»Von jetzt ab, Herr Puiggrán, wird immer jemand da sein, der sie beobachtet. Bis die Bilder wieder auftauchen.«
»Ich wäre Ihnen dankbar, wenn Sie sich nun zurückziehen würden, Herr Buxadé.«

Der Butler setzt sich in Bewegung und macht im richtigen Augenblick die Tür auf. Buxadé und Puiggrán befinden sich auf einer großen, überdachten Terrasse, die in einen dichten Wald aus Farn und Eichen übergeht. Der Detektiv steht steif und überheblich da. Der Hausherr sitzt zurückgelehnt in einem geflochtenen Armsessel mit hoher Lehne, eine exotische Reminiszens an die Karibik. Er hält ein hohes, leeres Glas in seiner Hand. Der Butler meldet: »Ein Herr, der behauptet, daß...«
Er ist überrascht, als er festellt, daß der *Herr-der-behauptet-daß* völlig unverfroren an ihm vorbeigeht und sich mit lauter Stimme vorstellt:
»Daniel Ponce, Detektiv. Seien Sie unbesorgt, Herr Puiggrán, die Verstärkung ist eingetroffen.« Alle schrecken auf, drehen sich mit weit aufgerissenen Augen zu ihm um. Ein Affront. Ihre Hände stocken mitten in den unruhigen, vielleicht auch verfluchenden Gesten. Daniel fährt fort:
»Detektive, die für Versicherungen arbeiten, gehen die Sache immer gleich an. Das Opfer anzuklagen, gehört zu ihrer Routine. Mehr Phantasie haben sie nicht. Hallo, Buxadé. Hast du alles gesagt, was du sagen wolltest?« Buxadé schluckt seinen Unmut hinunter. Er schaut unentschlossen und nervös hin und her. Er ist ein stattlicher junger Mann, hübsch wie ein jugendlicher Kinoheld. Glänzendes, lockiges, schwarzes Haar, von den besten Frisören geschnitten. Ein energisches Kinn und zusammengewachsene Augenbrauen verleihen seinem Aussehen eine gewisse Strenge. Er ist dunkel und elegant gekleidet, als wolle er zu einem Hochzeitsfest gehen. Aktenkoffer. Er gehört zu diesen Leuten, die sich aufgrund ihrer tiefen Stimme und ihres guten Aussehens für wichtig und großartig halten, und die sich armselig und minderwertig fühlen, wenn jemand die Unverfrorenheit besitzt, sich nicht von ihnen einschüchtern zu lassen.
»Ja, ich glaube, es ist alles gesagt«, sagt er schließlich, »Herr Puiggrán...« Kopfnicken zum Abschied. Mit großen Schritten verläßt er den Raum, als könne er durch Wände gehen wie ein Bulldozer.
Warmer Händedruck Marke ›Vertrauen Sie mir‹.
»Sie wollten mich sprechen?«
Puiggrán hat einen Tick. Bei jedem Lidschlag schließt er die Augen so fest, als wäre er kurz vorm Explodieren. Er ist klein und dünn und sieht kränklich aus, aber Daniel möchte ihn nicht zum Feind haben. Denn er wirkt bedrohlich wie ein Skelett.

»Vielen Dank«, sagt er mit seiner trockenen, rauhen Stimme, »dieser Mensch hat mich ein wenig nervös gemacht. Sie kennen ihn?«
»Ja. Mich macht er nervös, seit ich ihn kenne. Er arbeitet immer nach demselben System. Er mißtraut dem Opfer und stattet ihm einen Besuch ab. ›Die alte Einschüchterungsmasche‹, wie er es nennt. Ich kann mir schon vorstellen, was er Ihnen gesagt hat: daß Sie der Hauptverdächtige sind; daß Sie früher oder später einen Fehler machen, der Ihnen dann zum Verhängnis werden kann…«
»Ich fürchte mich nicht vor ihm. Er ist ein Clown. Ich habe nichts zu verbergen.«
»Nehmen Sie sich trotzdem vor ihm in acht. Solange die Bilder nicht aufgetaucht sind, wird Ihnen eine ganze Horde von Spitzeln hinterherschnüffeln. Er dürfte irgendwo hier im Haus ein Mikrophon angebracht haben. Und er wird wahrscheinlich Ihr Telefon abhören lassen.«
»Nehmen Sie Platz.«
Daniel läßt sich auf einem Armsessel nieder, ein Pendant zu dem, auf dem Puiggrán sitzt. »Darf ich Ihnen etwas zu trinken anbieten?«
»Nein, danke. Kommen wir zur Sache.«
»Alberto, bringen Sie mir bitte noch einen Bourbon.« Puiggrán läßt sich nichts vorschreiben. Er redet, wann und wie er will. Er wendet sich an Daniel:
»Ein Bekannter von mir, ein Maler, hat Sie mir empfohlen. Sein Name ist Jaime Trullás, und er sagte mir, Sie seien ein Freund von ihm. Vor ungefähr einem Jahr arbeiteten Sie offensichtlich mit dem gleichen Modell…« Daniel nickt zustimmend. »Man sagte mir, daß Sie etwas von der Malerei verstehen und Beziehungen zur Kunstszene haben. Genau so jemanden brauche ich. Sie können sich sicher vorstellen, was ich von Ihnen möchte: Sie sollen die Picassos wiederfinden.« Wieder nickt Daniel zustimmend. »Aber ich möchte, daß Sie die Picassos vor der Polizei und vor Buxadé finden.« Daniel runzelt seine Stirn. Puiggrán ändert seinen Tonfall. »Ich weiß, daß mein Anliegen etwas… etwas sonderbar klingt; aber ich habe die Vermutung, daß es sich bei dem Dieb um einen meiner Nachbarn handelt. Ich möchte auf keinen Fall einen… Freund… oder, schlimmer noch, einen Kunden in Schwierigkeiten bringen. Verstehen Sie, ich wasche meine schmutzige Wäsche lieber selbst.« Puiggráns Stimme bekommt wieder diesen trockenen, unsympathischen Tonfall. »Daß ein Mord geschehen ist, interessiert mich nicht. Darum wird sich schon die Poli-

zei kümmern. Ich will die Bilder wiederhaben, bevor irgend jemand dahinterkommt, wo sie sind. Ihr Wert wird auf vierundzwanzig Millionen Pesetas veranschlagt. Ich bin bereit, Ihnen zwei Prozent dieser Summe zu zahlen, wenn Sie Ihren Auftrag erfüllen. Vierhundertachtzigtausend Pesetas. Einverstanden?« Daniel streicht sich über die Stirn, fährt sich mit der Hand durchs Haar und schaut zu Boden. Er antwortet nicht. Er hört wie der andere ›Danke‹ murmelt. Neugierig guckt Daniel hoch und stellt fest, daß das ›Danke‹ Alberto gilt, der gerade den heißersehnten Bourbon gebracht hat. Puiggrán trinkt einen Schluck und fährt fort:

»Sie und ich, wir werden keinen Vertrag unterschreiben. Außerdem habe ich Ihnen überhaupt nichts erzählt! Oder haben Sie etwas gehört? Sollten Sie der Polizei oder diesem Idioten von der Jupiter, diesem Buxadé, irgend etwas erzählen, werde ich alles leugnen. Haben wir uns verstanden? Ich werde alles abstreiten, und Sie werden eine lange Pechsträhne haben.«

»Verstehe«, unterbricht ihn Daniel, »vierhundertachtzigtausend Pesetas. Das sagt alles. Fahren Sie fort.«

Das Männchen reibt seine verschwitzten Hände. Er seufzt resigniert und zwinkert noch einmal kräftig mit den Augen.

»Finden Sie den Dieb, und sagen Sie ihm, daß ich bereit bin zu verhandeln. Ich werde ihm die Summe zahlen, die wir aushandeln werden, wenn er mir die Bilder persönlich übergibt. Und die Polizei wird nicht ein Wort darüber erfahren.«

»Wieviel sind die Bilder wirklich wert?«

»Ich habe eine Versicherung in Höhe des Einkaufspreises abgeschlossen. Vierundzwanzig Millionen.«

»Aber heute sind sie doch viel mehr wert, oder nicht?«

»Das ist meine Sache.«

»Wieviel würden Sie dem Dieb anbieten?«

»Das ist meine Angelegenheit.«

»Entschuldigen Sie, ich hätte gerne gewußt, was Sie vorhaben. Warum erzählen Sie mir nicht alle Einzelheiten, während wir uns den Tatort anschauen?«

»Sie brauchen nicht zu wissen, wie hoch mein Angebot sein wird. Erledigen Sie in Ruhe Ihre Arbeit. Akzeptieren Sie meine Bedingungen?«

»Ja, aber bedenken Sie, daß die Polizei und Buxadé mich draußen erwarten und wissen wollen, was Sie mir erzählt haben.«

Puiggrán nickt zustimmend. Daniels Einwand hat ihm gefallen. Er mag Leute, die an alles denken, und sagt langsam:
»Sie glauben, daß ich den Diebstahl nur vorgetäuscht habe. Da es nicht wahr ist und ich nichts zu befürchten habe, lassen wir sie in dem Glauben. Das kann für Sie nur von Vorteil sein, und daran sind wir doch beide interessiert.«
»Einverstanden. Werden wir jetzt den Tatort besichtigen?«
»Gut. Gehen wir!« Sie erheben sich aus ihren Stühlen.
Während sie den langen Flur bis zur kathedralenähnlichen Eingangshalle entlanggehen, berichtet Puiggrán in großen Zügen von den Ereignissen des Vortages.

Bartrina und er waren gerade mit den Vorbereitungen für den Grillabend fertig und auf dem Weg zur Küche, wo Elenita das Fleisch würzte. Sie sprachen und scherzten über ihr Lieblingsthema: gegenständliche Kunst im Vergleich zur Konzept-Kunst.
»Du und ich, wir können doch nur unter dem Aspekt des Besitzes über die Kunst reden, José Luis«, sagte Puiggrán aufgeregt, aber freundlich, »nur in Begriffen des Kaufens und Verkaufens oder des Sammelns. Weil wir nämlich keine Künstler sind...«
»Und weil wir Geld haben«, warf Bartrina ironisch ein.
»Vor allem deshalb, natürlich. Weil ich Geld in meine Bilder investiere, und das ist ein Geschäft. Aber du finanzierst die Aktionen deines Konzept-Künstlers, und das ist auch kein verschenktes Geld. Weil nämlich dieser Amerikaner die Projekte später von dir kauft und dir mehr zahlt, als du deinem Künstler gegeben hast. Du bist Mäzen, ich bin Sammler, und Carbó ist Händler, aber letztendlich sitzen wir alle im selben Boot.«
»Einverstanden, ich bin kein reiner Konzeptualist, wenn du so willst. Weit davon entfernt. Aber schon mein Ansatz ist ehrbarer als eurer. Denn der Geist hat immer über die Materie gesiegt. Ich sammle Ideen, und du mußt zugeben, daß das dem Geist der Kunst sehr viel näher kommt als diese vollgekleckten Stoffetzen und Holzstücke.«
»Du meine Güte!« lachte Puiggrán.

Die Fenster des Flurs, der von der Halle zur Küche und zu den Dienstbotenzimmern führt, liegen zur Straße. Die Sonne, die durch die bunten Glasscheiben scheint, verbreitet hier ein viel wärmeres Licht als in dem dunklen Tunnel, durch den man auf die Terrasse gelangt.

»Hier trafen wir auf Elenita und den Maskierten im weißen Overall.«

»Keine Bewegung«, sagte der Mann, »das Ding hier ist tödlich!« Puiggrán und Bartrina hoben instinktiv die Arme. In Filmen ist ja zu sehen, wie man sich in solchen Fällen verhalten sollte.
»Sie! Rufen Sie Marita.«
»Marita!«
»Und rufen Sie Ihre Frau. Wo steckt sie?«

»Ach ja, richtig«, unterbricht ihn Daniel, »wo ist eigentlich Ihre Frau?«
»Bei ihrer Schwester in Barcelona. Sie hatte einen Nervenzusammenbruch, und wir hielten es für das Beste, wenn sie nicht belästigt würde.«
Daniel hat ein kleines, kariertes Heft aus seiner Tasche gezogen und macht sich mit einem silbernen Kugelschreiber Notizen. Er wirkt ernst, tüchtig und diensteifrig wie eine Sekretärin.
»Über wieviel Personal verfügen Sie?«
»Alberto Losante ist der Butler. Elenita war die Köchin ... und ein wenig Mädchen für alles. Außer den beiden kommt jeden Tag noch ein Mädchen aus dem Dorf für die Hausarbeit. Waschen, Staubwischen, Putzen ...«
»Wie heißt sie?«
»Lucía. Lucía Granés. Sie wohnt im Dorf.«
»Gut.« Daniel schreibt mit. »Sonst noch jemand?«
»Zweimal in der Woche kommt ein Gärtner, aber er betritt normalerweise nicht das Haus.«
»Haben Sie einen Chauffeur?«
»Ich fahre selbst.«
»Leben Sie das ganze Jahr hier, oder sind Sie in der Urlaubszeit länger abwesend?«
»Wir sind das ganze Jahr über hier, obwohl wir noch eine Wohnung in Barcelona haben.«
Die Küche ist fast so groß wie die Eingangshalle. Es könnte gut und gerne die Küche des Ritz sein. Ultramodern, alles auf dem neuesten Stand und glänzend wie Gold. Im hinteren Teil der Küche führt eine Tür in den Garten.
»Durch diese Tür ist der Einbrecher reingekommen. Die Polizei hat

Fußspuren auf einem Auto entdeckt, das auf der anderen Seite der Mauer geparkt war. Er ist auf das Auto gesprungen, über die Mauer geklettert und hier hereingekommen. Elenita war gerade dabei, das Fleisch zu würzen. Er hat sie völlig überrumpelt. Kommen Sie mit!«

Den Notizblock in der Hand, läuft Daniel wie ein Hündchen hinter ihm her. Es sieht so aus, als wolle Daniel jetzt eine Inventarliste des Hauses aufstellen. Sie gehen zum Sicherungskasten.

»Diese beiden Kabel sind Teil des Alarmsystems, mit dem der Gemäldesaal überwacht wurde. Sie laufen nicht über das Stromnetz des Hauses, sondern über die Straßenbeleuchtung. So können wir hier drinnen alles abschalten, wenn wir verreisen, und die Alarmanlage funktioniert trotzdem noch. Und beachten Sie: die Alarmanlage ist direkt mit dem nächsten Posten der Guardia Civil verbunden, der sich nur zwei Straßen weiter befindet. Dieses Kabel hier gehört zu einem Mechanismus, der die Filmkamera in Gang setzt, wenn die Tür zum Gemäldesaal geöffnet wird.«

Die beiden Kabel sind durchgeschnitten.

»Kommen Sie.«

Sie gehen wieder durch den in farbiges Licht getauchten Flur, kommen wieder in die Eingangshalle und steigen die Freitreppe hinauf bis in den ersten Stock.

»Wer hat Ihnen die Alarmanlage eingebaut?«

»José Luis Bartrina, der auch dabei war, als der Überfall passierte. Er leitet eine Firma für Überwachungs- und Alarmanlagen. Er ist einer meiner Nachbarn hier im Dorf, und sein Vater war ein enger Freund von mir, so wie er es jetzt ist. Er ist Aktionär der Banco Transibérico, genau wie ich.«

Sie durchqueren den Billardsaal, der einen kleinen Balkon zur Halle hat, betreten einen weiteren Flur und kommen zum Gemäldesaal.

Ein Casas, ein Sunyer, zwei Grau-Salas, drei Humberts. In einer Ecke, fast hinter der Tür versteckt, hängen zwei Zeichnungen von Daniels Freund Jaime Trullás. Und, an exponierter Stelle, ein Manet. Neben dem Manet sind drei Lücken zu erkennen. Puiggrán ist so geschmacklos, unter jedem Bild die sorgfältig eingerahmte Urkunde aufzuhängen. Der Dieb hat die Picassos mitgenommen, aber auf die Urkunden verzichtet, die Daniel näheren Aufschluß über die drei geraubten Picassos geben. ›*Skizze zu ›Die beiden Brüder‹* (1905), ›*Weiblicher Akt im Profil*‹ (1903), ›*Junger Harlekin*‹ (1910). Die drei Werke sind im

Zervós-Katalog eingetragen und von den Gebrüdern Gaspar, den besten Picasso-Experten der Welt, beglaubigt.
»Hier draußen gibt es einen versteckten Schalter, mit dem ich das Alarmsystem ausschalten kann, wenn ich Freunde oder Bekannte mitbringe.« Daniel dreht sich interessiert zu ihm um.
»Also, wenn der Dieb sich so genau mit dem Alarmsystem auskannte, warum hat er dann nicht einfach nur den Schalter betätigt?«
»Ich weiß es nicht. Vielleicht ein Täuschungsmanöver.«
»Und warum, glauben Sie, haben sie sich mit den drei Picassos zufriedengegeben und nicht, zum Beispiel, auch noch den Manet mitgenommen, der doch sicher viel mehr wert ist.«
Puiggráns Miene verdüstert sich. Er hört auf, mit den Augen zu zwinkern und setzt sich in Pose, so als hätte er etwas sehr Wichtiges zu sagen.
»Die Picassos waren meine neueste Errungenschaft. Sie waren... Sie bedeuten mir sehr viel.«
Daniel öffnet den Mund, aber es dauert einige Sekunden, bevor er anfängt zu sprechen: »Also könnte man das Ganze als eine Art persönlichen Angriff verstehen. Das ist es, was Sie sagen wollen, nicht wahr? Daß man die Picassos entwendet hat, um Ihnen weh zu tun. Und nicht, um sie zu behalten, sie zu verkaufen oder um eine Privatsammlung zu vergrößern...«
»Das könnte möglich sein«, räumt Puiggrán ein.
»Gut, gut. Erzählen Sie weiter!«
Der Saal ist wie ein kleines Museum eingerichtet. In der Mitte steht eine lange Holzbank, um die Bilder von dort aus betrachten zu können. Jetzt steht die Bank allerdings an der Wand neben einer imposanten, sinnlichen, modernistischen Statue.
Während der Mann die fünf Gefangenen in Schach hielt, hängte eines der Mädchen (Puiggrán besteht darauf, daß es sich zweifellos um zwei Mädchen gehandelt haben müsse) die drei Bilder ab, ging zur Tür und lief hinaus. Die andere stellte die Bank neben die Statue. Einige Minuten lang geschah nichts. Dann fing der Mann an zu schießen, auf einen der Humberts, die Wand... und auf Elenita.
»Hatten Sie den Eindruck, daß er einfach so drauflos schoß und zufällig Elenita traf, oder...«
»Nein, nein, er hat Elenita vorsätzlich umgebracht. Er konnte nur nicht gut zielen. Aber das ist nicht so wichtig.«
Alles geschah unverhofft und überstürzt. Während das Echo der

Schüsse und das Kreischen von Marita und Beatriz widerhallte, war die kleinere der beiden maskierten Frauen auf die Bank geklettert, hatte die Kamera, die im Kopf der Statue versteckt war, herausgeholt, hatte sie geöffnet und den Film herausgenommen. Sie sprang von der Bank und ging rückwärts zu dem Mann. Die beiden verließen den Raum und schlossen die Tür. Bartrina und Puiggrán stürzten sich auf die Tür, schafften es, sie zu öffnen, aber es war niemand mehr da. »Ruft die Polizei, schnell«, schrie Bartrina und lief in den Garten. Als Puiggrán mit der Polizei telefonierte, war Bartrina rechtzeitig zurückgekommen, um noch einige Hinweise geben zu können.

»Sie sind in einem weißen Ford Fiesta weggefahren!« schrie er.

Daniel und Puiggrán gehen die Treppe hinunter, durch den Tunnel zur Terrasse. Sie setzen sich.

»Und jetzt sagen Sie mir doch bitte, warum Sie annehmen, daß es sich bei dem Dieb um jemanden aus dem Dorf handelt. Und wen Sie verdächtigen, natürlich.«

»Es gibt Hinweise«, sagt Puiggrán, als müsse er sich selbst überzeugen. »Es gibt Hinweise«, wiederholt er, »es muß jemand gewesen sein, der sich hier bestens auskannte. Der wußte, wo die Kamera versteckt war, zum Beispiel.«

»Aber das wissen doch zum Beispiel auch Ihre Dienstboten, die den Saal sauber machen. Oder Ihre Freunde, oder irgendeiner Ihrer Geschäftspartner, dem Sie vielleicht etwas erzählt haben, oder die Angestellten der Firma, die die Kamera installiert hat.«

»Nein, ich habe mit niemandem darüber gesprochen. Weder mit Freunden noch mit Geschäftspartnern. Ich bewege mich in einem sehr kleinen Kreis, müssen Sie wissen. Bartrina, Horteza, Carbó ...« Und damit endet die Aufzählung. »Die Leute, die hier rundherum in den Landhäusern leben. Ich bin nicht sehr gesellig. Auf jeden Fall, die Angestellten dieser Installationsfirma müssen für eine dritte Person gearbeitet haben. Und ich würde gerne wissen, wer diese Person ist. Wie ich Ihnen schon gesagt habe, interessiert mich nicht, wer Elenita umgebracht hat, sondern bei wem die Picassos jetzt sind.«

»Gut, reden wir also über Ihren engen Freundeskreis. Sie haben drei Personen erwähnt ...«

»Notieren Sie bitte: Alfonso Horteza Santamaria. Er hat keinerlei Interesse an Kunst ...«

Inzwischen hat er sich noch einen Bourbon kommen lassen und

trinkt einen Schluck (›Darf ich Ihnen auch etwas anbieten?‹ ›Nein danke.‹). Puiggrán berichtet ausführlich über Horteza: fünfundvierzig Jahre alt; Chirurg; seine Klinik, in der er Schönheitsoperationen an den großen Stars ausführt, ist in der vornehmen Gesellschaft berühmt. Importeur chirurgischer Geräte. Mitglied im Aufsichtsrat der Banco Transibérico.
»Kannte er sich mit dem Alarmsystem aus?«
»Nein«, sagt Puiggrán herablassend, »er hat sich nie für Kunst interessiert. Sicher weiß er nicht einmal, wer Picasso ist.«
»Also verstehen Sie beide sich nicht besonders gut?«
»Nein, absolut nicht. Ich würde sagen, wir halten uns an die Regeln, die die Höflichkeit gebietet, mehr nicht.«
»Gut. Das macht ihn zum Hauptverdächtigen. Wer noch?«
»Ja. Also... Ich bedaure, es sagen zu müssen, denn er ist ein guter Freund von mir... Carbó. Joan Carbó.«
»Carbó«, denkt Daniel, »María heißt Carbó mit Nachnamen.« Er schaut auf die Uhr. Es ist nach drei. Das Mädchen wartet wahrscheinlich schon im Restaurant auf ihn.
»Erzählen Sie mir von ihm!«
Puiggrán spricht über Joan Carbó i Brullat: neunundvierzig Jahre alt; Besitzer des Transportunternehmens EuroRapid; Mitglied im Aufsichtsrat der Banco Transibérico; Hauptaktionär bei PORCI-COSA. Kunsthändler und Mitglied von Opus Dei.
»Warum verdächtigen Sie ihn?«
»Ich weiß nicht... Er hat mir einige Angebote für die Picassos gemacht, aber auch für andere Bilder meiner Sammlung. Außerdem hat der Einbrecher gesagt ›Ruf Marita‹. Carbós Tochter wird eigentlich nur im engsten Freundeskreis Marita genannt. Von denen, die sie seit ihrer Kindheit kennen... oder von ihrer Familie.«
»Könnte Carbó der Einbrecher gewesen sein? Ich meine, vom Körperbau, von der Größe her gesehen...?«
»Ja. Ja, er könnte es gewesen sein.«
»Aber soviel ich weiß, war er in der Messe. Das läßt sich leicht überprüfen.«
»Überprüfen Sie es. Dafür habe ich Sie engagiert.«
»Aha.« Daniel macht sich immer noch Notizen. Sein Heft ist schon fast voll.
»Wußte er, wie die Alarmanlage funktionierte?«
»Nein.«

»Sind Sie gute Freunde, oder hatten Sie schon mal den einen oder anderen Streit?«
»Nein, überhaupt nicht. Wir sind sehr gute Freunde.«
»Das heißt also: Nur Bartrina kannte die Funktionsweise des Alarmsystems und das Versteck der Kamera und so weiter. Gut, dann erzählen Sie mir von ihm.«
»Bartrina?« fragt Puiggrán erstaunt.
»Ja. Warum nicht? Soweit ich verstanden habe, ist auch er an Kunst interessiert...«
»Aber nicht an dieser Art von Kunst. Er verachtet Picassos, Manets und Nonells. Er widmet sich ganz und gar der Konzept-Kunst. Das könnte er nur getan haben, um... ich weiß auch nicht. Vielleicht, um mir einen Streich zu spielen.«
»Einen Streich? Und Sie glauben, daß er fähig wäre, jemanden umbringen zu lassen, nur so aus Spaß?«
Puiggrán macht ein nachdenkliches Gesicht, als wäre ihm das noch nie in den Sinn gekommen. Er zwinkert kräftig mit den Augen und sagt: »Ja. Er wäre dazu in der Lage.«
»Dann erzählen Sie mir von ihm.«

Als López und Jimeno in der Pension Somoza an die Tür von Zimmer 12 klopfen, spürt Esteban einen Kloß im Hals. Er ist hundemüde. Es ist halb drei nachmittags, aber er liegt noch im Bett. Gestern nacht hat er bis um drei im Marilyn gearbeitet und sich bemüht, möglichst natürlich zu wirken. ›Es ist alles in Butter. Was wollt Ihr von mir?‹ Aber trotzdem war nicht zu übersehen gewesen, wie schwer es ihm gefallen war, ein zusammenhängendes Gespräch zu führen. Jede noch so gewöhnliche Frage eines Kunden war ihm vorgekommen wie ein Angriff, eine Drohung, eine zweideutige Anspielung.
»Was ist los, Téfano? Du siehst müde aus...«
»Was soll los sein?« sagte er. »Nichts ist los.« Und dachte: ›Glaubt er, daß ich ihn loswerden will? Daß ich nicht mehr drüber reden will?‹ »Ich habe Kopfschmerzen«, fügte er hinzu und dachte: ›Sie werden es merken. Ich kann nicht mehr...‹
»Wie war's gestern mit der Blonden, Téfano?«
»Mit der Blonden?« murmelte er zitternd. »Welcher Blonden? Ach, die! Schlecht, ich meine, wie immer.« ›Warum fragen sie mich nach der Blonden‹, dachte er, ›ob ihr Foto schon in den Zeitungen ist...?‹

»Man sieht sie ja gar nicht mehr hier!« bemerkten die anderen.
»Was mich betrifft, mir kann sie gestohlen bleiben.« Esteban hatte das Gefühl, als würde er jedesmal beim Sprechen laut keuchen. Am meisten beunruhigt ihn die Tatsache, daß er nicht weiß, was die beiden Ausländerinnen vorhatten. Was dieses ganze Theater sollte. Was passiert wäre, wenn er nicht zurückgeschlagen hätte. Sie wollten ihn umbringen. Aber warum? Und dann hat er sie umgebracht. Hat er sie wirklich umgebracht? Die Tatsachen verzerren sich in seiner Erinnerung, alles verschwimmt in einem unerträglichen, drückenden Nebel. Er hat, dauernd vor Augen, wie sich der Anschlagkolben gegen die blonde Haarpracht drückt; er sieht, wie das Blut herausströmt; er hört das Krachen von zersplitternden Knochen... Jemand hat an die Tür geklopft.
Esteban hat kaum die Kraft, ›Herein‹ zu sagen. López und Jimeno, in grüner Uniform und Dreispitz, treten ins Zimmer.
»Hallo, Téfano, wie geht's? Was ist los?« fragt López so leutselig, wie man sich nur auf Beerdigungen gibt.
Jimeno macht den Schrank auf, durchwühlt die Kleidungsstücke, guckt in die Konsole, in die Schubladen. Esteban sitzt vor Schreck aufrecht im Bett. Er hatte befürchtet, daß dieser Augenblick kommen würde. Wieder hatte er seinen Körper nicht unter Kontrolle.
»Was wollt ihr? Was los ist? Das frag ich mich auch!« sagt er wütend.
»Der Sargento will dich sehen.«
Esteban geht an Jimeno vorbei. Er muß sich zusammenreißen, um nicht handgreiflich zu werden. Er stellt sich zwischen Jimeno und den Schrank und tut so, als hätte er ihn ganz ungewollt zur Seite geschubst.
»Was soll das?« schreit er. »Hört auf, in meinen Sachen rumzuwühlen.«
Jimeno bleibt ganz ruhig, geht einen Schritt zurück und gibt ihm mit einer Geste zu verstehen, daß es nicht seine Absicht war, ihn zu beleidigen.
»Téfano!« López legt seine Hand auf Estebans Schulter. Seine Finger, die lang und dünn sind wie Schürhaken, drücken sich in Estebans Fleisch. Esteban ballt seine Fäuste. Er schaut auf López Hand und atmet schwer. López lockert den Griff seiner Krallen und sagt leise: »Téfano, mach keine Dummheiten.«
»Ihr wollt mich festnehmen, wie?«

»Hast du irgendwas ausgefressen?« fragt Jimeno seelenruhig.
»Nein!«
»Na also, dann mach dir mal keine Sorgen. Du schlägst hier 'nen ziemlichen Krach, Téfano, ein bißchen zuviel.«
»Aber was wollt ihr denn von mir?«
»Wir? Überhaupt nichts. Der Sargento will was von dir.«
»Dann richtet ihm aus, daß ich vorbeikommen werde.«
»Téfano...« brummt López, der die Nase voll hat von diesem Hin und Her. Sie schauen sich an.
»Es wird nicht lange dauern«, sagt Jimeno, immer noch mit stoischer Ruhe, während er ganz beiläufig einen Blick zwischen Kopfende des Bettes und Wand wirft.
»Was sucht ihr?«
»Zieh dich an und komm mit!«
Esteban versucht, sich zu entspannen. Sie können ihm nichts anhaben. Pepe wird sagen, daß sie gestern den ganzen Morgen zusammengewesen sind, um eine undichte Wasserleitung in der Diskothek zu reparieren. Und Pincha wird sagen, daß er ihn mittags am Strand gesehen hat. Aber erst wenn sie gefragt werden, nicht eher. Immer mit der Ruhe, Esteban. Laß sie machen. Es ist ja nicht das erste Mal, daß du in der Klemme steckst.
Er läßt sie gewähren, zieht sich an und folgt ihnen. Er ignoriert seine Zimmerwirtin, die traurig sagt: »Was hast du jetzt schon wieder angestellt, Téfano?«
Auf der Wache wird er noch nervöser. Wer einmal von den Bullen verhört worden ist, weiß, daß sie vom ersten Augenblick an die Daumenschrauben fest anziehen. Von dem Augenblick an, in dem man sich in dem kahlen, grauen Raum, in dem der Putz von den Wänden blättert, auf den Stuhl vor den wackeligen Tisch setzt. Das Lächeln, das Schulterklopfen und der freundliche Tonfall nützen da auch nichts mehr. Das Herz rutscht einem in die Hose, und die wohlwollenden Worte des Sargento klingen wie eine Anklage.
»Téfano, Téfano, worauf hast du dich denn da eingelassen?«
»Was ist los? Was wird mir vorgeworfen?«
»Nichts. Noch nichts...«
»Wieso noch? Was wird mir zur Last gelegt? Bin ich verhaftet?«
»Langsam, langsam. Setz dich erst mal hin.«
»Bin ich verhaftet oder nicht? Wenn ich verhaftet bin, will ich einen Anwalt...«

»Nun mach schon, setz dich hin…« Eine freundliche Hand drückt ihn sanft auf den Stuhl. »Fangen wir an: Was hast du gestern morgen gemacht?«
»Wieso?«
Sargento Baños vom Polizeirevier Sant Pau ist dick und kräftig und respekteinflößend. Obwohl er sich bemüht, anders zu wirken, hat man immer den Eindruck, daß er alles durch seine körperliche Kraft beherrscht, egal wo er ist, egal was er sagt, egal wie er lächelt.
»Weil ich es, verdammt noch mal, gerne wissen möchte, Téfano.« Seine Stimme ist freundlich. Seine Augen und seine Gesten sind es nicht. »Wenn du nämlich Bilder geklaut und Hausmädchen umgebracht hast, dann steckst du ganz schön in der Tinte.«
Esteban spürt, wie ihm das Herz in die Hose rutscht, und das Blut in seinen Adern erstarrt.
»Was?« fragt er mit dünner Stimme. Sein Mund ist völlig trocken.
»Was hast du gestern morgen gemacht?« wiederholt Sargento Baños geduldig.
Esteban schaut sich um. López und Jimeno blicken ihn teilnahmslos an. Obwohl sie gute Kunden im Marilyn sind und Esteban so manches Saufgelage mit ihnen hinter sich hat, kann er von ihnen keine Hilfe erwarten. Noch ist nicht der richtige Zeitpunkt gekommen, sein Alibi anzubringen.
»Nichts«, stottert er, »nichts besonderes…«
»Was hast du in Vilafort gemacht?«
»In Vilafort? Ich? Nichts! Ich meine, ich war nicht in…«
»Was hast du mit den Bildern vor?«
Wenn der Verdächtige sich auf dieses Spiel einläßt, bricht ein Sturm von Fragen über ihn herein. Eine nach der anderen. Um ihn nervös zu machen. Um ihn in Widersprüche zu verstricken.
»Welche Bilder?«
»Wer hat dich dafür bezahlt, daß du die Bilder klaust?«
»Ich habe keine Bilder…«
»Warum hast du das Dienstmädchen umgebracht?«
Esteban kann kaum noch atmen. Ihm brummt der Schädel, als sei er plötzlich krank geworden.
»Ich hab niemanden umgebracht…«, schluchzt er.
»Wo hast du die Bilder versteckt?«
»Aber was für Bilder denn, zum Teufel? Was redet ihr denn da? Ich war hier, hier, hier…«

»Ruhe, verdammt, schrei nicht so, Téfano!« unterbricht ihn der Sargento.
»Bin ich verhaftet oder nicht?« schreit Esteban. »Wenn ja, will ich einen Anwalt.«
Schweigen. Pause. Ruhe.
»Noch mal von vorne«, knurrt der Sargento. »In Barcelona bist du zwischen 1972 und 1977 viermal wegen schwerer Körperverletzung und Schlägereien festgenommen worden.« Baños zählt alles auf, was er über den Verdächtigen in Erfahrung gebracht hatte. »In einem dieser Fälle hast du einen Polizisten angegriffen und ihm schwere Verletzungen mit dauerhaften Folgen zugefügt. Du hast eine zweimonatige Haftstrafe im Modelo-Gefängnis in Barcelona abgesessen…«
Esteban versucht sich zu beherrschen. Verkrampft und mit geballten Fäusten starrt er auf die Tischplatte.
»Ich verlange einen Anwalt«, keucht Esteban.
»Seit du hier in San Pablo lebst, haben wir dich viermal wegen Schlägerei festgenommen und einmal wegen Besitz und Konsum von Drogen…«
»Ich will sofort einen Anwalt, oder ich gehe!«
»Letztes Jahr hast du einem Amerikaner beide Arme gebrochen…«
Esteban macht Anstalten aufzustehen, aber López legt ihm die Hand auf die Schulter.
»Er hatte mich mit einem Messer angegriffen. Ich bin freigesprochen worden. Jedesmal, nachdem ich verhaftet worden bin, hat sich gezeigt, daß ich aus Notwehr gehandelt habe. Und außerdem, was soll das? Was hat das mit dieser Sache heute hier zu tun?«
»Was war denn heute los?« fragt der Sargento sanftmütig.
»Daß ihr mich festgenommen habt…!«
»Und was war gestern los?«
»Das möchte ich auch mal gerne wissen. Was war denn gestern los?«
»*Ich* stelle hier die Fragen«, brummt der Sargento. Er gibt zu verstehen, daß seine Geduld zu Ende ist. »Was gestern los war? Du hast 'ne Blondine aufgerissen und bist mit ihr nach Vilafort abgehauen…«
»Ich war nicht in Vilafort. Ich verlange sofort einen Anwalt. Ihr wollt mir wer weiß was anhängen. Aber das zieht nicht. Ich will einen Anwalt.«
Erneutes Schweigen. Blickwechsel. Der Sargento fährt sich mit der

Hand durchs Haar, beißt sich auf die Oberlippe, spaziert durch den Raum. Esteban starrt ihn mit weitaufgerissenen Augen an.
»Noch mal von vorne«, sagt Sargento Baños.

Das Pa amb Tomàquet ist eine alte Postkutschenstation, die so viel Geld einbrachte, daß sie in ein modernes Restaurant umgewandelt wurde. Mosaike aus La Bisbal verzieren die Wände; die Fußleisten sind aus ungeschliffenem Holz, schmiedeeiserne Lampen, die als Antiquitäten durchgehen könnten, Kellner in roten Westen, die unerbittlich ausschließlich katalanisch sprechen. Blauweiß karierte Tischdecken, Kerzen, die von Kandelabern tropfen und die wohl für die nervösen Paare im heiratsfähigen Alter aufgestellt worden sind.
Als Nierga in den Speisesaal eilt, bieten ihm Daniel und María das Bild eines solchen Pärchens. Ihre angeregte Unterhaltung ist nunmehr, nachdem sie erst verlogen, ernst und förmlich angefangen hatte, fast schon unverschämt intim geworden. Während des Aperitifs ist es Daniel, dank Marías Neugier, gelungen, einige Punkte zu klären, die noch nicht ganz deutlich waren. (»Der Typ kannte dich offensichtlich. Er hat dich Marita gerufen.« »Ach ja, genau, das ist mir auch aufgefallen.« »Du hast ihn nicht erkannt?« »Nein.« »So wie es aussieht, kannten sie sich genauestens mit der Alarmanlage aus. Sie kannten sogar das Versteck der Kamera.« »Stimmt, ich erinnere mich, daß eines der Mädchen – ich weiß nicht mehr, ob bevor oder nachdem Elenita erschossen wurde – die Kamera aufgemacht hat, um den Film zu vernichten oder so was...«) María war eine weitaus größere Hilfe, als es darum ging, über Puiggrán, Horteza, Bartrina und vor allem über Carbó herzuziehen. Herr Carbó wurde unbarmherzig seziert, ein wahres Gemetzel! María hat ihm die Haut abgezogen, in seinen Eingeweiden herumgestochert; sie hat ihm den Schädel geöffnet und seine Gehirnzellen durchforstet. Sie ließen jede Förmlichkeit fallen, und ihre Unterhaltung endete in einem ungezwungenen Gespräch über sie selbst. Sie lachten, zwinkerten sich komplizenhaft zu und stellten fest, daß sie gleiche Auffassungen vom Leben, von der Politik und, vor allem, von der Moral hatten. Tabus existieren, damit sie gebrochen werden, und die beste Form, Versuchungen aus dem Weg zu gehen, ist die, sich in sie hineinzustürzen. Eine solche Plauderei, begleitet von einem fünf Jahre alten Marqués de Riscal, einer *Escalivada* und Lammkeule ›al horno‹, bleibt nicht ohne Folgen. Glänzende Augen und hemmungsloses Lachen.

Das ist das erste, was Nierga sieht, als er an ihren Tisch tritt, auf seine Uhr zeigt und sich entschuldigt.
»Es tut mir leid.« Er wirft Daniel einen haßerfüllten Blick zu, der aus sich selbst heraus zu glühen scheint. »Entschuldigt bitte, daß ich nicht mit euch essen konnte. Aber ich muß gleich wieder gehen. Es ist einiges passiert.«
»Noch mehr?« fragt Daniel belustigt.
»Allerdings. Wenn alles so läuft, wie ich hoffe, ist der Fall gelöst.«
Polizist und Detektiv blicken sich eine Sekunde lang fest in die Augen. Schließlich wendet Daniel sich zerstreut an María, faßt sich an die Nase und sagt:
»Du hast da was an der Nase.«
»Hier?«
»Nein, weiter unten. Warum gehst du nicht eben zur Toilette und wischst es weg?«
María versteht den Wink, zieht einen entzückenden Schmollmund und sagt: »Nicht weglaufen. Habt ihr gehört?« Sie geht zur Toilette und raucht eine Zigarette, damit die beiden sich eine Weile alleine unterhalten können.
Daniel steht auf, winkt den Kellner heran, wühlt in seiner Tasche nach Geld und fragt derweil: »Was ist passiert?«
Seine Frage überschneidet sich mit der von Nierga.
»Was hat Puiggrán dir erzählt?«
»Du zuerst!« sagt Daniel schnell.
Nierga zittert vor Ungeduld.
»Noch zwei Tote. Zwei Frauen. Mit ziemlicher Sicherheit die beiden, die beim Überfall dabei waren. Ich werde jetzt hinfahren und sie mir ansehen.«
»Ich komme mit!« ruft Daniel, der langsam von der Nervosität des anderen angesteckt wird. »Dann kann ich dir auch gleich erzählen, was Puiggrán gesagt hat.«
»Es ist nur so...« Nierga schnalzt verärgert mit der Zunge, »daß ich gleich danach noch woanders hin muß. Wir haben den dritten im Bunde, den Mörder, gefunden. Er ist schon verhaftet worden.«
»Jetzt erst recht, Mann!« Daniel begleicht die Rechnung. »Der Rest ist für Sie. Kann María mitkommen?«
»Also...«
»Sie könnte die Leichen identifizieren, meinst du nicht? Das würde die Sache beschleunigen.«

›Du hältst dich wohl für ziemlich schlau, was?‹ sagt Niergas Blick.
»Ja klar, Mann, und danach wollt ihr mich auch noch aufs Revier begleiten, wie? Soll das hier 'ne Wallfahrt werden, oder was?«
María erscheint wieder auf der Bildfläche.
»Wollen wir nun zusammenarbeiten oder nicht?« beschwert sich Daniel. »Ich hab dir was Wichtiges zu sagen... Wir werden uns schon einigen. María und ich fahren mit meinem Auto hinter dir her.« María hebt die Augenbrauen. »Du kannst doch mitkommen, oder?« wendet sich Daniel an sie. »Man hat die beiden Frauen, die an dem Überfall beteiligt waren, tot aufgefunden. Nierga möchte, daß du hinfährst und die beiden identifizierst.« Nierga seufzt geräuschvoll. Die Hände in den Taschen vergraben, den Blick nach oben gerichtet, wippt er auf den Zehenspitzen. María zeigt ein strahlendes Lächeln, als hätte man sie gerade zu einer Party eingeladen. »Los, gehen wir! Komm schon, Nierga. Du hattest es doch so eilig!«
Sie gehen auf die Straße, wo Niergas blauer Seat 131 steht. Letzte Absprachen. »Warte, mein Auto steht dahinten.« »Beeil dich!« »María, komm.« Als die beiden zum Auto gehen, hat Nierga plötzlich eine Idee.
»Ach, Ponce, warte mal.« Daniel bleibt stehen. »Was ich dich noch fragen wollte... wie geht es eigentlich Celia?«
Daniel lächelt.
»Was bist du doch für ein gemeiner Hund!« antwortet er kopfschüttelnd. »Laß uns gehen, María. Es ist schon spät.«
Sie steigen in den schwarzen Volkswagen, fahren los und holen den blauen Seat am Ortsausgang ein.
»Wer ist Celia?« fragt María hinterhältig.
»Meine aufblasbare Gummipuppe.«

Zwei Kilometer hinter Vilafort führt rechts von der Landstraße ein kleiner Feldweg ab und schlängelt sich eine Anhöhe hoch. Später taucht der Weg in einen Wald aus Buchen, Korkeichen und teppichartigem Gestrüpp ein. Hinter dem Wald klebt links am Berghang die Ruine der Wallfahrtskapelle des San Cayetano. Ein romanischer Bau, der aber weder einen Turm, eine Apsis noch sonstige hervorstechende architektonische Elemente besitzt. Deshalb kümmert sich niemand um diese Kapelle, und sie verfällt langsam. Aufenthaltsort für *Hippies* und Landstreicher; die Ecken von Lagerfeuern geschwärzt; der Steinboden mit leeren Dosen, Müll und Kot übersät. Seit langer

Zeit werden hier keine Gottesdienste mehr abgehalten. Um drei Uhr nachmittags kam ein Bauer, der seine drei Kühe zum Weiden brachte, an diesem Ort vorbei und näherte sich der Kapelle. Er selbst weiß nicht genau, warum. Vielleicht hatte er den weißen Ford Fiesta bemerkt, der neben der Ruine parkte. Es war dieser Bauer, der die beiden Leichen fand, zur Wache der Guardia Civil von Vilafort rannte und sämtliche Ordnungskräfte mobilisierte. Er traf genau in dem Moment ein, als Nierga die Nachricht von der Festnahme des dritten Diebes, des Mannes, in Sant Pau del Port, erhielt. Die Entdeckung der Leichen rief in der Polizeiwache nervöses Chaos hervor, nach der Art von ›Um was sollen wir uns zuerst kümmern?‹. Endlich, nachdem der Wachtmeister wieder ein wenig Ordnung hergestellt hatte, telefonierte man mit der Erkennungsdienstlichen Abteilung der Polizei in Gerona, dem Richter, dem Gerichtsarzt und der Leichenhalle. Später artete alles in völliges Chaos aus.

Das ist noch deutlich zu sehen, als Niergas Seat 131 und Daniels Volkswagen auf dem Berghang zwischen der Kapelle und der Straße eintreffen: mehrere Autos, ein Jeep der Guardia Civil, ein Krankenwagen und etwa zwanzig Personen in Uniform, in Zivil oder in weißen Kitteln, die in einem Kreis zusammenstehen und rauchen. Man muß den Feldweg verlassen und schaukelnd den Hang hochfahren, um den Tatort zu erreichen. Ein Feldwebel der Guardia Civil, der aussieht wie Don Quijote, löst sich, als ihm einer seiner Untergebenen einen Wink gibt, unverzüglich von der Gruppe und geht auf den 131 zu, als wolle er sagen: ›Zuschauer sind hier unerwünscht‹. Er erkennt Nierga, hebt seine Hand zu einem militärischen Gruß und macht die Wagentür auf. Sie reden miteinander. Daniel und María steigen aus dem Volkswagen und gehen zu ihnen.

»Gehören zu mir«, sagt Nierga lakonisch und gebieterisch. »Identifizierung der Leichen. Hat die amtliche Untersuchung schon stattgefunden?«

»Der Richter wollte schon gehen«, bemerkt der Feldwebel ebenfalls im Telegrammstil, um dem anderen nicht nachzustehen. »Ich habe ihn gebeten, auf Sie zu warten. Gerade untersucht der Gerichtsarzt die Leichen.«

»Komm, María«, sagt Nierga.

Er und der Feldwebel, der irgendwas berichtet und dabei wild gestikuliert, gehen vor. Daniel hängt sich an María. Sie drängeln sich durch Grüppchen von Leuten, die zusammenstehen, rauchen und über Fußball reden. Nierga, der nicht besonders auf die Worte des Feldwebels zu achten scheint, grüßt nach allen Seiten. Weiter weg erkennt Daniel Buxadé, der Grimassen schneidet, um die Aufmerksamkeit des Inspektors auf sich zu lenken. Als er Daniel sieht, wird er ernst.

»Komm, María!« sagt Nierga noch einmal, geht zurück und nimmt ihren Arm, um ihr zu helfen, sich durch den Pulk von Neugierigen zu boxen. Die Kapelle ist noch ungefähr zwanzig Meter von ihnen entfernt. Buxadé bahnt sich mit den Ellbogen den Weg zu ihnen frei.

»Inspektor!!« schreit jemand aus der Ruine.

Daniel legt seinen Arm um Marías Schultern, schiebt zwei Sanitäter zur Seite und sagt: »Geh nachschauen, was sie von dir wollen, Nierga, ich kümmere mich um María.« Als sich der Polizist entfernt hat, entdeckt Daniel die beiden Leichen.

Sie liegen auf einem Abhang, der mit gelblichem Gestrüpp zugewachsen ist. Umgeben von Schaulustigen, als seien sie kuriose Objekte in einer öffentlichen Austellung. In ihrer verkrampften, zusammengeschrumpften Haltung wirken sie wie deformierte Schaufensterpuppen. Aber es sind zwei Frauen. Die eine liegt auf der Seite und bedeckt ihr Gesicht mit den Händen. Sie liegt zusammengerollt wie ein kleines Mädchen da, die Knie an die Brust gezogen. Sie hat dunkles Haar, und der Overall, den sie anhat, ist ihr ein bißchen zu groß. Man kann zwei enorme Öffnungen erkennen, durch die die Kugeln ausgetreten sind. Der Rücken ist eine dunkelrote Masse aus geronnenem Blut, heraushängendem Fleisch und zerrissenen Stofffetzen. Nur eine Magnum kann solche verheerenden Zerstörungen anrichten. Das andere Mädchen ist sehr groß, hat langes, blondes Haar und attraktive Gesichtszüge, die von einem Ausdruck unermeßlicher Qual entstellt werden. Sie liegt der Länge nach auf dem Rücken, Arme und Beine von sich gestreckt. Der kreuz und quer mit Reißverschlüssen versehene Overall sitzt ziemlich eng und betont ihre vollen Brüste, die sanfte Kurve ihrer Hüfte und ihre zarten Gliedmaßen. Sie hat zwei Schußwunden, eine in der rechten Brust und eine im Magen. Die Kugeln einer Magnum verursachen beim Einschuß kleine Löcher, erst das Austreten der Kugel verursacht die entsetzlich großen Wunden. Ihr rechter Arm ist gebrochen und bildet einen bizarren rechten Winkel über dem Ellbogen. Ein gutgekleideter Mann mit Brille, Schnäuzer und mit Gummihandschuhen ist dabei, die Blonde abzutasten. Er bewegt ihren gebrochenen Arm wie ein Zauberer, der dem Publikum zeigen will, daß der Arm tatsächlich nicht mehr am Körper hängt. Er zieht ihre Augenlider hoch. Dieser Anblick ist nicht besonders angenehm, aber durch Kino und Fernsehen hat man sich schon an solche Sachen gewöhnt. Niemand der Anwesenden wird ohnmächtig, niemand muß sich übergeben. Vor allem, weil man die Opfer überhaupt nicht kennt. Die Leute begnügen sich damit, teilnahmslos zuzusehen und belanglose Bemerkungen zu machen.

»Wie geht es dir, María?« fragt Daniel und nimmt sie in den Arm.

Sie schaut ihn völlig gelassen an, raucht, als sei das Geschehen um sie herum nicht besonders interessant.

»Sehr gut«, erwidert sie.

»Sind das die Frauen?«

»Ja, ja«, sagt sie und wirft einen Blick auf die beiden Körper, um sich noch einmal zu vergewissern. »Nun gut, sie waren ja unter diesen Sturzhelmen versteckt, aber sie hatten ungefähr diese Größe und so.«

Genau in dem Moment öffnet der Mann mit Brille und Schnäuzer den Reißverschluß des Overalls. Er zieht ihn bis zum Bauch hinunter und bringt zwei wunderschöne, weiße Brüste, von denen eine durch die Schußwunde entstellt ist, den Magen, den Bauch und den Ansatz der Schamhaare zum Vorschein. Es ist eine unbesonnene Handlung, obszön und brutal wie eine Vergewaltigung. Zufrieden richtet sich der Mann auf und streift die Gummihandschuhe ab. Nierga kommt in Begleitung zweier sportlich gekleideter Männer aus der Ruine. Sie sind jung und ernst, haben beide einen Aktenkoffer in der Hand und reden gleichzeitig. Nierga winkt: ›María, komm doch bitte mal her!‹ So lenkt er die Aufmerksamkeit von Daniel und María, die völlig gebannt dieses grausame Schauspiel verfolgen, auf sich. Ein guter Anlaß, diesen Anblick zu vergessen und sich einen Weg durch die Menge zu dem Inspektor zu bahnen, der neben einem Auto auf sie wartet. Neben dem Inspektor steht ein fettleibiger Mann mit ominösem Gesichtsausdruck, anklagenden Augen und buschigen, wirren Augenbrauen. Auf der Motorhaube liegen einige Gegenstände, die Daniel sich mit schnellem, geübtem Blick einprägt. Drei weiße Motorrad-Sturzhelme, ein weißer Overall, der genauso aussieht wie die beiden Overalls, mit denen die Leichen bekleidet waren, ein kariertes Hemd und eine Automatik Marke Smith & Wesson, 9 mm Kaliber, 39er

Modell, acht Schuß. Nierga fällt den beiden Jungen ins Wort, um sie vorzustellen. Er wirkt wie der gestreßte Gastgeber einer Party, der sich nicht um alles gleichzeitig kümmern kann.
»Entschuldigen Sie bitte«, sagt er zu den Jungen, »Herr Richter«, zu dem Dicken mit den buschigen Augenbrauen. »Darf ich Ihnen María Carbó vorstellen, Augenzeugin des Mordes und des Bilderraubes. Entschuldige, María, aber ich bin gleich fertig, dann komme ich zu dir.« Er dreht sich zu den Sportsmännern um.
Sie sind vom Erkennungsdienst und gerade damit beschäftigt, ihre Erkenntnisse zum besten zu geben. Daniel steht zwischen ihnen vor der Motorhaube und hört beiden Gesprächen gleichzeitig zu.
»In der Kapelle gab es eine ziemliche Schießerei...« sagt einer der beiden Männer vom Erkennungsdienst pedantisch und spricht dabei wie einer dieser spanischen Sänger, die auf Engländer machen.
»Sind das die beiden Täterinnen?« fragt der Richter.
»Ja«, antwortet María sehr gelassen.
»Sie haben mindestens anderthalb Magazine der Smith & Wesson leergeschossen.« Der Pedant betont die englischen Wörter wie ein Radiosprecher. Shmiz-an-Uison hat er gesagt. »Aber sie haben nicht getroffen.«
»Schlecht gezielt«, bemerkt der andere Typ vom Erkennungsdienst etwas bescheidener.
»Sind das die Sturzhelme, die sie trugen?« fragt der Richter.
»Ja«, sagt María wieder.
»In der Knarre, die wir hier haben, sind noch drei Kugeln«, fährt der Pedant fort. »Den leeren Patronenhülsen nach zu urteilen, sind dreizehn Schüsse abgegeben worden. Wir nehmen also an, daß zwei Knarren im Spiel waren, und in der anderen dürften keine Kugeln mehr sein. Auf dieser hier haben wir Fingerabdrücke gefunden. Wahrscheinlich die Fingerabdrücke der Frauen, aber das werden wir noch genau untersuchen.«
»Erkennen Sie die Pistole wieder?« fragt der Richter.
»Ich verstehe nicht viel von Pistolen«, sagt María zweifelnd, »aber ich glaube, ja. Die Mädchen hatten Pistolen wie diese hier. Der Typ hatte eine ziemlich große Waffe.«
»Der Typ dagegen hat mit seiner Magnum ins Schwarze getroffen«, mischt sich der Bescheidene ein. »Er hat sechsmal geschossen, zweimal auf die Dunkelhaarige, dreimal auf die Blonde und einmal auf den Boden.«

»Er hat von der Straße aus geschossen«, fügt der Pedant hinzu.
»Gut, vielen Dank«, unterbricht ihn Nierga. »Sonst noch was?«
»Im Moment nicht«, sagt der Bescheidene. »Wir werden Ihnen den genauen Bericht noch zukommen lassen.«
»Danke.« Nierga läßt die beiden stehen und wendet sich zu dem Richter und María. Die beiden Jungen gehen weg.
Daniel bemerkt, daß Buxadé die ganze Zeit über wie ein stummer Zeuge neben ihm gestanden hat.
»Hallo, Buxadé, was gibt's?« grüßt er ihn jovial.
»Was hat Puiggrán gesagt?« fragt er und blickt dabei auf seine Schuhe.
»Erzähl ich dir später«, erwidert Daniel ausweichend. Er konzentriert sich nur auf Nierga, María und den Richter.
Nierga hat das karierte Hemd in die Hand genommen.
»Kann ich dieses Hemd behalten, Herr Richter?«
»Ja, wenn Sie es mir morgen nach Gerona schicken«, erwidert der Richter streng.
»Wie ist die Identifizierung gelaufen?«
»Sehr gut«, sagt der Richter, »sie sind es, ohne Zweifel!«
»Gut«, sagt Nierga stolz.
»Herr Nierga?« mischt sich der Mann mit Brille und Schnäuzer ins Gespräch ein. Alle gucken ihn an. »Sind Sie der Inspektor vom Morddezernat?«
»Ja«, sagt Nierga. Händeschütteln.
»Ich muß jetzt gehen«, sagt der Richter in einem Ton, als würde er etwas sehr Bedeutungsvolles von sich geben. »Wenn Sie mich bitte entschuldigen, Fräulein...«
»Carbó.«
»Wenn Sie mich bitte entschuldigen, Fräulein Carbó.« Er greift charmant nach ihren Fingerspitzen und macht eine altmodische Verbeugung. »Inspektor...« Noch mal Händeschütteln. Zu den Detektiven und dem Mann mit Brille und Schnäuzer gewandt: »Meine Herren...« Eine halbe Drehung, und er watschelt eilig davon. Fast könnte man meinen, er flüchte.
»Ja bitte?« sagt Nierga zu dem mit der Brille.
»Ich bin der Gerichtsarzt. Wenn Sie möchten, fasse ich meine ersten Eindrücke kurz zusammen...«
»Ja natürlich, ich bitte Sie darum«, sagt Nierga mit nervösem Augenzwinkern.

Mit betrübter Stimme läßt der Gerichtsarzt seine hochtrabende Rede vom Stapel, als handle es sich um eine Beileidsbezeugung. Ab und zu, immer dann, wenn er Zweifel hat, fängt er an zu schnaufen.
»Ja, also... die Opfer weisen Verletzungen an Gesicht, Kopf und Rücken auf, hervorgerufen durch einen spitzen Gegenstand. Aber sie starben natürlich nicht an den Folgen dieser Wunden, sondern an den Schüssen... puh. Ich nehme an, daß ein Streit voranging... Also, und später dann eine Schießerei und... puh. Also, sie waren sofort tot... puh. Was den Zeitpunkt ihres Todes betrifft, so kann ich sagen, daß der *Rigor Mortis* schon sehr weit fortgeschritten ist, aber noch nicht seinen Höhepunkt erreicht hat, was bedeuten würde, daß der Tod vor etwa sechsunddreißig Stunden eingetreten ist. Aber, wie gesagt, der Höhepunkt ist noch nicht erreicht. Ich konnte ebenfalls schon den Leichenfleck erkennen, was bedeutet, daß seit Eintritt des Todes mehr als vierundzwanzig Stunden vergangen sind, so daß... puh. Ich würde den Zeitpunkt der Morde ansiedeln zwischen zwei Uhr nachmittags des gestrigen Tages und... sechs Uhr abends... auch des gestrigen Tages, natürlich... puh. Das nur in groben Zügen... Jetzt muß ich noch die Autopsie vornehmen und werde dann nähere Angaben machen ...«
»Das reicht schon, vielen Dank«, sagt Nierga gelangweilt.
»Achso... puh... Obwohl es nicht meine Aufgabe ist, sondern die des Erkennungsdienstes, kann ich bestätigen, daß die Kugeln vom selben Kaliber sind wie die, die auf das Dienstmädchen in Vilafort abgeschossen wurden. 38er oder 357er Magnum... puh. 357er, mit Sicherheit, denn die Größe des Einschusses...«
»Ja, das hat man mir schon gesagt«, unterbricht ihn Nierga, »schon gut, vielen Dank.« Lächelnd schüttelt er den Gerichtsarzt ab, faßt Daniel am Arm und zieht ihn den Hang hinunter zu den Autos. »Entschuldigen Sie, María.« Buxadé folgt ihnen mit dem ihm eigenen Gang, der an den Stechschritt der Nazis erinnert. Am Berghang verfrachten zwei Sanitäter die starren Leichen in den Krankenwagen. Die Vorstellung ist vorbei. Die Leute zerstreuen sich in alle Richtungen. Nierga guckt auf die Uhr. »Ich muß jetzt noch zu dieser anderen Geschichte«, verkündet er. »Was hat Puiggrán dir erzählt?« Nierga und Buxadé hängen förmlich an Daniels Lippen.
»Ich komme mit euch. Ich bin sehr an einem Meinungsaustausch interessiert. Auf dem Weg kann ich euch alles erzählen. Ich fahre mit dir, Nierga.«

»Und dein Wagen?«
»Mit dem fährt María nach Vilafort. Sie kann ihn mir ja heute abend zurückbringen.«
»Vorausgesetzt, ich bring dich heute abend wieder nach Vilafort«, antwortet Nierga mürrisch.
»Himmelherrgottnochmal, Mann!« protestiert Daniel, wobei er flehend seine Arme zum Himmel streckt. »Laß uns doch nicht gegenseitig Steine in den Weg legen! Arbeiten wir nun zusammen, oder nicht?«
»Aber ich bin auch mit dem Wagen hier«, wirft Buxadé schüchtern ein.
»Pech gehabt. Dann fährst du eben hinter uns her, und wir reden später miteinander.«
»Ja, aber...« seufzt Buxadé hilflos.
»Nun mach schon, Mann!« unterbricht ihn Daniel, als hätte er es noch eiliger als Nierga. »Wartet einen Moment.«
Er geht zu María, die seelenruhig dasteht und raucht.
»Nimm mein Auto. Wir sehen uns heute abend in Vilafort. In Ordnung?«
»Um zehn im Pa amb Tomaquet?« schlägt sie vor und verzieht dabei ihr Gesicht, als müsse sie einen Lachanfall unterdrücken.
»Um zehn im Pa amb Tomaquet«, stimmt er zu.
»Warte, Mann...« sagt María, legt ihre Arme um seinen Hals und bietet ihm einen Kuß an. Daniel legt seine Hände um ihre Taille und spürt, wie sie vor Erregung zittert. Der erste Kuß! Beide scheinen keine Luft mehr zu bekommen, sie atmen heftig. Nierga ruft von weitem:
»Los, Ponce, verdammt noch mal, nun komm endlich!«
Die beiden lösen sich voneinander, schauen sich abwartend an.
»Bis nachher.«
»Bis nachher. Ach, warte, die Autoschlüssel!«
Daniel wirft ihr den Schlüssel zu; María fängt ihn im Flug. Daniel spurtet zu Niergas blauem Seat.
»Laß uns endlich fahren«, drängt Daniel.
Nierga lacht, als sie querfeldein von Schlagloch zu Schlagloch holpern und auf den Feldweg zusteuern. Daniel zündet sich eine Zigarette an, schaut in Niergas Gesicht und lächelt ebenfalls.
»Was bist du doch für ein Arschloch, Ponce!« ruft der Polizist aus. »Was für ein elendes Arschloch bist du bloß geworden!«

Nierga schaut in den Rückspiegel, sieht das Auto von Buxadé, das ihnen folgt, und bricht wieder in schallendes Gelächter aus.
»Was für ein mieser Scheißkerl du bist!« wiederholt er ein ums andere Mal.

»Na, dann ist der Fall ja gelöst, nicht wahr?« versucht Daniel Nierga auszuquetschen. Aber Nierga lächelt nur gedankenverloren. »Sie haben die Bilder geklaut, sind mit dem weißen Fiesta zur Kapelle gefahren, haben sich dort über irgendwas gestritten. Dann hat der Typ die Mädchen mit irgendeinem harten Gegenstand verprügelt; die haben sich mit ihren Pistolen zur Wehr gesetzt, aber schlecht gezielt; und der Typ hat mit seiner Magnum zurückgeschossen, peng, peng, peng, aus und vorbei. Und er hat sich mit den Bildern aus dem Staub gemacht. Aber wie?«
Der blaue Seat fährt auf einer Straße, die in Zickzacklinien an der Steilküste klebt. Hinter ihnen geht die Sonne zwischen den Bergen unter und taucht alles in ein grelles Gelb. Vor ihnen, über dem silbrigen Meer, ist schon die Sichel des zunehmenden Mondes zu sehen.
Nierga konzentriert sich auf die kurvenreiche Straße und antwortet nicht sofort. Aber er antwortet.
»Es gibt Spuren von einem anderen Fahrzeug«, sagt er. »Ein Lastwagen oder ein Lieferwagen. Jedenfalls war es größer als ein normales Auto.«
»Das ist es!« ruft Daniel. »Er ist in einem Lieferwagen abgehauen; hat die Bilder demjenigen gebracht, der ihn beauftragt hatte; hat die Knete, die er eigentlich mit den Mädchen teilen sollte, alleine kassiert, und ist ab nach Hause! Aber...?«
Er läßt die Frage im Raum stehen.
Buxadé folgt dem Seat in seinem Talbot. Sie durchqueren einen Pinienwald und fahren an einem Schild vorbei, auf dem sie den Namen SANT PAU DEL PORT entziffern können. Zu beiden Seiten der Straße wachsen Häuser, Hotels, Geschäfte und Reklamewände aus dem Boden.
»Aber«, versucht Daniel Nierga zu provozieren, »der Spürsinn der Polizei...«
»Der Dieb war ein bißchen zu redselig«, sagt Nierga, von Daniels Anspielung aufgestachelt. »Er hat irgend jemandem, der ihn offensichtlich haßt, von der Sache erzählt. Und dieser jemand hat heute mittag, als du bei Puiggrán warst, die Polizei in Vilafort angerufen

und gesagt: ›Der Typ in dem weißen Overall und dem Sturzhelm, der die Picassos geklaut und das Dienstmädchen umgelegt hat... ist der Soundso, der in Soundso lebt und im Soundso arbeitet.‹ Ich habe dort angerufen und den gewissen Soundso ausfindig gemacht. Er ist festgenommen worden, und jetzt fahr ich hin, um ihn mir mal anzuschauen.«

»Wer hat angerufen?«

»Ein anonymer Anruf!«

»Na also! Aha!« ruft Daniel und wischt mit einem Schlag alle Hoffnungen auf eine baldige Lösung vom Tisch. Ihm scheint ein Stein vom Herzen gefallen zu sein.

»Ein anonymer Anruf also.«

»Der Typ wußte über Sachen Bescheid, die nicht in den Zeitungen standen. Er hat den Overall und den Sturzhelm erwähnt. Das hat nicht im *Hoja del Lunes* gestanden.«

Sie sind jetzt im Dorf angelangt. So schnell gibt Daniel nicht auf. Rauchend schaut er aus dem Fenster. Die Straße ist gerammelt voll. Voller skurril gekleideter Touristen mit sonderbaren Hunden.

»Und die Zeitungen von heute abend?«

»Berichten auch nicht darüber. Wir haben die Information nicht weitergegeben. Bis morgen, wenn die Berichte der Journalisten aus Gerona, die heute in der Kapelle waren, veröffentlicht werden, braucht niemand etwas darüber zu wissen.«

Der Seat 131 biegt in eine schmale, abschüssige Straße ein, die zur Hafenpromenade führt. Sie müssen langsam fahren, da sich die Leute vor dem Auto drängeln, als existiere es überhaupt nicht. Und Nierga drückt nicht gerne auf die Hupe. Dicht hinter ihnen folgt Buxadé.

»Was hat Puiggrán dir erzählt?« murmelt Nierga müde, so als ob ihn diese Frage erschöpfe.

»Aber warum haben sie die Köchin umgelegt?« ruft Daniel. Er zeigt, wie sehr ihn diese Sache beschäftigt.

»Wahrscheinlich weil sie Einzelheiten über die Alarmanlage ausgeplaudert hat, und die Täter keine möglichen Zeugen zurücklassen wollten«, antwortet der Polizist ungeduldig.

»Natürlich!« Der Privatdetektiv fängt an, die Sache zu begreifen. »Deshalb hat er auch die beiden Mädchen umgebracht. Wenn keiner was weiß, kann auch keiner reden. Aber warum hat man ihn nicht auch umgelegt? Jetzt kann der Typ doch alles ausquatschen.

Wär doch nur logisch gewesen, wenn sie ihn auch umgelegt hätten, oder nicht?«
»Was hat Puiggrán dir erzählt?« Ein Seufzer.
»Ziemlich merkwürdige Dinge.« Noch ein Seufzer. Daniel schaut aus dem Fenster. Die schlanken, nackten Beine der Mädchen bringen ihn auf erotische Gedanken. »Vorerst hat er mit mir gar nicht über die Bilder gesprochen.«
»Nicht?« fragt Nierga interessiert.
Sie fahren die Hafenpromenade entlang, an der Wache der Guardia Civil vorbei. Kein Parkplatz in Sicht.
»Nein. Er meint, dafür und um ihm auf die Nerven zu fallen, seid ihr ja schon da – die Polizei und Buxadé.« Daniel guckt den Inspektor an, um die Wirkung seiner Worte abzuschätzen. Nierga bleibt gelassen.
»Ich soll ›Schwachstellen‹, wie er es nennt, im Leben von Carbó und Horteza rausfinden. Kennst du die beiden?«
Ein Panda ist dabei, aus einem Parkplatz zu fahren. Nierga macht eine Vollbremsung und gibt den Autos hinter ihm ein Zeichen. Der Talbot von Buxadé ist nicht zu sehen. Nierga muß zurücksetzen. Schrilles Gehupe ertönt. Nierga streckt seinen Arm aus dem Fenster und macht eine Geste, als wolle er sagen: ›Ihr braucht gar nicht so einen Höllenlärm zu veranstalten, ich laß mich nicht nervös machen.‹
»Nein«, sagt er, »ich kenne sie nicht.«
»Hat Puiggrán dir nichts von ihnen erzählt?«
»Nein.«
»Und mit Buxadé hat er auch nicht darüber gesprochen?«
»Nein, nicht daß ich wüßte.«
Der Panda fährt weg. Nierga schlägt langsam das Steuer ein. Hinter ihm geht wieder das Gehupe los. Daniel macht eine kleine Pause, als müsse er sich auch auf das Einparken konzentrieren. Als das Einparkmanöver beendet ist, sagt er:
»Also mit mir hat er über nichts anderes gesprochen. Ich soll über Joan Carbó und Alfonso Horteza Erkundigungen einholen und rausfinden... Eben das: Ob sie irgendwelche Dummheiten gemacht haben. Er sagte: ›Wenn sie es wagen sollten, mich auf die Schippe zu nehmen, dann werde ich es ihnen heimzahlen. Aber kräftig!‹ Genau so hat er's gesagt.«
Nierga zieht die Handbremse an, zieht den Zündschlüssel heraus, schnalzt mit der Zunge und schaut Daniel an, als wolle er dessen

Gedanken lesen. Sein Gehirn arbeitet auf Hochtouren. Plötzlich hält er inne und kehrt seufzend in die Realität zurück.

»Warte hier«, sagt er.

Buxadé steckt seinen Kopf durchs Fenster.

»Ich bin schon da!«

»Wartet hier!« befiehlt der Polizist. »Wenn ich rauskomme, werde ich es euch schon erzählen.«

Er steigt aus dem Auto. Daniel steigt auf der anderen Seite aus und sagt: »Ich wünsch dir'n nettes Geständnis. Wie heißt der Unglückliche?«

Nierga zieht einen Zettel aus der Brusttasche seines Jacketts.

»Esteban. Esteban Rius Giménez. Wohnt in der Pension Somoza und arbeitet als Kellner in der Diskothek Marilyn«, liest er laut vor und geht.

Buxadé hat sich alles notiert, steckt seinen Kalender wieder ein und hüstelt. Daniel bietet ihm eine Zigarette an. »Nein danke, ich rauche nicht.« Buxadé betrachtet sein Spiegelbild in der glänzenden Oberfläche des Seat 131. Daniel beobachtet die hübschen Mädchen, die kommen und gehen. Das einzige, was Buxadé veranlaßt, länger als fünf Minuten neben Daniel auszuharren, ist seine Neugier. Er will wissen, was Puiggrán gesagt hat. Sobald er es weiß, wird er sich aus dem Staub machen. Daniel weiß, daß Buxadé in seiner Gegenwart Komplexe kriegt; daß ihn die Vorstellung, er könne durch irgendeinen Witz oder irgendeine Bemerkung seine Würde verletzen, in Angst und Schrecken versetzt. Es amüsiert Daniel, einige Momente der Spannung verstreichen zu lassen und zu sehen, wie der andere leidet, nervös mit seinem Koffer spielt und ein komisch verkrampftes Gesicht zieht. Aber das Vergnügen darf nicht zu lange währen. Daniel möchte nicht, daß Buxadé noch da ist, wenn Nierga oder Esteban Rius oder beide zusammen aus dem Polizeigebäude kommen. Deshalb beschleunigt er die Sache.

»Gut, du möchtest also wissen, was Puiggrán gesagt hat, oder?«

»Wie bitte? Äh... ja.«

Daniel wirkt beunruhigt. Damit gibt er Buxadé zu verstehen, daß da irgendwas ist, das ihm noch nicht so ganz einleuchten will, und daß er Hilfe braucht, um dieses Rätsel zu ergründen. Vertraulich, so als ginge es um ein Geheimnis, nähert er sich Buxadé und erzählt ihm dasselbe, was er während der Fahrt auch schon Nierga erzählt hat. Puiggrán habe ihn nicht gebeten, die Bilder zu suchen, sondern Nachforschungen über seine kunstinteressierten Nachbarn anzustellen. Er habe die Absicht, ihnen die Tour zu vermasseln, bevor sie ihn hinters Licht führen könnten. Genauer gesagt, gehe es um Horteza und Carbó.

»Das heißt: Puiggrán hat Angst«, folgert Buxadé nachdenklich.

»Ja, er wirkte ein wenig verschreckt«, bemerkt Daniel ebenfalls nachdenklich und schaut auf die Uhr. »Es wird wahrscheinlich noch Stunden dauern, bis sie wieder rauskommen«, sagt er und fügt diabolisch hinzu: »Was hältst du davon, wenn wir einen trinken gehen? Mal sehen, was sich hier so aufreißen läßt!«

Buxadé geht zwei Schritte zurück.

»Nein, nein... ich... ich muß diesen Rius überprüfen. Muß mit dem Pensionswirt reden und anderen, die ihn kennen. Ich werde heute hier übernachten. In Vilafort gibt es für mich nichts mehr zu tun.«

»Glaubst du?« murmelt Daniel verschmitzt und denkt dabei an María. Buxadé dreht sich auf dem Absatz um und geht. Eine groteske Figur in einem dunklen Sonntagsanzug, der sich deutlich von den luftigen Kleidern, ausgewaschenen Jeans, Miniröcken und Strohhüten abhebt. Sein bekleideter Körper wirkt inmitten all dieser nackten Haut geradezu lächerlich. Daniel lächelt zufrieden. Er hatte genau das richtige Stoßgebet gesprochen, um die bösen Geister zu verscheuchen.

Fünf Personen warten schweigend in dem kleinen, grauen, schmucklosen Raum, in dem der Putz von den Wänden bröckelt. Sie wirken erschöpft. Hinter einem wackeligen Tisch, der genau in der Mitte der Wachstube steht, sitzt majestätisch der fette, imposante Sargento. Er steht auf. Ein Jüngling mit Brille, Jeans, kurzärmligem Hemd und Aktentasche dreht sich zur Tür um. Sein Blick ist streng. Die beiden Wachen, die eine entspannte Haltung eingenommen hatten, stehen unwillkürlich stramm. Ein dunkelhaariger Junge sitzt in sich zusammengesunken am Tischende gegenüber, als wäre dies sein armseliges Büro, wo er auf Kundschaft wartet. Unruhig blickt er hoch und öffnet seinen Mund, als wolle er losschreien. Zweifellos ist er der Verdächtige. Esteban Rius sieht genauso aus, wie der Inspektor sich ihn, nach allem was er über ihn wußte, vorgestellt hatte. Ein grobschlächtiger Junge mit attraktiven Gesichtszügen und athletischer Figur. Man erahnt die Kraft und Stärke seiner breiten, schwieligen Hände. Sein vorstehendes Kinn und seine Stirnfalten verleihen seinem Gesicht eine gewisse Boshaftigkeit. Volles, schwarzes, zerzaustes Haar, hohe Wangenknochen, mandelförmige Augen, großer, sinnlicher Mund. Ein Strand-Macker. Ein aufregender Playboy für Frauen, die ein heißes Abenteuer suchen. Er und seine beiden Wächter sind die einzigen, die sich nicht vorstellen.

»Inspektor Nierga, mit diesem Fall beauftragt...« sagt der Neuankömmling.

»Ich bin Sargento Baños.«

Getuschel.

»Hatte er die Bilder bei sich?«

»Nein.«

Der Jüngling in Jeans fährt dreist dazwischen.

»Durán. Rechtsanwalt«, sagt er. »Ich muß Sie darauf hinweisen, daß kein Grund für die Festnahme meines Klienten vorliegt. Die Tatsache, daß er hier wartet, geschieht freiwillig, sozusagen als Beweis seines guten Willens. Ich persönlich habe ihm geraten...«

Ohne ihn anzuschauen, hebt Nierga beschwichtigend seine Hand, um ihn zu unterbrechen. Als der Anwalt schweigt, würdigt ihn der Inspektor eines vernichtenden Blickes und bittet mit falscher Bescheidenheit:

»Ist es mir wenigstens erlaubt, mit ihm zu reden?«

Der Anwalt blickt fragend Esteban an, der sich die Hände reibt, als friere er.

»Worüber?« fragt der Anwalt.

Nierga seufzt und zündet sich eine Zigarette an. Er macht eine kleine Show daraus, was ihm die Aufmerksamkeit des Publikums sichert.

»Nun gut... Ich möchte mich für meine Verspätung entschuldigen. Aber ich mußte vorher noch zu einem Notfall.«

»Hören Sie...« fällt ihm der Anwalt dreist ins Wort.

»Einen Moment.« Nierga bringt seine ganze Autorität ins Spiel. »Ich mußte mir die Leichen von zwei Mädchen ansehen.« Er wendet sich an Esteban. »Zwei Mädchen, die ermordet wurden. Es sind die beiden Mädchen, die an dem Raubüberfall beteiligt waren. Ein Bauer hat sie in der Wallfahrtskapelle von San Cayetano gefunden. Kannten Sie sie?«

»Was?« winselt Esteban erschrocken.

»Ob Sie die beiden Mädchen kannten, die den Überfall verübt haben und gestern morgen ermordet wurden?«

Bis zu diesem Zeitpunkt war alles völlig absurd gewesen, so weit von der Wirklichkeit entfernt, daß es ihm fast leicht fiel, alles zu akzeptieren. Das ungereimte Verhalten der beiden Ausländerinnen paßte wunderbar zu den unverständlichen Fragen, die ihm der Sargento wegen irgendwelcher geklauter Bilder und einem toten Dienstmädchen stellte. Man konnte annehmen, es sei egal, welche Antwort er geben würde. Aber plötzlich holt ihn die Wirklichkeit ein, mit der Geschwindigkeit eines Rennwagens, der ihn überfahren will. Zwei Mädchen, die ermordet wurden. In der Wallfahrtskapelle von San Cayetano. Das ergibt schon mehr Sinn, wenn in diesem Alptraum überhaupt irgendwas einen Sinn hat. Jedenfalls steht es in unmittelbarem Zusammenhang mit dem, was Esteban erlebt hat. Zwei Mädchen. Tot. Er hat sie umgebracht. Jetzt ist der Moment gekommen, auf den Boden der Tatsachen zurückzukehren.
Er schluckt. Sagt: »Nein.« Bewegt seinen Kopf hin und her, langsam, wie gegen seinen Willen.
»Nein«, wiederholt er, »ich habe doch gesagt, ich weiß nicht, von was für 'nem Raubüberfall Sie da reden.«
»Das ist bereits festgestellt worden, Inspektor«, sagt der Anwalt. »Man hat Herrn Rius davon in Kenntnis gesetzt, daß der Grund für...«
»Jetzt lassen Sie mich endlich mal reden...« fährt Nierga unhöflich dazwischen.
»Nein, jetzt rede ich. Der Grund für die Festnahme des Herrn Rius ist, wenn ich richtig informiert bin, ein anonymer Anruf...«
»Ich möchte wissen, wer diesen Anruf getätigt hat«, sagt Nierga.
»Ein anonymer Anruf ist kein ausreichender Grund für eine Festnahme oder für eine Hausdurchsuchung, wie sie in dem hier vorliegenden Fall vorgenommen wurde.«
»Ich möchte wissen, wer dieser Anrufer war, mehr nicht. Dann kann er gehen.« Nierga geht um den Tisch herum, stützt sich mit den Handflächen auf die Tischplatte und beugt sich zu Esteban hinunter. »Weil die Person, die angerufen hat, Herrn Rius sehr gut kannte, und außerdem gewisse Details kannte, die sie unmöglich aus den Zeitungen wissen konnte. Die Kleidung der Täter zum Beispiel. Wissen Sie, von welcher Farbe sie war? Wie sie aussah?«
»Nein, nein, nein...« stammelt Esteban wie jemand, der nicht weiß, wie ihm geschieht.
»Entschuldigen Sie bitte, Inspektor Nierga«, auch der Rechtsanwalt

lehnt sich über den Tisch, drängt sich zwischen den Polizisten und den Inhaftierten, »ich glaube, es gibt da einige Dinge, die Sie noch nicht wissen, und die Sie in die Irre führen. Es ist schon offiziell festgestellt worden, daß der hier anwesende Herr Esteban Rius sich hier im Dorf, in Sant Pau del Port, befand, als der Überfall verübt wurde. Zu Ihrer Information möchte ich Ihnen mitteilen, daß der Herr Wachtmeister Baños und ich bereits mit dem Besitzer der Diskothek, in der mein Klient als Kellner arbeitet, und einigen Arbeitskollegen gesprochen haben. Sie alle konnten bestätigen, daß Herr Rius gestern morgen in der Diskothek war, um einige Schäden zu reparieren, die in der Nacht zuvor aufgetreten waren, genauer gesagt, einen Wasserrohrbruch...« Während er noch weiterredet, blickt Nierga fragend zu Sargento Baños, der alles durch ein resigniertes Kopfnicken bestätigt. Nierga richtet sich auf, steht nachdenklich, mit hängenden Armen, da. Durán, der Anwalt, fährt fort: »Ich möchte noch einmal betonen, daß Herr Rius hier seit drei Stunden wartet, und zwar nicht als Inhaftierter, sondern...«

»Schon gut, schon gut, ich wollte doch nur sagen...« Die Worte des Inspektors gehen in dem Redeschwall des Anwalts unter. Er muß sie wiederholen, diesmal mit lauter Stimme: »Ich wollte nur sagen, daß es offensichtlich jemanden gibt, der Herrn Rius kennt und schlecht auf ihn zu sprechen ist. Jemand, der ihn angezeigt hat und der Einzelheiten des Raubüberfalls kannte, die eigentlich nur die Augenzeugen oder die Täter selbst wissen konnten. Das ist es, was ich rauszufinden versuche. Darf ich?«

»Aber ich«, mischt sich Esteban stammelnd ein, »ich weiß nichts. Wirklich, ich weiß überhaupt nichts. Bis ich heute mittag festgenommen worden bin, habe ich von dem Raub nichts gewußt. Ich habe die Zeitung nicht gelesen, ich weiß nichts.«

»Na gut. Und Sie kennen auch niemanden, der Gemälde sammelt?«

»Nein.«

»Sagt Ihnen der Name Puiggrán etwas?«

»Nein.«

»Erzählen Sie mir von Ihren Feinden, von jemandem, der Sie vielleicht gerne in Schwierigkeiten bringen möchte...«

»Nein, ich habe keine...«

»Nun machen Sie aber mal halblang. Ich weiß genau, daß man Sie schon x-mal festgenommen hat, weil Sie mehr als einem die Fresse poliert haben. Irgend jemand hat sich da wohl rächen wollen, stimmt's?«

Esteban fängt an zu zweifeln. Plötzlich geht ihm ein Licht auf. Das könnte die Erklärung für alles sein, sagt er sich. Angestrengt versucht er sich an jemanden zu erinnern, aber ihm fällt niemand ein.

Der Sargento nimmt Niergas Arm und zieht ihn zur Seite.

»Einer meiner Männer, der vorgestern nacht in der Diskothek war, hat mir berichtet, daß Téfano, ich meine Esteban, mit einer blonden Ausländerin angebändelt hat. Ich habe ihn schon darauf angesprochen, da ich ja wußte, daß es sich bei den Tätern um zwei Frauen und einen Mann gehandelt hat, aber er bleibt stur. Sie wird doch wohl nicht eine der beiden Toten sein? Haben Sie ein Foto von ihnen dabei?«

»Nein...« murmelt Nierga. »Aber ich werde eins besorgen. Ich werde sofort beim Erkennungsdienst ein Foto anfordern.«

»Mein Klient möchte jetzt gehen«, teilt der Anwalt mit. »Haben Sie noch eine Frage?«

»Diese Blondine...« setzt Nierga an. Der Anwalt macht eine verärgerte Geste. »Ja, nicht nur eine Frage... Wie hieß die Blondine, Herr Rius? Das werden Sie doch sicher wissen, da Sie ja mit ihr geflirtet haben. Welche Nationalität hatte sie?«

Esteban kratzt sich an der Stirn, hält sich die Nasenlöcher zu und schneidet eine Grimasse. Er fährt sich mit der Hand über den Mund.

»Sie... sie hat gesagt, daß... sie... Judy heißt.« Esteban hüstelt. »Aber mehr weiß ich nicht. Sie war keine Engländerin, auch keine Französin. Vielleicht eine Schwedin.« Er hüstelt noch einmal.

»War sie alleine?«

»Was?«

»Ob sie alleine da war?«

»Nein, ich meine, ich weiß nicht. Wir haben uns zwischen den Booten am Strand... geliebt. Und dann... hm... ist sie gegangen. Sie wollte noch in derselben Nacht abreisen.«

»Und wie ist sie abgereist?«

»Ich weiß nicht. Was wollen Sie denn wissen?«

»Mit dem Bus oder mit dem Auto? Vielleicht in einem weißen Ford Fiesta oder in einem Lieferwagen?«

Der Inspektor hat das Wort ›*Lieferwagen*‹ besonders betont. Sie wissen es. Sie wissen alles.

»Ich weiß nicht...« seufzt Esteban. Er fühlt sich wie ein Ertrinkender, kalter Schweiß bricht ihm aus, ihm wird schwindlig.
»Über all das ist schon gesprochen worden.« Wieder gibt Rechtsanwalt Durán seinen Senf dazu. »Sonst noch etwas, Inspektor?«
Esteban ist schon aufgestanden. Nichts kann ihn mehr halten, nicht eine Minute länger.
»Nein«, sagt Nierga. »Nur daß er für meinen Geschmack ein bißchen zu nervös ist. Bis auf weiteres soll er das Dorf nicht verlassen.«
»Gehen wir«, sagt der Anwalt, schaut auf den Boden, nimmt Estebans Arm und führt ihn zur Tür. »Gute Nacht.«
Nierga gibt ihnen einen Vorsprung und geht erst hinaus, als er sie über die Promenade spazierengehen sieht. Der Anwalt redet heftig auf Esteban ein, der schweigend und mit gesenktem Kopf neben ihm geht. Bis sie zwischen den Menschen auf der Hafenpromenade nicht mehr zu sehen sind.

Obwohl sie beide ein kurzärmliges Hemd, Jeans und Turnschuhe tragen, ist leicht zu unterscheiden, wer Anwalt und wer Klient ist. Einmal abgesehen von Brille und Aktenkoffer, unverkennbaren Merkmalen intellektueller Beschäftigung, würde ein Blick auf die überlegenen Bewegungen des einen ausreichen, der mit großer Selbstsicherheit gestikuliert und redet, Ratschläge gibt und den anderen mit seinem unermeßlichen Wissen erdrückt. Der seine Unbefangenheit im Umgang mit allem, was mit Polizei, Straftaten und geschriebenen Gesetzen zu tun hat, zur Schau stellt. Es würde genügen, auf die Zartheit, die von diesen Gebärden ausgeht, zu achten. Eine Zartheit, die in krassem Gegensatz zu dem unverschämt dreisten und vitalen Gang des Klienten steht, obwohl dieser sich bemüht, unterwürfig und gehorsam zu wirken. Die beiden bleiben neben einer Ente stehen. Der Anwalt gibt dem Klienten letzte Anweisungen und eine Visitenkarte. Er setzt sich ins Auto und fährt los.
Einen Moment lang wirkt Esteban verwirrt, so als wüßte er nicht mehr, wie er an diesen Platz gekommen ist, zu dieser kleinen Mole mit den rührigen Fischern und den Sportbooten. Er schiebt seine Hände in den Gürtel, die Daumen nach außen. Eine hilflose, traurige Geste. Er läßt den Kopf hängen und schaut auf die Wellen, ohne sie zu sehen. Er ist der einsamste Mensch am Pier. Vielleicht sogar der einsamste Mensch im ganzen Dorf.
Mit dem Mittelfinger schnippt Daniel seine Zigarette ins Wasser und

geht schnell auf ihn zu, bevor er auf die Idee kommt, ihm davonzulaufen.
»Esteban Rius?« fragt er.
Esteban wirft ihm einen mißtrauischen Seitenblick zu. Von unten nach oben gleitet sein Blick über diesen jungen Typen mit dem weißen Haar und dem Clownsgesicht. Er ist kleiner als Esteban, geht vor ihm auf und ab und gibt ihm damit zu verstehen, daß er nicht weiß, was er sagen soll. Esteban guckt auf die Visitenkarte, die er plötzlich in der Hand hält. ›Detektei Ponce-Galán‹.
»Ich bin Daniel Ponce«, stellt sich der Unbekannte vor und betrachtet dabei aufmerksam die Linie des Horizonts, die sich langsam verwischt. Das Blau des Horizonts vermischt sich mit dem Blau des Meeres. Es wird dunkel. Die ersten Sterne sind zu sehen. »Ich habe mit dieser Gemälde-Sache zu tun, wie du dir vielleicht denken kannst.«
Estebans Gesichtszüge verhärten sich. Der ist nicht von der Polizei, dem kann er eine in die Fresse hauen, wenn er will. Fast schroff, so als wolle er den anderen ohrfeigen, gibt er ihm die Visitenkarte zurück.
»Ich weiß nichts über die Bilder.« Er spuckt auf den Boden und schaut sich nach einem Fluchtweg um.
»Das glaube ich dir«, beruhigt ihn Daniel verständnisvoll und ignoriert die Visitenkarte. »Aber vielleicht kannst du ja was darüber in Erfahrung bringen. Die Polizei wird dich nicht in Ruhe lassen.«
»Mein Anwalt hat gesagt...« protestiert Esteban unsicher.
Daniel, immer noch geistesabwesend, lächelt wohlwollend angesichts soviel Naivität.
»Mach dir doch nichts vor. Weder die Polizei noch der Detektiv von der Versicherungsgesellschaft werden dich in Ruhe lassen, bis die ganze Sache aufgeklärt ist. Irgend jemand ist nicht gut auf dich zu sprechen. Jemand, der ziemlich gut über den Raub informiert war. Und es wäre besser, du fängst mal an zu überlegen, wer von deinen Feinden es gewesen sein könnte, oder die Polizei wird dir dabei helfen, deine Erinnerungen ein bißchen aufzufrischen.«
»Die Polizei kann überhaupt nicht...« Esteban fängt an nachzugeben.
»Die Polizei kann machen, was sie will«, fällt Daniel ihm scharf ins Wort. Er gewinnt langsam Oberwasser und mustert den Verdächtigen ironisch. »Die Polizei wird nicht lockerlassen, bis sie dich erwischt hat. Eines schönen Tages rauchst du in aller Ruhe einen Joint,

und schon hast du sie auf dem Hals. Oder du verpaßt irgendeinem, der dich geärgert hat, 'ne Ohrfeige, und schon findest du dich im Bau wieder. Sie werden dich für schuldig erklären und die Daumenschrauben anziehen; und du wirst anfangen zu singen und alles gestehen, ob du es nun getan hast oder nicht.« Esteban guckt sich nach allen Seiten um, ob irgendwo Bullen auf der Lauer liegen. »Bedenk doch eins: Sie wissen nicht, wo sie anfangen sollen. Sie tappen völlig im dunkeln. *Ich auch,* denn ich suche nämlich dasselbe wie sie. Wir tappen alle im dunkeln und müssen uns an jeden Strohhalm klammern. Im Moment bist du der Strohhalm.«
»Na gut. Und was willst du?« erwidert Esteban, der immer nervöser wird.
»Der Besitzer der Gemälde hat mir 'ne halbe Million geboten, wenn ich die Bilder finde. Ich will diese halbe Million, und ich bin bereit, dir was davon abzugeben, wenn du mir hilfst. Sagen wir zehn Prozent... Fünfzigtausend?«
Esteban starrt ihn an.
»Aber ich weiß doch nichts.«
»Aber stell dir vor, du könntest dich erinnern und würdest sagen: Mensch, dieser Typ da von damals, der mir erzählt hat, daß er Gemälde sammelt, und der es aus irgendeinem Grund auf mich abgesehen hat...«
»Ich kenne aber niemanden...«
»Oder dieser Typ, dem du eine in die Fresse gehauen hast.«
»Ach, hör doch auf, Mann, was für'n Blöd...«
»Hör zu, Esteban, sei nicht so kindisch. Dieser Mensch, der dich bei den Bullen verpfiffen hat, kennt dich, und folglich kennst du ihn auch. Stimmt's? Sind wir uns soweit einig? Wenn er einmal versucht hat, dir zu schaden, wird er es auch ein zweites Mal versuchen. Stimmt's? Kannst du mir folgen? Warum will er dir was am Zeug flicken? Das kannst nur du beantworten. Wenn du nicht bald die Augen aufmachst, wirst du ziemliche Unannehmlichkeiten kriegen, das kann ich dir versprechen.« Damit war die Unterhaltung beendet. »Behalt die Visitenkarte und denk daran: Mit den Bullen und mit denen von der Versicherung wirst du nur böse Überraschungen erleben. Bei mir dagegen kannst du dir fünfzigtausend Lappen verdienen. Und noch mehr, wenn du mir die Bilder persönlich bringst.« Esteban zittert vor Ungeduld, Nervosität und Hilflosigkeit. »Der Besitzer der Bilder ist bereit, sie hinter dem Rücken der Bullen zurückzukaufen.

Also kannst du dir vorstellen, was für ein Geschäft da zu machen ist. Diese Bilder sind dreißig Millionen wert, mein Lieber. Das war's. Ruf mich an, wenn du was weißt.«

Daniel dreht ihm den Rücken zu und eilt davon. Fast stößt er mit einer Gruppe junger Leute zusammen, die mit Karaffen und Körben in ein Boot steigen. Esteban bleibt mitten auf dem Pier zurück und sieht immer noch wie der einsamste Mensch im ganzen Dorf aus.

Daniel geht zu dem blauen Seat. Er stellt überrascht fest, daß Nierga darinsitzt und mit ernster Miene auf ihn wartet. Daniel steigt ein.

»Und was jetzt?« fragt der Polizist gereizt. »Soll ich jetzt bis Vilafort deinen Chauffeur spielen, damit du dich an María ranmachen kannst?«

Ein schelmisches Lachen blitzt in Daniels Augen auf und umspielt seine Donald-Duck-Mundwinkel.

»Wir werden alle was davon haben. Dieses Mädchen ist Gold wert. Sie kennt jeden in Vilafort und kann mir alle Informationen geben, die ich brauche.«

»Na ja«, sagt Nierga.

Rückwärtsgang einlegen, manövrieren, in den ersten Gang schalten, Lenkrad einschlagen, blinken. Sie verlassen den Parkplatz und fahren durchs Dorf auf die Landstraße. Von neuem die Kurven, der Pinienwald, die Steilküste.

»Hast du mit Buxadé gesprochen?«

»Ja. Er glaubt, daß Puiggrán Angst hat. Das glaube ich auch.«

»Das ist offensichtlich.«

»Falls er den Raub seiner eigenen Bilder inszeniert hat, und das ist nur eine Vermutung«, sagt Daniel nachdenklich, »dann war es vielleicht so geplant, daß die drei Täter nach dem Raub sterben sollten. Damit hätte er alle Spuren verwischt, jegliche Hinweise auf ihn aus dem Weg geräumt. Aber einer von ihnen, der Mann, der Mörder, ist mit dem Leben davon gekommen. Vielleicht ist es das, was Puiggrán so erschreckt. Was meinst du dazu?«

»Und du glaubst, daß dieser dritte Mann Esteban Rius ist?«

»Ich weiß es nicht. Warum habt ihr ihn freigelassen?«

»Er hat ein Alibi.«

»Dann wird er es ja wohl nicht gewesen sein.«

»Ihr habt doch auf dem Pier miteinander geredet. Was hat er dir erzählt?«

»Nichts. Ich habe ihm gesagt, daß ich in dieser Bildersache ermittle, und ihm meine Karte gegeben. Ich habe ihm fünfzigtausend Pesetas angeboten, falls er mir Informationen verschafft.«

»Warum hast du das gemacht? Wo dich doch die Bilder gar nicht interessieren? Um Buxadé und mir zu helfen?«

»Nein, um zu wissen, wer hinter dieser ganzen Sache steckt.«

»Und wenn es Puiggrán selbst ist?«

»Dann werde ich bei ihm im voraus kassieren.«

»Mir scheint, du spielst ein doppeltes Spiel, Ponce.«

»Ich habe immer drei Karten im Spiel. Eine spanische, eine englische und eine pornographische, so eine mit splitternackten Weibern.«

Fünf nach zwölf. Jetzt wird María schon heimlich das Haus verlassen haben, nachdem sie ihren Eltern vorgemacht hat, daß sie schlafengehen wolle. Sie wird ihr Zimmer von innen abgeschlossen haben und aus dem Fenster geklettert sein, unter dem sich der Schuppen für das Brennholz befindet. Sie wird im Schutz der Dunkelheit den Garten durchquert haben und in der Ecke, wo das Schwimmbad gebaut wird, angekommen sein. Sie wird über den Sand geklettert sein und sich zwischen Baggern und Betonmischern hindurchgeschlichen haben.

Im Moment dürfte sie gerade den Hintereingang des Hotel Vilafort erreichen. ›Weißt du, es ist nicht das erste Mal, das ich so was mache‹, hatte sie ihm vor Stunden augenzwinkernd erzählt. ›Ich muß meinen Eltern gegenüber den Schein wahren, versteh das bitte.‹

Als er auf dem Bett liegt und telefoniert, spürt er ein Ziehen in den Hoden, er ist erregt wie ein Fünfzehnjähriger vor dem ersten Rendezvous. Er redet sanft, fast säuselnd, ins Telefon, voller Zärtlichkeit und edler Gefühle.

»Es tut mir wirklich leid, Celia, aber ich muß hierbleiben. Sicher noch für einige Tage.« Pause. »Warum sagst du denn gar nichts?«

»Was soll ich schon sagen?« murmelt Celia widerwillig.

»Man hat mir 'ne halbe Million geboten, wenn ich diese Bilder finde, Celia. Hast du gehört? Eine halbe Million. Wenn ich's schaffe, kann ich aufhören zu arbeiten, Celia. Wenigstens für eine Weile. Ich kann mir 'ne neue Arbeit suchen, mich völlig der Malerei widmen.« Pause. »Wie findest du das?«

»Ach...« Ein tiefer Seufzer. »Ich weiß wirklich nicht, warum du dort bleiben mußt.«

Um den Schein zu wahren, hat María nicht mit Daniel zu Abend gegessen. »Meine Eltern können ohne mich nicht das Tischgebet sprechen«, hat sie bissig gesagt. »Ich hatte schon Ärger genug, weil ich heute mittag nicht zum Essen nach Hause gekommen bin. Meinen Eltern gefällt es nicht, wenn ich mich mit Polizisten, Detektiven und Halunken rumtreibe.« Vielleicht ist sie inzwischen schon, dank der Hilfe eines jungen Kellners, in der Küche des Pa amb Tomaquet angekommen. »Du kannst dir ja vorstellen, woher ich diesen Weg kenne«, hat sie gesagt. »Gehst du mit ihm ins Bett?« hat Daniel gefragt. »Manchmal haben wir es sogar in der *Hochzeitssuite* getrieben. Aber mach dir keine Sorgen, er ist nicht eifersüchtig.« Von der Küche aus führt eine Tür zu den Vorratsräumen des Hotel Vilafort. Dort gibt es einen Lastenaufzug, mit dem das Frühstück zu den Zimmern befördert wird. María wird soeben dabei sein, mit diesem Aufzug hochzufahren.

»Ich warte gerade auf einen Informanten, der mir helfen soll, den Fall zu lösen«, flüstert Daniel ins Telefon, als würde er eine spannende Geschichte erzählen. »Also, das hoffe ich jedenfalls. Es ist der Butler des Mannes, dem die Gemälde gehören. Ich schätze, daß der Besitzer der Bilder der Schuldige ist. Um die Versicherungsprämie zu kassieren... Die Sache wird langsam interessant.« Pause. »Was hast du denn so gemacht, Celia? Hast du Marc abgeholt?«

»Ja... Nein... Ich hatte keine Lust, Isabel zu sehen.« Isabel ist die Feministin aus Hostafranchs, die Celia immer Flöhe ins Ohr setzt.

»Und was hast du gemacht? Warst du den ganzen Tag zu Hause?«

»Ich hab geschlafen. Hab auf dich gewartet...«

María wird schon auf dieser Etage angekommen sein und das Zimmer suchen. Daniel fragt sich, ob sie wohl so angezogen sein wird wie um zehn, als sie sich getroffen hatten, bevor sie, jeder für sich, zum Abendessen gegangen sind. Ein weißes Herrenhemd, das ihr bis zu den Knien reicht, ein bunter Gürtel, der von nordamerikanischen Indianern geflochten wurde, eine weite Pumphose und spitze, weiße Stiefel.

»Daniel bitte...« Celias Stimme wird transzendental. Daniel schließt resigniert die Augen und verzeiht es ihr. »Bitte, Daniel. Was hältst du davon, wenn ich zu dir fahre. Dann kann ich bei dir sein.«

»Aber, meine Liebe...«

»Ich werde dich auch nicht stören.«

»Das geht doch nicht.«

»Ich möchte nur bei dir sein, Daniel.« Gleich fängt sie an zu weinen. Vielleicht weint sie schon.
»Unmöglich, Celia. Ich schwör's dir. Du weißt doch, wie das ist. Ich bin mal hier, mal da. Stell dir vor...«
»Daniel!« Jetzt weint sie wirklich. »Daniel, ich möchte doch nur mit dir schlafen! Seit wann haben wir nicht mehr zusammen gevögelt, Daniel? Daniel...«
»Es tut mir leid, Celia. Mich schmerzt es genauso wie dich. Aber, was soll ich denn tun?«
»Ich brauche einen Mann, Daniel. Ich brauche einen Mann...«
»Such dir einen«, sagt er völlig selbstverständlich. »Ich habe nichts dagegen.«
Wieder eine Pause. Länger als die vorhergehenden. Eine sehr lange Pause, die Daniel dazu nutzt, sich bequemer hinzulegen und eine Zigarette anzuzünden.
»Du bist ein Schwein, Daniel«, zischt Celia zwischen den Zähnen hervor. »Du bist das größte Arschloch, das größte Ekel, das mir je in meinem verdammten Leben begegnet ist. Du Schweinehund, widerlicher...«
»Komm, Celia, jetzt reicht's«, sagt er ein wenig heftig.
Die Tür geht auf und María tritt ein. Mit ihrem Lächeln und ihren dunklen Ringen um die Augen wirkt sie lüstern und verführerisch. Langes Hemd, Indianergürtel, schwarze Hose und weiße Schuhe, genau wie er es sich vorgestellt hatte. Das ist ein gutes Zeichen. Wenn die Telepathie funktioniert, wird die Sache gut laufen.
»Halt die Schnauze!«
Der Schrei durchlöchert sein Trommelfell. Noch ein hysterischer Anfall. Schon der zweite an diesem Tag. Weinen. Daniel lächelt María zu und tut so, als sage er zustimmend in den Hörer: ›Ja... Ja...‹ In seiner Stimme liegt kein Mitleid. Es ist der neutrale Ton von jemandem, der eine sehr langweilige Unterhaltung führt. Celia vergießt bittere Tränen. »Also schön, morgen versuche ich zu kommen. Paß auf dich auf, ja?«
»Du Schwein!« schreit sie und legt, wie Daniel es gehofft hatte, den Hörer auf. ›Man muß sie sehr vorsichtig behandeln‹, sagt der Psychiater Pujol immer. ›Legen Sie nie zuerst den Hörer auf!‹ Daniel hat es ihm versprochen, und er hält sein Versprechen.
María setzt sich aufs Bett.
»Wer war das?« fragt sie. »Deine Gummipuppe?«

»Meine Mamma«, antwortet Daniel.
Sie küssen sich. Zum ersten Mal küssen sie sich, so wie es sich gehört. Daniel sucht ihre Brust unter der Bluse und genießt das Kitzeln auf seiner Hand. Sie lassen sich auf das zerwühlte Bettlaken fallen und nehmen eine endlos lange Kostprobe voneinander. Als Daniel sich wieder aufrichtet, sind ihre Brüste schon zu sehen, so braun wie ihr ganzer Körper. Sie atmet schwer, lächelt ihn herausfordernd an. Hingebungsvoll breitet sie die Arme aus und animiert ihn zum Weitermachen.
»Einen Moment«, sagt er. Während er sein Hemd aufknöpft, geht er zum Telefon, erfragt bei der Telefonistin an der Rezeption eine Nummer und wartet, ohne María anzuschauen, die sich hinter ihm bewegt.
»Hier spricht der automatische Anrufbeantworter der Privatdetektei Ponce & Galán. Sie können uns eine Nachricht hinterlassen. Sprechen Sie bitte nach diesem Ton. Vielen Dank.«
»Javier, hier ist Daniel. Alles läuft bestens. Wie wir erwartet haben. Eine Mordssache. Besorge mir bitte so schnell wie möglich Informationen über folgende Männer: Erstens über Jorge Puiggrán, Besitzer der Gemälde. Schnüffel auch ein bißchen in der *Holding* QUIMASSA rum. Offensichtlich ist der Typ da ein ziemlich hohes Tier. Hab gehört, daß er 1974 in irgendso 'ne Sache mit Menschenhandel oder so verwickelt war. Das sind Vermutungen von Buxadé, diesem Typen von der Júpiter. Der Typ mag zwar'n ziemlicher Lackaffe sein, aber von seiner Arbeit versteht er was. Zweitens über José Luis Bartrina, hohes Tier bei ZIGURIT, Firma für Sicherheitssysteme. Auch über Joan Carbó Brullat, Besitzer der Speditionsfirma EuroRapid und Kunsthändler. Außerdem über Alfonso Horteza Santamaria, Arzt. Hat eine Klinik für plastische Chirurgie, Importeur chirurgischer Geräte… Wer fehlt noch? Ach ja: Alberto Losante, Puiggráns Butler, und Elenita, die Frau, die getötet wurde. Jetzt fällt mir ihr Nachname nicht ein, aber der steht im *Hoja del Lunes*. Und auch über Esteban Rius Giménez, ein Kellner aus Sant Pau del Port.«
Als er sich zu María umdreht, hat sie sich schon ganz ausgezogen und liebevoll zwei Linien Kokain zubereitet. Eine für jeden.

Esteban ist fest entschlossen zu fliehen. Egal wie und egal wohin. Er verläßt die Diskothek und macht sich auf den Weg zu seiner Pension. Unterwegs wägt er die verschiedenen Fluchtmöglichkeiten ab. Zu sei-

nen Eltern nach Le'rida kann er nicht. Auch nicht zu seiner Schwester nach Barcelona. Das sind die Orte, wo die Polizei ihn als erstes suchen würde. Von Lérida aus wäre es möglich, über die Pyrenäen illegal über die Grenze nach Frankreich zu gelangen. Dann könnte er nach Paris fahren, wo zwei oder drei Sommerbekanntschaften von ihm wohnen. Martine, Paulette... Aber dafür braucht er Geld. Er denkt an Daniel Ponce, diesen Detektiv, der ihm fünfzigtausend Mäuse geboten hat. Aber er kann ihm nichts dafür anbieten. Wenn er wenigstens einen Verdacht hätte, irgendeinen Hinweis, den Namen eines mutmaßlichen Feindes, der ihn in die Pfanne hauen wollte... Nein, es fällt ihm keiner ein. Und er kann diese Situation nicht ertragen. Das Gefühl, ständig bewacht zu werden. Ständig darauf zu warten, daß die Polizei genügend Beweise gegen ihn in der Hand hat und ihn wieder abholt. Diesmal in Handschellen, ›dieses Mal bist du wirklich verhaftet, Téfano‹. Er kann es nicht ertragen.
Genausowenig wie er letzte Nacht, als er in der Disko kellnerte, den Blick dieses dunkelgekleideten Typen, der ihn keine Sekunde aus den Augen ließ, ertragen konnte. Ein Polizist, zweifellos ein Bulle. Jung, groß, stark, hinterhältiges Gesicht. Mit einem Gesichtsausdruck, so als wolle er sagen: ›Früher oder später bist du dran, und ich werde da sein, um mir das klägliche Schauspiel anzugucken‹. Auch die Anwesenheit von López, der in Zivil gekommen war, konnte er nicht ertragen. »Hallo, Téfano, wie geht's, wie läuft die Sache?« Dieser zweideutige Blick, der besagte ›Ich werde dich schon noch kriegen, mein Lieber.‹ Noch so eine Nacht würde er nicht überstehen. Sich möglichst natürlich zu verhalten (»Ein Gin Tonic, Pepe, aber schnell«), während sein Gehirn auf Hochtouren läuft und seine Nerven zum Zerreißen gespannt sind. Sie werden ihn mit der toten Blondine in Verbindung bringen. Sie werden kommen und ihn zur Rechenschaft ziehen. Aber dann wird er schon längst nicht mehr hier sein.
Bevor er die Diskothek Marilyn verließ, hat er im Lager zwischen den verstaubten Kisten rumgewühlt, die Automatik wiedergefunden und sie in seine Hosentasche gesteckt. Das Gewicht der Pistole tröstet und erschreckt ihn zugleich, als er die steile, dunkle Straße zur Pension hochsteigt. Er hat nie eine Pistole benutzt, und der Gedanke, sie benutzen zu müssen, gefällt ihm gar nicht. Er ist schrecklich nervös. Er wird ein Moped klauen und über die Grenze abhauen. Wenn er sich beeilt, können sie ihn nicht mehr einholen. Aber er braucht Geld.
Das Gehen auf dieser abschüssigen Straße ist anstrengend und unbe-

quem. Das holprige Kopfsteinpflaster ist im Laufe der Jahrhunderte abgewetzt worden, und wenn man einige Gin Tonics zuviel getrunken hat, fühlt man sich wie auf einer unendlichen, mühsamen Klettertour. Aus der Ferne hört er schwülstige Schlagermusik. Lucho Gatica singt: ›*Qué nos sucede, vida, que, últimamente...?*, (›Was ist mit uns geschehen, mein Leben, daß seit einiger Zeit...?‹) Fünfzig Meter weiter scheint das Licht aus der nahegelegenen Pension auf die Straße.
Vor ihm tauchen zwei Schatten im Gegenlicht auf. Einer von rechts, der andere von links. Sie kommen auf ihn zu. Esteban bleibt stehen. Er denkt an die Pistole, und das Herz schlägt ihm bis zum Hals. Und aus der Ferne Lucho Gatica: , *...todo nos hiere, y nos lastima?*‹ (›... alles uns schmerzt und verletzt?‹) Sie kommen näher. Esteban fühlt sich bedroht. Die beiden Schatten sind eine weitere Absurdität in der Menge der Ungereimtheiten. Sie sagen nichts, aber sie kommen auf ihn zu. Es gibt keine Erklärung dafür. Der Alptraum geht weiter. Langsam kommen sie auf ihn zu.
Weiter hinten taucht ein dritter Schatten auf. Vage erkennt Esteban das strenge Gesicht und den dunklen Anzug des Mannes, der ihn die ganze Nacht beobachtet hat. Er hört seine energische Stimme:
»Halt! Polizei!«
Die beiden bedrohlichen Schatten drehen sich instinktiv um und zeigen Esteban ihr Profil. Adlernasen, fettig glänzendes Haar, Schlitzaugen. Zigeuner. Hände mit geöffneten Klappmessern, die eine Sekunde lang aufblitzen.
Der Mann im dunklen Anzug bewegt sich präzise und zielsicher wie eine Maschine. Er ergreift eine dieser bewaffneten Hände. Seine rechte Faust beschreibt einen Bogen durch die Luft. Sein Oberarm drückt den Kopf von Zigeuner Nummer eins gegen die Wand. *Krack*, und ein Schrei, *Urgh*. Das Messer fällt klirrend zu Boden. Esteban springt in den Rücken des Zigeuners Nummer zwei und ergreift die Hand, die das Messer hält. Er zerrt an seiner Pistole, die in seiner Hosentasche festklemmt. Der Zigeuner bewegt sich wieder. Die Pistole steckt fest. Die Hosentasche reißt. Esteban greift mit dem Kopf an. Die beiden straucheln. Sie prallen gegen die Wand. Die Pistole fällt runter. Esteban tastet nach dem Gesicht des anderen, der wild zappelt und um sich schlägt. Auf der anderen Straßenseite zischt der Typ im Anzug: »Wer schickt euch? Wer schickt euch?« Seine Stimme wird immer schriller und hysterischer. Esteban und der Zigeuner Nummer Zwei gehen zu Boden, rollen den Weg hinunter. Zigeuner

Nummer Eins tritt gegen den Knöchel von dem Typen, der behauptet, ein Bulle zu sein. Der läßt seinen Arm sinken, duckt sich. Die Faust des Zigeuners ist blitzschnell. Sie knallt ins Gesicht von dem Typen im Anzug. Der geht zu Boden, fällt auf den Rücken. Der Zigeuner sucht sein Messer. Der Typ im Anzug rappelt sich auf, schleicht sich an ihn heran, springt, klammert sich an den Gürtel des Zigeuners, drückt ihn zu Boden und setzt sich mit seinem ganzen Gewicht auf ihn, verpaßt ihm Fußtritte und Faustschläge. Und in der Ferne singt Lucho Gatica: ›*Reflexionemos un momento*…‹ (›Wir wollen uns einen Augenblick besinnen…‹) Dort drüben drückt Esteban verzweifelt die Hand mit dem Messer von seinem Gesicht weg. Er versucht nicht, den eins, zwei, drei kurzen Schlägen auszuweichen. Sein Kopf prallt auf das Kopfsteinpflaster. Seine Hand tastet suchend über den Boden. Als der Zigeuner es bemerkt, ist es schon zu spät. Er hört auf zu prügeln, versucht Estebans Hand zu greifen. Aber diese Hand hat schon seine Genitalien gepackt, drückt und quetscht sie kräftig. Das Messer fällt runter, *kling,* genau neben Estebans Gesicht. Der Zigeuner krümmt sich. Ein dumpfer Schrei. »Verdammte Scheiße, verdammte Scheiße, verdammte Scheiße«, keucht er. Esteban tastet nach den Augen des Zigeuners. Der springt zur Seite, rollt weg. Esteban steht auf. Der Zigeuner versucht, sich aufzurappeln. Esteban versetzt ihm einen Tritt mit der Schuhspitze. Der Zigeuner klappt in sich zusammen. Esteban versetzt ihm noch einen Fußtritt, ohne zu wissen, wohin er tritt. Er trifft einen Knochen. Der Typ im dunklen Anzug preßt seine Hand auf das Gesicht von Zigeuner Nummer Eins und schlägt seinen Kopf auf den Boden, *krack,* und noch mal, *krack*. Der Zigeuner bleibt regungslos liegen.
Stille. Und in der Ferne singt Lucho Gatica: ›*Y todo aquello que hasta ayer nos quemaba, hoy el hastío ya le dio sabor a nada, dime*…‹ (›All das, was früher in uns brannte, hat heut' der Überdruß längst ausgelöscht, sag…!‹)
Der Mann im dunklen Anzug stützt sich an der Wand ab, steht auf. Ihm tut der Knöchel weh. Esteban kommt näher, sucht seine Pistole, findet sie, hebt sie auf. Der Mann im dunklen Anzug keucht vor Erschöpfung und hinkt zu Esteban hinüber.
»Esteban? Ich heiße Carlos Buxadé. Ich bin Detektiv der Firma Júpiter und möchte mit Ihnen reden…« Esteban kommt gleichgültig näher. »Ich habe in der Pension auf Sie gewartet, da sah ich, wie diese beiden hier auf der Lauer lagen und habe sie beobachtet und…«

Esteban verpaßt ihm einen Fußtritt zwischen die Beine. Ein furchtbarer Tritt, der gnadenlos ins Schwarze trifft. Buxadé geht in die Knie. Er seufzt laut auf und verstummt. Esteban verpaßt ihm einen Schlag mit der Pistole. Ins Gesicht, *zack*. Buxadé fällt auf die Seite. Esteban rennt weg. Den Hang hinunter. Er klaut das erste Moped, das ihm unter die Augen kommt. Er flüchtet. Unbedacht. Wieder einmal hat sein Körper auf eigene Faust und eigenes Risiko gehandelt. Das ist so und wird auch so bleiben.

Zwei Tage später

Eine Liebesbeziehung mit einer Linie Koks anzufangen, bringt ausgezeichnete Resultate. Man läßt alle Hemmungen, die man normalerweise beim ersten Mal hat, fallen. Das Pärchen geht direkt zur Sache. Beide reden, äußern ihre Wünsche, stellen offen ihre Forderungen. Und am Ende sind beide der Meinung, daß es sich gelohnt hat. Vor allem wenn eine Frau so ist wie María: spontan, mutig, unverklemmt und erfahren. Eine von den Frauen, die wie kleine Mädchen lachen können; eine von den Frauen, die ›*ihn* nicht mit spitzen Fingern anfassen, als hätten sie Ekel davor‹; eine von den Frauen, die die Initiative ergreifen und wissen, wie sie es machen müssen. Das macht dem Mann Lust, die Sache zu wiederholen, bringt ihn dazu, sich selbst zu übertreffen und immer neue Phantasien auszuleben. Danach ist man erschöpft und spürt eine unendliche Zärtlichkeit, wenn das Mädchen dann geht. ›Ich muß bei Tagesanbruch zu Hause sein, versteh das bitte‹. Und man träumt weiter von Abenteuern mit einem sündigen Schulmädchen, das im Morgengrauen nach Hause geht, sich in dunklen Eingängen versteckt, heimlich durch den Garten läuft, mühsam auf das Dach eines Holzschuppens klettert, durch das Fenster in ihr Schlafzimmer springt und zwischen Puppen mit rosigen Wangen und verschwörerischem Lächeln einschläft.

Daniel ist um zehn Uhr aufgewacht. Er hat sich geduscht, rasiert, angezogen, die erste Zigarette des Tages geraucht und schließlich die Agentur angerufen. Encarna, die Sekretärin, hat sich gemeldet.

»Javier ist unterwegs, um alles zu erledigen, was du ihm gestern aufgetragen hast. Ich habe Fernández, den von Banesto, angerufen, um die Bankauskünfte einzuholen. Javier ist zur Vía Layetana gefahren, um Handelsregister und Grundbuch einzusehen und um Torras, den vom *Periodico,* zu treffen. Er hat gesagt, er wolle dich um eins anrufen. Aber ich glaube nicht, daß er vor zwei fertig ist.«

»Punkt zwei soll er mich im Hotel in Vilafort anrufen. Ich warte.«

Beim Frühstück hat er mit der ›Meinungsforschung unter den Nachbarn‹ begonnen. Der Kellner des Restaurants half ihm dabei, alles genau zu bedenken und die einzelnen ›Ziel-Personen‹ innerhalb des dörflichen Rahmens einzuordnen. Der sehr formelle und reservierte Concierge betonte die untadelige Ehrbarkeit der Verdächtigen. Der Pförtner beurteilte die Sache von einem streng moralischen Gesichtspunkt aus. Später hat Daniel die Bar, den Supermarkt und die Reparaturwerkstatt neben der Tankstelle aufgesucht. Rein empirische Informationen (wie viele Autos besitzt jeder der Verdächtigen, wie viele Kisten Bourbon konsumiert Puiggrán monatlich, wieviel gibt ein jeder für Lebensmittel aus, usw.) wurden mit unbeholfenen Charakterstudien und mehr oder weniger relevanten und zuverlässigen Anekdoten vermischt. Vilafort ist ein kleines Nest, und die vier ›Ziel-Personen‹, an denen Daniel interessiert ist, sind die offensichtlichen Köpfe dieses kleinen Dorfes. Sie stehen im Mittelpunkt und schüren die Neugierde der Dorfbewohner. Es ist nicht schwer, Informationen über sie zu bekommen, wenn man wie eine ehrenwerte, wohlerzogene Person wirkt, deren gute Absicht sofort erkennbar ist, und wenn man sich nicht ausweist, um alle im Glauben zu lassen, man sei vielleicht ein Polizist. Sätze nach dem Motto: ›Es ist nicht meine Absicht, irgend jemanden zu kritisieren‹ oder ›Mich interessiert nicht der Klatsch, sondern die Wahrheit‹ können zu gewagtesten Spekulationen Anlaß geben. Die Besitzer des Supermarkts (er: ein verschwiegener Mensch mit dem Gesicht eines Galgenvogels, dick und rund wie ein Rhinozeros; sie: fett und klein, weinerliches Gesicht, hinkende Elefantenbeine in winzigen Schühchen) sind die beste Informationsquelle, die Daniel sich wünschen kann. Sogleich rufen sie ihre Tochter Carmeta. »Carmeta, komm doch mal her und erzähl dem Herrn hier, was der Herr Bartrina mit dir gemacht hat, als du bei ihm geputzt hast.« Carmeta ist groß, und man könnte sie fast als Schönheit bezeichnen. Sie schlägt die Augen nieder, kratzt mit dem Fingernagel ein Etikett von der Ladentheke und zuckt ständig mit den Schultern. Sie schämt sich nicht für das, was sie sagt, sondern für ihre Eltern, die sie zwingen, alles zu erzählen. Und das in ihrem Alter! Ab und zu lächelt sie schüchtern, und Daniel vermutet, daß sie an lustvolle Stunden zurückdenkt.

»Wer hat Carmetas Stelle bei Bartrina übernommen, als sie aufgehört hat, dort zu arbeiten?«

»Lucía, die Tochter vom Eisenbahner. Die, die auch bei Puiggrán arbeitet. Die ist ein ganz schönes Flittchen geworden!«

Um zehn vor zwei ist Daniel wieder auf seinem Zimmer, raucht und

trinkt in Ruhe einen Sherry, den er an der Bar bestellt hat. Während er auf den Anruf von Javier wartet, überfliegt er in den Zeitungen kurz die Artikel über den Raubüberfall und den Fund der Leichen in der Kapelle von San Cayetano. Alle Artikel berichten mehr oder weniger dasselbe, ohne näher auf irgendwelche Details einzugehen. Nichts, was Daniel nicht schon wüßte. Es wird erwähnt, daß mehrere Verhaftungen vorgenommen wurden, aber Namen werden keine genannt.
Lediglich eine kleine Notiz am Rande erweckt Daniels Interesse:

Übermorgen, Donnerstag, wird in Barcelona die I. Große Internationale Messe für Konzept-Kunst unter der Schirmherrschaft der Generalitat von Katalonien und der Stadt Barcelona eröffnet. Künstler aus neun Ländern werden der Weltöffentlichkeit ihre *Environments* und *Performances* vorstellen. Man erwartet ein herausragendes Happening, das die denkwürdigen Veranstaltungen von 1971 und 1972 in Granollers bei weitem übertreffen soll. Der berühmte amerikanische Künstler Christo hat zum zweiten Mal um die Genehmigung ersucht, die Statue des Kolumbus ›verpacken‹ zu dürfen. (Wie wir uns erinnern, hat dieser Künstler – der vor Jahren den Colorado Canyon mit einem kilometerlangen Tuch verhüllte – schon 1977 dieses Gesuch eingereicht, das damals aber abgelehnt wurde). Die Teilnahme der jungen japanischen Künstler, die erst seit kurzer Zeit auf dem Gebiet der *Performance* arbeiten, wird mit Spannung erwartet.

»Daniel? Hier ist Javier. Ich habe alles nachgeschaut... Was meintest du eigentlich gestern nacht mit der *Mordssache?*«
»Fast 'ne halbe Million für uns, wenn wir die Bilder vor den Bullen und vor der Júpiter, der Agentur, die für die Versicherungsgesellschaft arbeitet, finden.«
»Und wieso vor ihnen?«
»Was weiß ich. Ich schätze mal, es wäre 'ne ziemlich unnütze Geldausgabe, wenn wir die Bilder später finden. Also, schieß los!«
Javier legt los. Ein halbstündiges Telefonat. Notizen in einem neuen Heft.
»Alles klar?«
»Toll, Mann. Sonst noch was?«
»Ach ja, Melga hat dir gestern nacht, nachdem du angerufen hast, 'ne Nachricht hinterlassen. Er sagt, daß die ›Person‹ nachts um zwei das

Haus verlassen hat. Melga ist der ›Person‹ gefolgt. Um halb vier ist ›sie‹ wieder nach Hause gekommen. Wie's aussieht, hatte ›sie‹ einiges über den Durst getrunken.«

»In Ordnung. Danke.«

»Hör mal, Daniel. Warum kümmerst du dich nicht ein bißchen mehr um Celia?«

»Ich bin drauf und dran, die Hälfte von 'ner halben Million für sie zu verdienen. Findest du das wenig?«

»Du weißt schon, was ich meine.«

»Wenn ich mit dieser Arbeit hier fertig bin, nehme ich Urlaub. Bis später, Javier. Und mach dir keine Sorgen, wir kriegen das schon hin!«

Als er im Pa amb Tomàquet zu Mittag ißt, geht Daniel alles noch mal durch, was er aus eigenen Nachforschungen und denen von Javier zusammengestellt hat. Eine hervorragende Arbeit.

Info der Polizei:

Jorge Puiggrán, 52 J., geb. in Valls (Tarragona), keine Vorstrafen. War schon 1971 Mitglied im Aufsichtsrat der Banco Transibérico, als dieses Unternehmen Anzeige gegen José Luis Bartrina (damals Direktor der Abteilung für Anlagenberatung) wegen Veruntreuung von 37000000 Pesetas erstattete (siehe Bartrina). Anzeige 1975 zurückgezogen, wegen nachgewiesenem Fehler im Rechnungswesen.

Info von Julio Izquierdo (Privatdetektiv, der 1974 mit der *Holding* QUIMASSA zu tun hatte)

Bestätigt den Verdacht von Buxadé. Es war Izquierdo, der ihm damals die Hinweise gegeben hatte. QUIMASSA und seine Filialen waren 1974 in eine Sache mit marokkanischen Schwarzarbeitern verwickelt, was den Bullen und dem Gericht geschickt verheimlicht wurde.

Info von Torras, Journalist:

Jorge Puiggrán stammt aus einer Chemiker-Familie. Farbenfabrik PUIGCOLOR S.A.; 1969 mit dem *Trust* QUIMASSA fusioniert (deutsches Kapital). QUIMASSA: Herstellung von Farben, pharmazeutischen Produkten, Lebensmitteln, usw.; *Holding* von Unternehmen derselben Branche. 1970 bekommt Puiggrán nach innerbetrieblichen Querelen, über die nichts bekannt ist, den Posten als Präsident des Aufsichtsrates. Wird 1970 Mitglied des Aufsichtrates der Banco Transibérico. Autorität in der Kunstwelt und Mäzen von Künstlern, die heute berühmt sind, z. B. Jaime Trullás. Gehörte nie einer politischen Partei an, hat aber Verbindungen zu franquistischen Ministern. Verheiratet mit Beatriz Hiniesta. Die Hiniestas sind Großgrundbesitzer aus Jaen. Ein Sohn, Jorge Puiggrán jun., 33 J., in den sechziger Jahren Mitglied einer linken Partei. Hatte Streit mit seinem Vater und scheinbar keinen Kontakt mehr zu der Familie. Hat auf eigenes Risiko einen Gebrauchtwagenhandel aufgemacht (COPCAR).

INFO DER BANK:

Absolute Kreditwürdigkeit

INFO DER NACHBARN AUS DEM DORF:

Reserviert, energisch, tyrannisch. Behandelt die Angestellten des Supermarkts sehr rücksichtslos. Guter, zahlungskräftiger Kunde. Konsumiert eine Kiste Bourbon pro Woche (Jack Daniels, der *extra* für ihn bestellt wird). Bekommt so gut wie nie Besuch. Wahrscheinlich Alkoholiker. Seine Frau: symphatisch, freundlich und beliebt. Gleicht häufig die Schroffheiten ihres Mannes Jorge P. aus. ›Sie macht sich bei allen beliebt.‹

INFO VON MARÍA CARBÓ.

Bezeichnet Jorge P. als mürrisch, verbittert, egoistisch, unbarmherzig und skrupellos. Aber seiner Frau gegenüber benimmt er sich sehr rücksichtsvoll. Treuer Freund von Carbó (den er schon seit Jahren kennt). María liebt er wie eine Tochter. Kleine Aufmerksamkeiten ihr gegenüber, wie Geschenke und Telefonate, um zum Geburtstag oder zu einem bestandenen Examen zu gratulieren. Vielleicht ist sie für ihn eine Art Ersatz für den Sohn, der von Zuhause abgehauen ist. Sie bestätigt seinen Alkoholismus. Nie im Leben hätte er diesen Bilderraub selbst inszeniert, um die Versicherungsprämie zu kassieren.

INFO DER POLIZEI:

José Luis Bartrina (45 J., geb. in Gerona). 1965 Festnahme wegen Erregung öffentlichen Ärgernisses in einer Diskothek in Figueras. 1971 erging aufgrund einer Anzeige wegen Unterschlagung Haftbefehl gegen J.L.Bartrina, bis die Bank 1975 ihre Anzeige mit einer wenig glaubwürdigen Begründung zurückzog. (Siehe Puiggrán)

INFO VON TORRAS, JOURNALIST:

J.L. Bartrina ist der Sohn eines Großgrundbesitzers aus Ampurdan, der Gründer der Geflügel- und Schweinefarm in Vilafort. Sein Erstgeborener (Jorge) übernahm die Leitung der Farm und machte daraus eine Aktiengesellschaft (PORCICOSA). J.L. Bartrina studierte Wirt-

schaftswissenschaft. Zwischen 1958 und 1968 hat er eine leitende Stelle bei einer bedeutenden Papierfabrik in Gerona inne. 1968 wechselt er als Direktor der o.g. Abt. für Anlagenberatung zu der Banco Transibérico. 1971 setzt er sich (wie böse Zungen behaupten) mit mehreren Millionen nach Südamerika ab. 1975 stirbt sein Bruder Jorge, und er kehrt zurück, um die Leitung der PORCICOSA AG zu übernehmen. Bietet dem Direktor der Banco Transibérico die Rückerstattung der verschwundenen Millionen an. Bedingung: die Bank soll ihm eine Fabrik bauen, in der eine Reihe von Produkten, deren Patente er in Amerika einkauft, hergestellt werden sollen. Die Bank geht auf den Vorschlag ein und zieht die Anzeige zurück. (Der alte Trick: ›Wenn ihr mich ins Gefängnis steckt, kriegt ihr euer Geld nie wieder‹.) So wird die AVESSA gegründet (Banksafes; hermetisch verschlossene Türen, die durch fotoelektrische Zellen betätigt werden können; Sicherheitssysteme; elektronische Alarmsysteme...). Im selben Jahr (1975) erwarb Carbó 30% der PORCICOSA-Aktien (siehe Carbó). J. L. B. importiert photographische Geräte und bietet Kameraüberwachungssysteme an. Er besitzt Privatpolizei und eine kleine Flotte gepanzerter Lieferwagen für den Transport von Wertgegenständen. 1978 wird AVESSA in ZIGURIT umbenannt (Hauptaktionär: Carbó).
Man sagt, daß seine Frau (bevor sich die beiden getrennt haben) mehr als zwanzig Pelzmäntel und zwei Autos für sich alleine besaß. Kinderlos.
Snobistisches Milieu. Safaris nach Zambia und Zaire, Reisen in die Karibik und nach Thailand; Skiurlaub in der Schweiz. Yacht. Frauenheld, launisch und exhibitionistisch. Mittelpunkt diverser Skandalgeschichten wegen seiner Beziehungen zu berühmten Frauen.

INFO DER BANK:

Absolute Kreditwürdigkeit

INFO DER NACHBARN IM DORF:

Verbringt wenig Zeit in Vilafort. Ist bei den Leuten der Mittelschicht nicht beliebt. Es wird von skandalösen Orgien in seinem Haus erzählt, ›die Tage dauern‹. Stellt seinen Reichtum zur Schau und belästigt die Mädchen im Dorf. Hat der Tochter der Supermarktbesitzer in Anwesenheit ihrer Eltern Geld angeboten, wenn sie an einer seiner *Partys* (wie er es nennt) teilnehme. (Obwohl alle Welt zu wissen glaubt, daß es sich dabei um den reinsten Hexensabbat handele.) Er lebt mit einer sehr ›extravaganten‹ Frau zusammen, die sich ihre Haare merkwürdig bunt färbt und sich auf die empörendste Art kleidet. Eine seltsame Frau, die nie das Haus verläßt und von der niemand weiß, wie sie heißt. Haben keine festen Hausangestellten. Für die Hausarbeit beschäftigt er stundenweise einige Frauen, die sich abwechseln (an einem Tag die eine, am nächsten Tag die andere; eine von ihnen ist Lucía Granés, die auch bei den Puiggráns arbeitet). Außerdem arbeitet der Koch des Pa amb Tomàquet für J. L. B., der seine Essenszeiten den englischen angepaßt hat. Somit kann der Koch gleichzeitig für ihn und für das Pa amb Tomàquet arbeiten.

Info von María Carbó:

Hält ihn für einen lustigen, charmanten und sympathischen Menschen, einen Spaßvogel und einen amüsanten Plauderer. Bei gesellschaftlichen Zusammenkünften glänzt er durch seinen Esprit. Beliebt bei den Frauen, kultiviert und unpolitisch. Guter Freund von Puiggrán. Interessiert sich nicht für konventionelle Kunst. Würde nie die Bilder stehlen.

Info von Puiggrán:

Jorge P. ist Bartrina sehr zugetan. Entschuldigt seine Exzentrik (›Ihn hat der Tramontana erwischt, genau wie Dalí‹.) Bestätigt, daß J.L.B. als Geschäftsmann ein Fuchs ist (der Beweis: innerhalb von fünf Jahren ist er Multimillionär geworden). Spricht mit großem Respekt, fast mit Ehrfurcht, von J.L.B. (›Er ist sehr schlau, er wird es weit bringen‹). J.L.B. kannte die Sicherheitsvorrichtungen, da sie von der Firma ZIGURIT installiert worden waren.

Info der Polizei:

Joan Carbó, 49 J., geb. in Barcelona, keine Vorstrafen.

Info von Torras, Journalist:

Sein Vater erwarb sein Vermögen während der Kriegs- und Nachkriegszeit (wahrscheinlich Schwarzhändler; Verpächter von Ackerland – das heute teilweise zur PORCICOSA gehört-; stand den herrschenden politischen Köpfen seiner Zeit sehr nahe; Gründer des Transportunternehmens CARBO & BRÜDER). Joan Carbó jun. studierte Wirtschaftswissenschaft, Jura und Ingenieurwesen. Begabter Schüler einer Hochschule für Betriebswissenschaft, an der er ab 1965 unterrichtete. 1969 fusioniert die familieneigene Firma mit einem multinationalen, deutsch-französischen Transportunternehmen. Heißt seitdem: EuroRapid Spanien. Hauptaktionär von mindestens fünf Unternehmen (ZIGURIT und PORCICOSA -siehe Bartrina-; seit 1971 Mitglied des Aufsichtsrates der Banco Transibérico, etc.) Mitglied von Opus Dei. Keinerlei Skandale. Verheiratet, zwei Kinder. Tochter María und Sohn Juan Antonio, der in Oxford studiert. Gastronom. Besitzer einer der bedeutendsten Bodegas von Spanien. Seit 1970 Kunstsammler und -händler.

INFO DER BANK:

Absolute Kreditwürdigkeit.

INFO DER NACHBARN IM DORF:

Sprechen von ihm wie von einem Feudalherren in seiner Burg. Diskret und höflich. Die Leute bewundern und respektieren ihn (mehr wegen seines Vaters – der aus dem Dorf stammt und sich aus dem Nichts zum Millionär hochgearbeitet hat – als um seiner selbst willen). Seiner Frau (eine offenbar eher unscheinbare Person) sagt man nach, daß sie wohltätig, zurückhaltend, verschlossen und sehr religiös sei. Über María äußern sie sich sehr vorsichtig. Sie geht nur selten ins Dorf. Ihre Meinung über María fassen sie in einem Satz zusammen: ›Sie war immer schon ein sehr ausgelassenes Mädchen‹. Die Familie Carbó hat zwei Hausmädchen aus Kastilien (man vermutet, daß sie aus dem Heimatdorf der Frau Carbó stammen). Sie sind ebenso reserviert, diskret und höflich wie die Hauseigentümer.

INFO VON MARÍA CARBÓ (DER TOCHER):

Was man so einen aufrechten Vater und eine gebeugte Mutter nennt (weil sie den lieben langen Tag demütig einen Buckel macht). Er ist sehr darauf bedacht, den Schein zu wahren; ansonsten kümmert er sich nicht um seine Familie. Ihm ist völlig egal, daß sein Sohn Juan Antonio ein Junkie ist (daß er es ist, weiß er genau). Aber da der Sohn weit weg in England lebt und es deshalb niemand erfährt, kümmert es ihn herzlich wenig. Er hat María häufig geschlagen. Immer mit der Absicht, sie vor anderen Leuten lächerlich zu machen. Er spricht nie über seine religiösen oder politischen Ansichten (die unübersehbar nach rechts tendieren).

INFO VON PUIGGRÁN:

J. Carbó ist ein Streber, genau wie sein Vater. Was seine Geschäfte angeht, läßt er sich von niemandem reinreden. Das heißt, man kann ihm in diesem Punkt nicht trauen. Es wird behauptet, daß er bei einer Gelegenheit eine Firma, bei der er Aktionär war, ruiniert hat, nur weil seine Anteile bei der Konkurrenz höher waren. Bezeichnet Carbó als nachtragend und rachsüchtigen Feind, der seine Drohungen wahrzumachen pflegt. Ein Mensch, mit dem man sich besser gut stellen sollte. Er hat Puiggrán mehrere Angebote für die Bilder gemacht, aber der hat Carbós Kaufinteresse immer zurückgewiesen.

INFO DER POLIZEI:

Alfonso Horteza Santamaria, 45 J., geb. in Barcelona, keine Vorstrafen.

INFO VON TORRAS, JOURNALIST:

A. Horteza tritt in die Fußstapfen seines Vaters, des berühmten Chirurgen Horteza Pedret, Gründer der CLINICA ESPAÑOLA und der Krankenversicherungs-Gesellschaft PREVENCION MEDICA. Der Sohn ist Psychiater und Chirurg, spezialisiert auf Plastische Chirurgie. Mitglied bedeutender Ärztevereinigungen in der Schweiz und den USA. Von Zeit zu Zeit hat er Operationen in der Nouvelle Clinique in Genf durchgeführt. Seine Klienten: Politiker und Filmstars aus der ganzen Welt. Aufsichtsratsmitglied bei PROCLINIC. Import-Unternehmen für chirurgische Geräte. Seit 1979 Mitglied des Aufsichtsrates bei der Banco Transib.; Mitglied des Aufsichtsrates bei einer Kette von Kurhäusern (Niederlassungen in Madrid, Torremolinos, Barcelona, Ibiza, Montecarlo).

Im vergangenen Jahr (1979) starb seine Frau Maríana Torrado, Tochter des Gießereibesitzers Torrado in Bilbao. Kassierte eine ziemlich ansehnliche Erbschaft. Drei Söhne, die ebenfalls die Familientradition fortführen und in Krankenhäusern arbeiten, die anteilsmäßig der Familie gehören. Gastronom wie Joan Carbó. Keine Skandale, weder vor noch nach dem Tod seiner Frau. Guter Koch. Segelsportler. Besitzt eine Yacht und eine riesige Villa an der Steilküste in Sant Pau del Port. Hat einen Chauffeur und zwei Hausmädchen. Alle drei stammen aus angesehenen Familien des Dorfes.

INFO DER BANK:

Absolute Kreditwürdigkeit.

INFO DER NACHBARN IM DORF:

Wird beschrieben als ein sympathischer, freundlicher und umgänglicher Mensch, der oft seine Einkäufe persönlich erledigt. Man bedauert ihn wegen des Todes seiner Frau, ›denn er hat sie angebetet‹. Harmlose Anspielungen darauf, daß er sich wohl mit den beiden Hausmädchen vergnügt, von denen eine (Carmeta vom Supermarkt) recht gutaussehend ist. Von allen im Dorf hochgeschätzt, sowohl er selbst als auch seine Söhne.

INFO VON MARÍA CARBÓ:

Bezeichnet ihn als einen dünkelhaften Einfaltspinsel, als einen Mann ohne jede Klasse, einen absoluten Kulturbanausen, der an allem, was nicht mit seinem Beruf zu tun hat, völlig desinteressiert ist. Spricht sehr distanziert von ihm. Hat wenig mit ihm zu schaffen. Wenn sie sich treffen, behandelt er sie immer wie ein Kleinkind. Sie bezeichnet ihn als dümmlich, zimperlich, affektiert und ein bißchen weibisch. Gibt zu verstehen, daß sie ihn haßt. Nicht für das, was er macht, sondern weil er so ist, wie er ist. Er hätte die Picassos nie geklaut, da er sich weder für Kunst interessiert, noch irgendeine Ahnung davon hat.

INFO VON PUIGGRÁN:

A. Horteza teilt seine Leidenschaft für Kunst nicht. Es ist unmöglich, sich mit ihm über dieses Thema zu unterhalten. Deshalb erscheint er ihm als verachtenswert. Er hält ihn für ungebildet und neidisch. Seiner Meinung nach hat sich Horteza sein protziges Haus – für Puiggrán eher ein Denkmal des schlechten Geschmacks, das eigentlich in die Luft gesprengt gehöre – in Vilafort bauen lassen, um mehr zu sein als die anderen.

DIENSTBOTEN:

Der Polizei zufolge ist Alberto Losante, 51 J., geb. in Miguelturra, Provinz Ciudad Real, Butler und Faktotum der Familie Puiggrán, nicht vorbestraft. Ebensowenig wie Elena Mateo, 39 J., geb. in Benavente, Provinz Zamora. Den Angaben der Nachbarn zufolge ist Alberto Losante überheblich und eingebildet. Offensichtlich war er vor Jahren in Deutschland und hat dort zuerst als Chauffeur, später als Butler, im Haus eines ›sehr berühmten Politikers‹ gearbeitet. Als er nach Spanien zurückkehrte, trat er sofort in die Dienste der Puiggráns, und man könnte fast behaupten, daß er der Herrscher dieses Hauses ist. Er zeigt allen die kalte Schulter und redet wer weiß wie selbstgefällig daher. Sein Lieblingssatz: ›Die Leute schlagen sich darum, daß ich für sie arbeite‹. Er hat eine ganz beachtliche Summe auf seinem Konto bei der Banco de Santander. Außerdem hat er sich in der Nähe von Santa Cristina de Aro ein Grundstück auf Raten gekauft. ›Eine kleine Sicherheit für meine alten Tage‹, wie er sagt. Elenita dagegen, Gott hab sie selig, war eine herzensgute Person, bescheiden, sanftmütig, aufmerksam, hilfsbereit und schweigsam. Nie hat man sie schlecht über jemanden reden hören. Sie war alleinstehend. Arbeitete seit Ewigkeiten bei den Puiggráns. Beatriz, die Hausherrin, betrachtete sie als ein Mitglied der Familie. María zufolge sind sowohl Alberto als auch Elenita zwei armselige Gestalten. Ihrer Meinung nach lohnt es sich nicht, ein Wort über die beiden zu verlieren. Sie stehen völlig unter der Fuchtel von Jorge P., und María ist es unbegreiflich, wie sie derartig viele Demütigungen ertragen können. Puiggrán zufolge sind sie absolut vertrauenswürdige Personen.

ESTEBAN RIUS GIMÉNEZ: 29 J., geb. in Lérida Stadt. 1972: Während einer Massenschlägerei festgenommen; 1973: id.; 1975: id.; 1977: id.; 1978: tätlicher Angriff auf einen Polizisten. Zweimonatige Haftstrafe. 1978: Umzug von Barcelona nach Sant Pau del Port. 1979: Vier Festnahmen wegen Schlägerei, eine Festnahme wegen Drogenbesitz und -konsum. 1980: Prozeß wegen einer gewalttätigen Auseinandersetzung mit einem amerikanischen Staatsbürger, dem er beide Arme gebrochen hat. Freigesprochen wegen Notwehr.

Daniel trinkt gerade einen Kaffee und ein Glas Brandy, als María leise von hinten an ihn herantritt und über seine Schulter hinweg mitliest. Sie erschreckt ihn mit einem plötzlichen Lachanfall. Er schaut sie an und sieht, wie sie mit einer wilden, animalischen Grimasse die Zähne zeigt, was bei ihr einem Lachen gleichkommt.

»Das ist deine Interpretation«, sagt das Mädchen und zeigt auf die Notizen in seinem Heft.

»Das ist die Arbeit eines Detektivs. Beobachten, zuhören... und interpretieren. Wenn ich mich immer nur an die Worte halten sollte, würde ich nicht mal die Hälfte erfahren. Möchtest du was trinken?«

»Nein. Ich habe gerade gegessen. Was hast du heute morgen gemacht?«

»Wie du siehst«, Daniel schlägt das Heft zu, »hab ich ein bißchen rumgeklatscht. Und heute nachmittag werde ich damit weitermachen. Kommst du mit?«

»Wohin?«

»Ich will zur Polizeiwache, zur Kirche und dieses andere Dienstmädchen von den Puiggráns aufsuchen. Eine gewisse Lucía Granés, die Tochter vom Eisenbahner. Kennst du sie? Hast du Lust, mich zu begleiten?«

»Ja, gerne.« María macht ein übermütiges Gesicht. »Ich habe meiner Mutter erzählt, daß du mich zu einer Gegenüberstellung herbestellt hast. Sie war überhaupt nicht begeistert.« Sie lacht.

Ein strahlender Nachmittag. Einer jener Nachmittage, an denen man seine Lungen vergrößern können müßte, um sich an all diesen Düften der Blumen, der Bäume und der Erde zu berauschen. Der Asphalt der Straße brennt unter den Schuhsohlen. María und Daniel spazieren zur nahegelegenen Polizeiwache. Obwohl es ihnen gefallen würde, gehen sie nicht Hand in Hand, ebensowenig wie sie sich einen Begrüßungskuß gegeben haben. Man muß den Schein wahren.
»Um mit der Tratscherei fortzufahren«, sagt Daniel, »erzähl mir doch was von Bartrinas berühmten Orgien. Alle Welt spricht darüber.«
Verstohlen blickt sie zu Boden, macht ein verschmitztes Gesicht.
»Versprichst du mir, daß du meinem Vater... und auch der Polizei nichts davon erzählst?«
»Detektive müssen sich genau wie Pfarrer oder Ärzte an das Berufsgeheimnis halten.«
Sie lacht.
»Also was?«
»Ich bin einige Male dabeigewesen.«
»Wirklich?«
»Ich war die Geliebte von Bartrina, bevor er sich 1979 von seiner Frau scheiden ließ. Und von Zeit zu Zeit schieben wir immer noch mal 'ne kleine Nummer. Er ist echt ein Hengst im Bett, weißt du.« Sie lächelt unsicher. Wahrscheinlich denkt sie, daß es besser gewesen wäre, ihm das nicht zu erzählen.
»Soso«, brummt Daniel belustigt.

Sie betreten die Wachstube. Der Sargento, der aussieht wie Don Quijote, wirft ihnen einen verärgerten Blick zu. Aber Nierga empfängt sie herzlich. Aufgeregt drückt er Daniels Hand, bittet ihn herein und trägt ihm den neuesten Lagebericht vor.
»Wir haben den Lieferwagen gefunden. Sie haben ihn an der Nationalstraße stehengelassen. Ein Ford Transit, der zu einem Wohnmobil ausgebaut worden ist. Ungefähr fünfzig Kilometer von hier. Holländisches Kennzeichen. Ist auf den Namen einer gewissen Judy Van der Zee eingetragen. Wir haben die holländische Polizei um Auskunft gebeten und die Fingerabdrücke, die wir auf der Smith & Wesson gefunden haben, eingeschickt.«
»Und...?« fragt Daniel interessiert.
»Nichts. Wir warten auf Antwort.«

»Also los, jetzt komm zur Sache!«
»Wie?«
»Also wirklich, Nierga. Ich kenn dich doch. Wenn du so zufrieden bist, hast du was Wesentliches in der Hand, und nicht nur diesen reinen Routinekram. Du hast was rausgefunden. Also los! Arbeiten wir nun zusammen oder nicht? Worum geht's?«
Lachend verzeiht ihm Nierga diese freche Bemerkung.
»Esteban Rius ist es«, gesteht er unumwunden. »Er ist verschwunden. Der Haftbefehl ist schon raus. Wir haben die Grenzbeamten und die französische Polizei benachrichtigt, Fotos verschickt...«
»Weshalb?«
»Puhh...« Nierga zählt an seinen Fingern auf: »Erstens: Das Hemd, das wir in der Kapelle von San Cayetano gefunden haben, ist seins. Die Polizisten aus San Pablo...«
»Sant Pau, Nierga. Wir haben jetzt eine Demokratie, und da heißt das Sant Pau. Und was noch?«
»Zweitens: Das Mädchen, mit dem Esteban angebändelt hat, hieß Judy. Genau wie die mit dem Wohnmobil. Drittens: Die Personen, die an dem Abend, als Esteban sich an sie rangemacht hat, in dem Tanzschuppen waren, haben die Blondine auf dem Foto mit den beiden Leichen wiedererkannt. Sie war groß...«
»Und was sonst noch?«
»Viertens: Gestern hat Esteban Ruis Buxadé tätlich angegriffen. Er hat ihm einen Tritt in die Eier versetzt, ihn mit einer Pistole in die Fresse gehauen. Ja, mein Lieber, mit einer Automatik. Dann ist er abgehauen. In San... *Pau* del Puerto«
»Del Port, Nierga. Jetzt in der Demokratie heißt das San Pau del Port. Erzähl weiter. Hihihi.«
»Was gibt es denn da zu lachen?«
»Nichts, nichts. Armer Buxadé. Erzähl weiter.«
»Also gut, fünftens: Es ist ein Motorroller, eine Vespa, geklaut worden. Wir vermuten, daß er es gewesen ist. In... diesem Dorf werden normalerweise keine Fahrzeuge gestohlen. Es ist das erste gestohlene Fahrzeug seit Jahren.«
»Gut, gut«, murmelt Daniel nachdenklich.
»Warte! Und sechstens: Nach einem vorschriftsmäßigen Verhör hat José Cots, der Besitzer der Diskothek, zugegeben, daß Estebans Alibi falsch ist. Er hatte geglaubt, daß es sich um irgendeine kleine Dummheit handele, und deshalb hat er gesagt, daß er Esteban an diesem

Morgen gesehen habe. Er konnte ja nicht ahnen, daß es um Raub und Mord und so weiter ging. Wie findest du das?«

»Gut, gut«, wiederholt Daniel, schier erdrückt von dieser Beweislast. »Aber deswegen bin ich gar nicht gekommen. Ich wollte mit dem Sargento reden. Darf ich?«

»Ja, natürlich«, sagt Nierga gönnerhaft. Der Sargento ist überrascht, fast ein wenig beleidigt.

»Kann ich zuhören?« fragt Nierga.

»Ja, sicher. Ich möchte nur ein paar Informationen über die Herren Bartrina, Carbó, Horteza und Puiggrán.«

Es gefällt dem Sargento ganz und gar nicht, wenn andere in seinem Namen reden. Auch nicht, wenn man über ihn verfügt, als sei er nur ein kleiner Angestellter. Er arbeitet immerhin mit dem Ministerium für Innere Sicherheit zusammen, aber er führt keine Befehle aus, und schon gar nicht die eines dahergelaufenen Privatdetektivs. Deshalb antwortet er im Telegrammstil, so kurz und bündig wie möglich.

Man spreche von skandalösen Orgien im Hause des Herrn Bartrina, ja, aber die Guardia Civil habe nie eingreifen müssen. Folglich sei nichts Unrechtes daran festzustellen. Herr Bartrina gehe nicht sehr respektvoll mit den Ordnungshütern um, das stimme, aber er habe noch nie jemanden tätlich angegriffen. Daher sei auch nichts gegen ihn vorzubringen. Herr Horteza wäre im Laufe dieses Jahres mehrere Male völlig betrunken aufgefunden worden. Die spektakulärste Angelegenheit wäre gewesen, daß er einmal mit seinem Wagen gegen eine Bank auf der Promenade gefahren wäre. Aber das könne man ja verstehen. Man denke nur an die große Trauer über den Tod seiner Frau. Sonst noch was? Puiggrán? Ein sehr feiner Mensch. Punkt.

»Er hat eine Alarmanlage, die direkt an dieses Revier angeschlossen ist«, sagt Daniel fast vorwurfsvoll. »Ist das normal?«

Der Sargento schnaubt. Er ist das Antworten leid. Aber er wiederholt, daß Puiggrán ein sehr feiner Kerl sei. Deshalb sei er auf seine Bitte eingegangen, einen Mechanismus zu installieren, der im Revier ein rotes Lämpchen aufleuchten läßt, falls jemand versuchen sollte, die Bilder zu stehlen. Außerdem habe Herr Puiggrán die Kosten für die Installierung dieses Alarmsystems getragen, und daher habe der Sargento keinen Grund gesehen, dem Herrn Puiggrán diese Bitte abzuschlagen. Sonst noch was?

»Carbó.«

»Eine Seele von Mensch«, sagt der Sargento, während er María mustert.
»In Ordnung.«
»Bist du nun endlich überzeugt?« fragt María, als sie das Revier verlassen.
»Wovon?«
»Daß keiner von ihnen was mit der Sache zu tun hat.«
»Nein? Warum sollte ich das glauben?«
»Das ist doch wohl offensichtlich, Mann. Außerdem, für ein paar Picassos, die nicht einmal echt sind ...«
»Was sagst du da?« ruft Daniel aus.
»Mein Vater hat das heute beim Essen gesagt. Daß sie noch nicht mal echt sind. Er hat gesagt: Soviel Wirbel um drei Kopien, auf die sowieso keiner reinfällt ...«
»Red keinen Unsinn«, unterbricht Daniel sie. »Ich habe doch das Zertifikat der Gebrüder Gaspar gesehen ...« Aber dann ist er still. Sein Gehirn arbeitet wieder mit normaler Geschwindigkeit.
Die Kirche von Vilafort ist ein neoklassizistischer Klotz. Zwei Säulen und ein griechisches Frontispiz am Eingang; barocker Altar, kitschig und einfallslos. Davor die dunkle, naive und unbedeutende Gestalt von Pater Ramon. Angestrengt und widerwillig versucht er zu lächeln. Er küßt María die Hand. Die Art, wie er Daniel mit seinen blauen Augen hingebungsvoll anstarrt, wirkt zudringlich. Er ist bereit für das Verhör. Er improvisiert sogar eine richtige Predigt über die Wichtigkeit von Verhören, denn die polizeilichen Untersuchungen haben ja schließlich den Sinn und Zweck, die Wahrheit der Dinge ans Licht zu bringen. Ja, in der Tat, Herr Carbó wäre vergangenen Sonntag in der Ein-Uhr-Messe gewesen. Er könne also unmöglich die Bilder gestohlen und Elena, die arme Elenita, umgebracht haben. Carbós Abwesenheit wäre in der Kirche sofort aufgefallen. ›Ihr Vater ist so ein guter Mensch, Fräulein Carbó.‹ Es sei doch erstaunlich, daß sie nicht dem Beispiel ihrer Eltern folge, aber mit einem so guten Vorbild in nächster Nähe werde auch sie bald das Licht der Wahrheit erblicken. »Mißachten Sie nie ihren Rat!« Was er über Puiggrán und Horteza denke? Er kenne sie nur vom Namen. Offenbar seien sie verirrte Schäfchen. Die Ehefrauen der beiden dagegen wären immer fromme Christen und ihren Kindern gute Mütter gewesen. Was er von Bartrina halte? Wenn es einen Teufel in dieser Welt gäbe, wenn der Antichrist schon gekommen sein sollte, dann sei er es. »Auf Wie-

dersehen«, »Auf Wiedersehen« und »Leben Sie wohl« und »Gott behüte Sie«.

»Als ich neunzehn war, hat Bartrina mich vergewaltigt«, sagt María plötzlich. »Eines Tages, in seinem Haus. Also, vielleicht war es keine richtige Vergewaltigung. Ich mochte José Luis immer schon gerne. Und, na ja, es hat mir gefallen. Seither war, oder besser ist, er gelegentlich mein Liebhaber. Er macht es wunderbar.«

»Wie waren die Orgien?« fragt Daniel heiter, um die Unterhaltung ein wenig aufzulockern. »Vergewaltigung von Minderjährigen? Sodomie?«

»Nein, nein, nein«, protestiert sie schüchtern. »Nein. Gruppensex und so.« Sie lächelt wieder und verzieht dabei ihr Gesicht zu der für sie so charakteristischen wilden Grimasse. »Alles sehr aufregend. Homosexuelle Erfahrungen ...«

»Wer? Bartrina?«

»Warum nicht?«

»Ich hab ja nur gefragt.«

»Er hat Nutten und Freunde aus der ganzen Welt in sein Haus eingeladen. Einmal hab ich's mit einer Schwarzen gemacht. Sie hatte sich das Haar platinblond gefärbt. Findest du das etwa nicht gut?«

»Doch, doch.«

»Manchmal mag ich Perversitäten. Erzähl bitte den Bullen nichts davon, und auch nicht diesem Nierga. Einverstanden?«

Daniel lächelt und hebt seine Hand zum Schwur.

»Ehrenwort!«

Sie besuchen Lucía Granés, das Mädchen, das stundenweise bei Puiggrán und Bartrina als Putzfrau arbeitet. Das Mädchen, über das die vom Supermarkt gesagt haben: ›Die ist ein ganz schönes Flittchen geworden‹. Sie wohnt in einem armseligen, einstöckigen Haus, das man schon fast als Baracke bezeichnen könnte. Ihr Vater, den sie den Eisenbahner nennen, ist ein unscheinbares Wesen. Ihm fehlt ein Bein. Ihre Mutter, die geschminkt ist, als sei sie in einen Farbtopf gefallen, sieht aus wie eine billige Dirne. Von ihr hat Lucía die großen, aggressiven Augen geerbt, den unverschämten Mund und den verächtlichen Gesichtsausdruck. Sie ist mager, viel zu vollbusig für ihren dünnen Körper. Ihre Bewegungen wirken plump und ungeschickt. Bei ihrem Anblick denkt man an wilde Orgasmen, an Schreie, Kratzen und Schläge. Daniel und María werden mit einem mürrischen ›Was wollen Sie?‹ empfangen und mit einem brummigen ›Auf Wiedersehen‹

verabschiedet. ›Meine Tochter hat nichts mit dieser Sache zu tun‹, ›Meine Tochter weiß nichts. Sie hat nichts gesehen, sie kennt keinen und sie versteht nichts von Bildern, auch nicht von Kunst und dieser ganzen Scheiße. Also, was gibt's?‹ Sie haben nichts erreicht.
»Und jetzt?« fragt María. Ihr Augenzwinkern legt die Antwort nahe.
»Jetzt haben wir den ganzen Abend für uns«, sagt Daniel. »Beeilen wir uns, denn um zehn mußt du bei Mama und Papa sein.«
María schlägt ein Motel am Ortseingang von Cassa de la Selva vor. Dort werden sie sich in Ruhe vergnügen können. Niemand wird sie stören.
»Das wird der Abend der Perversitäten.« María gefällt das Wort ›*Perversitäten*‹. Obwohl Daniel schon seine Erfahrungen mit ihr gemacht hat, fragt er sich, was sie wohl damit sagen will. »Hast du es schon mal von hinten gemacht?« fragt das Mädchen mit kindlicher Stimme, als sie schon mit dem Volkswagen auf der Landstraße sind.
»Und du, kennst du den ›Vier und Vier‹?«
»Nein. Wie geht der?«
»Du mußt dir Strapse anziehen, schwarze Strümpfe und ein durchsichtiges Negligé. Hast du sowas an?«
»Was mich angeht«, lacht María und hebt ihren Rock hoch, »ich trage noch nicht mal eine Unterhose.«
»Dann machen wir es ein andermal.« Das Mädchen legt ihre Hand auf seine Hose, zieht den Reißverschluß auf.
»Laß das...«
Sie erreichen das Motel von Cassá. Es ist der Abend der Perversitäten. Und zwischendurch, als sie umschlungen im Bett liegen, fragt María: »Wirst du es den Bullen erzählen?«
Ihre Körper sind schweißbedeckt.
»Nein, das hab ich dir doch schon gesagt«, flüstert Daniel.
Es ist noch nicht der Zeitpunkt gekommen, die erste Zigarette zu rauchen.
»Macht ihn das, was ich dir von ihm erzählt habe, sehr verdächtig?«
»Das macht ihn sehr verwundbar.«
María seufzt. Es klingt fast wie ein Schluchzen.
»Und wenn ich dir noch was erzählen würde?«
Sie lächelt. Daniel nicht.
»Was zum Beispiel?«

»Er drückt. Achtundsiebzig war er in einer Klinik für Heroinsüchtige in den Staaten. Aber er drückt immer noch.«

»Verglichen mit dem, was du mir bisher erzählt hast, ist das gar nichts.«

María wirkt erleichtert. Sie macht dort weiter, wo sie aufgehört hatte.

Vierzehn Tage zuvor

Die Anzeige, die vor einem Monat erschienen war, lautete:

MÖCHTEN SIE EIN FILMSTAR SEIN?
Für die
FILMSENSATION DES JAHRES
suchen wir hübsche Mädchen,
die keine Hemmungen und keine
Vorurteile haben, die Talent für Schauspielerei
und ein sicheres Auftreten besitzen.
Schreiben Sie uns.
Lebenslauf und Foto an
International Enterprises
(INTER ENTER)
Postfach 35698
Barcelona

Ana María Gómez Lorena möchte gerne ein Filmstar werden. Sie wollte immer schon einer sein. Sie hatte sich sogar schon einen Namen ausgedacht der ihr witzig und wohlklingend erschien: Ana Bolena. Sie fand sich schön. Sie hatte keine Hemmungen und keine Vorurteile. Ihre Freunde fanden sie sympathisch. Sie war schon verschiedene Male in einem Amateurtheater aufgetreten, und alle Welt hatte sie gelobt. Deshalb schrieb sie noch an demselben Abend, an dem sie die Anzeige gelesen hatte, einen Brief an INTER ENTER. Ihr war natürlich klar, daß dieser Film nicht die Sensation des Jahres werden würde. Die zweifache Anspielung *(ohne Hemmungen und ohne Vorurteile)* ließ eher an eine Art pornographischen B-Movie denken. Aber, so entschied sie sich, mit irgendwas muß man ja anfangen, und sie wäre nicht die erste Schauspielerin, die mit einem B-Movie groß herausgekommen wäre. Außerdem, dachte sie, konnte sie immer noch einen Rückzieher machen, falls ihr das, was man von ihr verlangen würde, nicht gefiele. Natürlich war ihr klar, daß sie Gefahr lief,

einer Bande von Mädchenhändlern in die Hände zu fallen, aber auch dieses leichte Unbehagen erschien ihr reizvoll und aufregend. Sie arbeitete als Kellnerin in einem Restaurant, und ihr ganzes Leben lang hatten alle Männer sie befummelt (ihr Vater – er ruhe in Frieden – inbegriffen). Sie hatten mit ihr geschlafen, und sie hatten es umsonst gekriegt. Danach hatten sie sie weggeworfen, wie man eine Nutte wegwirft. Wenn sie mich schon wie ein Nutte behandeln, warum soll ich dann nicht dafür kassieren, daß sie ihr Vergnügen hatten?‹
›Nichts kann schlimmer sein, als so zu leben, wie ich lebe‹, dachte sie, während sie den Brief schrieb.
Ana María Gomez Lorena. Künstlername: Ana Bolena. Vor einem Monat zweiundzwanzig Jahre alt geworden. Größe: 1,55 m. 42 kg. Maße Brust-Taille-Hüfte: 86–66–89. Schauspielerische Erfahrung am Theater. Rollen in Stücken von (sie schlägt in einem Literatur-Lexikon nach, denn Alfonso Paso wollte sie nicht nennen) Ibsen, Calderón de la Barca und Shakespeare. Sie hätte gerne ein Nacktfoto eingeschickt, aber sie besaß keins, und ihr fiel auch niemand ein, der eins von ihr hätte machen können. Daher legte sie eins bei, auf dem sie im Bikini abgebildet war. Das war vorigen Sommer im Schwimmbad aufgenommen worden, und alle sagten, daß sie auf diesem Foto sehr sexy aussehe.
Ihr Brief war einer von hundertundsoundsoviel. All diejenigen wurden aussortiert, in denen Agenturen ihre Künstler anpriesen; ebenso wie all diejenigen, die Hemmungs- und Vorurteilslosigkeit mit pornographischen Fotos, schweinischen Wörtern und der Aufzählung abartiger Geschlechtsakte unter Beweis stellten. Auch die Briefe von Frauen, die älter als fünfundzwanzig und jünger als achtzehn waren, wurden aussortiert. Ebenso professionelle Models sowie solche Frauen, die zu verstehen gaben, daß sie Prostituierte und zu allem bereit seien. Siebenundfünfzig Bewerbungen blieben übrig. An diese Frauen wurde ein fotokopierter Fragebogen geschickt. Die Fragen reichten von: ›Leiden Sie an einer Krankheit?‹ bis hin zu: ›Nennen Sie die Namen Ihrer Eltern, Ihres Vormundes oder naher Verwandter, die im Falle eines Vertrages für Sie bürgen können‹, oder auch Fragen wie: ›Haben Sie eine Schauspielschule besucht?‹ Alles machte einen sehr professionellen und seriösen Eindruck. Ana María Gomez war drauf und dran, den Mut zu verlieren, als sie das Formular sah. Zwar gaben diese Fragen zu verstehen, daß es sich hier um mehr als einen einfachen Porno handele, was dem Ganzen mehr Würde verlieh, aber

genau das war es, was sie zweifeln ließ, überhaupt in die nähere Auswahl kommen zu können. Trotzdem bemühte sie sich, auf alles (fast) völlig ehrlich zu antworten. Sie schrieb, daß sie an keiner Krankheit leide; daß sie weder Eltern noch sonst jemanden habe, der für sie verantwortlich sei; daß sie nie eine Schauspielschule besucht habe; daß sie nichts dagegen habe, sich nackt vor eine Kamera zu stellen. Wenn sie zwischen einem Sportwagen, Schmuck und drei Millionen Pesetas in bar wählen könne, würde sie sich für das letztere entscheiden. Ihre Lieblingsregisseure seien... (sie schaute in der Zeitung nach) Andrej Wajda, Nicholas Ray und Gordon Douglas. Ihre Lieblingsschauspielerinnen: Silvia Kristel, Marilyn Monroe und Jane Fonda. Sie sei keine Jungfrau mehr, könne kein Musikinstrument spielen und keine akrobatischen Kunststücke vorführen. Jawohl, sie könne reiten (diese kleine Lüge erlaubte sie sich: so schwer konnte Reiten ja nicht sein). Mit dem verdienten Geld würde sie sich das Leben so angenehm wie möglich gestalten. Sie sei konfessionslos, usw.

Von den siebenundfünfzig verschickten Fragebögen wurden nur dreiundzwanzig zurückgesendet. Von diesen wurden neun aussortiert, da mehr als eine Frage nicht beantwortet war. Von den übrigen vierzehn wurden vier nicht in die nähere Auswahl gezogen, da Namen und Adresse der Eltern angegeben worden waren. Eine Bewerbung wurde aussortiert, da der Name eines Priesters (›mein geistiger Vater‹) genannt worden war; sowie drei weitere, die geantwortet hatten: »Ich bin volljährig, und deshalb braucht niemand für mich zu bürgen«. Ebenso wurden zwei Mädchen abgelehnt, die behaupteten, Jungfrauen zu sein, und die nicht bereit waren, sich vor einer Kamera auszuziehen. Schließlich wurde der Fragebogen ausgewählt, den Ana María Gomez Lorena aus Villajoyosa in der Provinz Alicante unterschrieben hatte. Man schickte ihr einen persönlichen Brief, sowie einen Scheck über hundertfünfundzwanzigtausend Pesetas als Vorschuß und für den Kauf des Flugtickets. Das Treffen wurde für den 27. Juli um neun Uhr abends am Flughafen del Prat von Barcelona festgelegt.

Während der Reise wurde Ana María plötzlich sehr nervös. Sie betrachtete die Dinge realistisch und wußte, daß nicht alles Gold ist, was glänzt. Als sie auf ihr Gepäck wartete, schaute sie sich suchend nach demjenigen um, der sie hier in Empfang nehmen sollte. Sie hatte sich schon damit abgefunden, daß dieser Film (falls es ihn überhaupt

geben sollte) eine ekelhafte Sauerei werden würde. Und sie war sicher, daß sie es mit mehr als nur einem Sexbesessenen zu tun bekäme. Sie hatte sich eine Weile lang von dem seriösen und formellen Anstrich des Tests täuschen lassen. Jetzt aber wußte sie, daß sie sich nur falsche Hoffnungen gemacht hatte. Der einzige Grund, warum sie hier geduldig wartete, der einzige Grund, der sie daran hinderte, die Flucht zu ergreifen, war die Aussicht auf Veränderung in ihrem Leben. Die Gewißheit, daß nichts schlimmer sein könne, als das Leben, das sie hinter sich ließ. Vor allem aber der Gedanke an die hundertzwanzigtausend Pesetas, die das, was auch immer auf sie zukäme, zu der bestbezahlten Liebesnacht ihres Lebens machen würden.
Der Mann, der sich ihr näherte, war groß, elegant und wirkte distinguiert. In der Hand hielt er eine Visitenkarte. Ernesto Kroffen, Filmproduzent. Da er ein Toupet trug und ganz offensichtlich geschminkt war, konnte man sein Alter nur schwer einschätzen. Die Schminke verlieh seinem Gesicht die Starrheit einer Maske. Davon abgesehen, drückte alles andere an ihm Ungezwungenheit und Jovialität aus. Er machte nicht den Eindruck eines rührenden Alten, der seine Altersschwäche zu verbergen sucht. Vielmehr wirkte er wie jemand, der über sich selbst lachen kann, über seine Perücke, seine Schminke, so als trüge er das alles nur zum Spaß. Seine hellen, braungrünen Augen leuchteten sympathisch und vertrauenerweckend, aber nicht väterlich. Sein Blick war verschmitzt, von verhaltener Lüsternheit und wohlerzogener Zweideutigkeit. Seine Falten ließen auf ein Alter um die fünfundvierzig schließen, aber sein herzliches Lachen machte ihn mindestens zehn Jahre jünger. Zwei warme, gepflegte Hände ergriffen die von Ana María und boten sich an, ihr Gepäck zu tragen.
»Sie erlauben? Danke.«
Trotz seines ausländischen Nachnamens (Kroffen) war nicht der geringste Akzent bei ihm zu bemerken. »Nach Ihnen, bitte schön. Sie müssen meine Verspätung entschuldigen, aber...«
Er führte sie zu einem großen, dunkelblauen Wagen, öffnete die Tür, ging um die Motorhaube zur Fahrerseite und setzte sich neben sie. Er ließ den Motor an und plauderte über Nichtigkeiten.
»Warst du schon mal in Barcelona?« »Nein.« »Du erlaubst doch, daß ich dich duze?« »Ja, natürlich.« »Was hältst du so von der Welt des Films?« »Also, ich finde sie interessant... Wie ist der Film, den wir drehen werden?« »Interessant. Ein sehr originelles Drehbuch.« »Ein Porno?« »Warum fragst du?« »Nur so. Weil's mich interes-

siert.« »Würde es dir was ausmachen, wenn es ein Porno wäre?« »Kommt drauf an.« »Ha, ha. Nein, es ist kein Porno. Am Anfang kommt ein bißchen Erotik drin vor, aber dann wird es eher etwas schäbig, realistisch.« »Ist es ein Horrorfilm?« »Ja... das könnte man sagen, ein Thriller... ein sehr spannender Film.«
Sie fuhren quer durch Barcelona. Ana María blickte zerstreut aus dem Fenster, betrachtete die großen, bunten Reklametafeln, die Leute, die Autos, das Universitätsgebäude, die beleuchteten Springbrunnen, das Ritz... »Wohin fahren wir?« fragte sie, als sie die Stadt hinter sich ließen.
»Zu mir nach Hause. Ich wohne außerhalb. Ungefähr zwei Stunden von hier.«
Ana María schloß die Augen und schluckte. Kroffen betrachtete sie aus den Augenwinkeln.
»Du mußt drei oder vier Proben machen, bevor wir mit dem Drehbuch anfangen«, sagte er.
Ana María holte tief Luft.
»Hast du Angst?«
»Nein«, seufzte sie mit geballten Fäusten.
Kroffen legte seine Hand auf den Teil ihres Knies, der nicht vom Rock verdeckt wurde. Die Berührung traf sie wie ein Blitz. Sie hatte das Gefühl, als würde sich alles in ihr zusammenziehen.
»Nur ruhig«, sagte er, »am Anfang wirst du etwas gehemmt sein. Aber du wirst sehen, wie schnell du dich entspannen wirst.«
»Wobei?«
»Bei den Dreharbeiten. Bei den Proben.«
Die Autobahn lag wie ein stockfinsterer Tunnel vor ihnen. Kroffens Hand glitt ihren Oberschenkel hinauf und schob ihren Rock ein wenig hoch.
»Worin bestehen die Proben?«
»Darin, daß du zeigst, was du kannst, natürlich.«
Kroffen grinste teuflisch. Ana María konzentrierte sich voll und ganz auf diese warme Hand, die wie ein lauerndes Tier auf ihrem Oberschenkel lag.
»Heute nacht können wir bei mir zu Hause noch ein paar Proben machen, du und ich.«
Damit war die Sache also endgültig klar. Einen Kilometer lang fuhren sie schweigend durch die Dunkelheit.
»Was hältst du davon?«

Ana María war drauf und dran, ihn zu bitten, den Wagen anzuhalten und seine Hand von ihrem Schenkel zu nehmen. Am liebsten wäre sie sofort ausgestiegen. Aber dann dachte sie, daß sie ja die ganze Zeit gewußt habe, worauf das alles hinauslief; daß sie sich keinen Moment lang irgend etwas vorgemacht hatte über das, was sie am Ende dieser Reise erwartete. Sie sagte sich, daß dies nichts weiter als ein kurzer Anflug von Panik sei, und sie bemühte sich, an die hundertfünfundzwanzigtausend Pesetas zu denken. Sie sagte sich, daß sie noch mehr, viel mehr verdienen könne; denn schließlich und endlich, wenn es ihr gelingen sollte, diesen Filmmagnaten zufriedenzustellen, dann vielleicht... Erst als sie alles genau durchdacht hatte, antwortete sie: »Sehr gut. Einverstanden. Je eher, desto besser.«
»Aber du wirkst ein bißchen erschrocken.«
»Das ist alles etwas neu für mich.«
Sie verließen die Autobahn und fuhren auf einer Landstraße weiter. Den Namen des Dorfes, in dem sie ankamen, konnte Ana María nicht entziffern. Es war eine dunkle, mondlose Nacht. Der Wagen bog rechts in eine steile Straße ab. Sie hielten vor dem großartigen Gittertor einer Villa auf der linken Straßenseite. Kroffen stieg aus, machte das Tor auf, stieg wieder ein; und sie fuhren in einen wunderschönen Garten, dessen schummrige Beleuchtung dem Ganzen einen unheimlichen Anstrich verlieh. Vor der vierstöckigen Villa stieg Ana María aus. Einige Fenster waren erleuchtet. Ein richtiger Palast.
»Warte hier«, sagte ihr Begleiter. »Ich mache nur schnell das Tor zu und komme dann zurück.«
Verschreckt und verschüchtert stieg sie die Treppenstufen zur Haustür hoch. Plötzlich erschien ihr Kroffen wie ein Menschenfresser, ein abstoßendes, ekelerregendes Wesen, ein geiler, alter Bock. Schlimmer als alle Männer, denen sie in ihrem Leben begegnet war. Ihr zitterten die Knie, ihr Herz schlug laut und rasend. Aber sie konnte nicht mehr zurück. Es war zu spät. Sie konnte nicht mehr zurück. Bevor sie die Haustür erreichte, war Kroffen wieder neben ihr, öffnete die Tür und ließ ihr den Vortritt. Ana María blieb die Luft weg. Noch nie hatte sie einen solchen Luxus und Reichtum gesehen. Sie kam sich klein, unbedeutend und unwürdig vor. Ihre Ergriffenheit stand ihr auf dem Gesicht geschrieben, als sie unter prachtvollen Lampen, zwischen Statuen, antiken Möbeln, bunten Kacheln, Keramik, Gold und Silber weiterging. Ein Palast. Ein Palast für sie allein.
»Komm rein, Ana María, komm ruhig rein.«

Es war ein langer, langer Weg bis zu dem riesigen Saal mit den Bücherregalen an den Wänden und dem Kronleuchter, der wie die Sonne blendete. Der Tisch war für zwei Personen gedeckt. Aus Silberkübeln ragten Flaschenhälse. Ana María überkam ein Schwindelgefühl, so als würden ihre Füße nicht mehr den Boden berühren, als hätte sich ihr Körper in Luft aufgelöst. Das Gefühl der Feigheit wich dem Gefühl der völligen Zufriedenheit. Sie vergaß Kroffen, dachte nur noch an sich selbst. Ob es diesen Film tatsächlich gab oder nicht, Kroffen wollte sie zu seiner Geliebten machen. Und als Gegenleistung bot er ihr all das. Nun gut, warum nicht! In einer Ecke des Zimmers stand ein Gerät, das nicht zu der Einrichtung paßte. Eine Filmkamera auf einem Stativ. Sie war auf einen der Stühle gerichtet. Vielleicht war Kroffen ja ein alter Perverser, wie dieser Typ, der sich mit ihren Unterhosen sein Gesicht gestreichelt hatte; oder wie der Bäckerssohn, der Pornofilme sammelte und ihr immer befohlen hatte, dasselbe zu machen wie die Mädchen in den Filmen. Aber was hatte das alles schon zu bedeuten, wenn er ihr dafür das hier bot.

Kroffen zog den Stuhl heran, auf den die Kamera gerichtet war.

»Bitte...« sagte er, und Ana María ließ sich darauf nieder wie eine Königin an ihrem Krönungstag auf den Thron. Sie verkniff sich das Lächeln, den Lachanfall, das Zittern und vielleicht auch eine Träne.

»Das ist jetzt die erste Probe. Versuch dich so natürlich wie möglich zu benehmen.«

Kroffen machte sich an der Kamera zu schaffen und setzte sie mit einem leisen Surren in Gang.

»Versuch vor allem, die Kamera zu vergessen. Schau nie ins Objektiv.«

Kroffen ließ sich am anderen Ende des Tisches nieder. Ana María schaute ihm in die Augen und gab ihm zu verstehen, daß sie alles machen würde, was er wünschte.

Eingelullt durch das leise Surren der Kamera aßen sie zu Abend. Weißwein und ein gemischter Salat aus bitterem Gemüse, Orangen, Äpfeln und Käse; mit einer Soße, die mehr zu Kopf stieg als der Alkohol. Dunkler, schwerer Rotwein mit hellem, scharf gewürztem Fleisch und Champagner mit einem herrlichen Nachtisch, so bunt und glitzernd wie die Leuchtreklame in der Stadt. Kroffen servierte, und Ana María, geschmeichelt, zufrieden und ein bißchen be-

schwipst, vergaß das gläserne Auge, das unentwegt auf sie gerichtet war.
»Wird das, was wir sagen, auch aufgenommen?« fragte sie.
»Nein. Heute machen wir nur Bildproben. Aber keine Sorge, du hast eine schöne Stimme.«
»Ich hab mir diese Sachen immer ganz anders vorgestellt.«
Sie war eine Königin aus einem Märchen; sie war Aschenputtel beim Tanz mit dem Prinz. Sie war eine andere Ana María, die die Schwelle zu einer neuen Welt betreten hatte. Kein Mädchenhändler würde sich solche Umstände machen. Sie war glücklich, überwältigt von Ereignissen, Eindrücken und Gefühlen, die sie sich nie hätte träumen lassen.
»Du warst mißtrauisch, stimmt's?« fragte er, als er den zweiten Gang servierte. Ein wenig verwirrt machte sie eine unsichere Handbewegung.
»Nein, nein, das ist ganz normal. Aber du brauchst keine Angst zu haben. Noch etwas Wein? Ich könnte dir nichts Böses antun, selbst wenn du einverstanden wärst. Weißt du, wie alt ich bin? Wie alt schätzt du mich?«
»Das ist doch unwichtig. In jedem Alter kann man seinen Spaß haben.«
Beim Nachtisch verspürte Ana María Lust auf Liebe. Ihre eigenen Phantasien hatten sie erregt. Wortlos versuchte sie es Kroffen deutlich zu machen. Schon lachte die zukünftige Schauspielerin ganz ungehemmt, mit geröteten Wangen und glänzenden Augen. Das Blut pulsierte in ihren Schenkeln. Von Zeit zu Zeit stieß sie mit zittriger Stimme einen Seufzer aus.
»Machen wir heute noch mehr Proben?«
»Ja, natürlich... Möchtest du noch etwas Champagner? Morgen müssen wir ein paar Filme zum Entwickeln in die Studios bringen.«
»Und was muß ich machen?«
»Dich ausziehen. So aufreizend wie möglich.«
Dann, als sie Kaffee und Cognac tranken, Kroffen einen neuen Film einlegte, Musik anstellte, und sie noch ein wenig Small-talk machten, spielte Ana María mit den Knöpfen ihrer Bluse. Bis zum BH knöpfte sie die Bluse auf. Noch nie in ihrem Leben hatte sie einen solchen Drang verspürt, sich auszuziehen. Sie wartete auf Kroffens Anweisungen, um ihm endlich zeigen zu können, wie schön sie war; um ihn zu verführen, sofern das möglich war. Die Potenz des Mannes war

nicht so wichtig. Wenn man angetörnt ist, wenn man vor Lust erstickt und vor Verlangen zittert, dann gibt es viele Arten, auf die man genießen kann.

»Jetzt«, sagte er mit stoischer Ruhe, »mußt du dich vor der Kamera ausziehen, zu der Musik tanzen; und wenn ich dir ein Zeichen gebe, wirfst du dich auf den Tisch, schmeißt Kerzenständer, Flaschen, Gläser und was sonst noch so da ist, runter und bleibst dann auf dem Rücken liegen. In Ordnung?«

»In Ordnung.«

»Na, dann mal los!«

Es war eine traurige Musik. Trompeten schluchzten im Chor, und im Hintergrund seufzten noch klagender die Violinen. Ana María fing an, sich im Kreis zu drehen. Ihren Kopf in den Nacken geworfen, wirbelte sie um sich selbst, wie in Trance. Sofort begann sie, ihre Bluse auszuziehen, wandte Kroffen und der Kamera den Rücken zu und löste den Verschluß ihres BH's. Mit nacktem Oberkörper blieb sie noch einige Takte lang in dieser Position stehen, bis sie sich umdrehte und dabei so provokativ wie möglich ihre Brust streichelte. Sie blickte nicht ins Objektiv. Das sollte sie auf keinen Fall tun, soviel hatte sie schon verstanden. Sie schaute Kroffen an. Seine halbgeschlossenen Augen erschienen ihr wie ein Versprechen und ein Flehen zugleich. Sie improvisierte, warf einige Sachen vom Tisch und kletterte hinauf, zog ihren Rock aus, tänzelte über den Tisch, trat in Essensreste, zerbrach die Teller mit ihren hohen Pfennigabsätzen und deutete provozierend an, daß sie sich nun auch das letzte Kleidungsstück ausziehen würde. Kroffen lachte. Auch seine Augen glänzten. Er konnte nicht widerstehen. Ana María wußte, wie man einen Mann verführt. Und der hier war schließlich auch nicht aus Stein. Bald würde sie ihn soweit haben.

Sie schickte sich an, ihren Slip auszuziehen. Aber sie tat nur so, machte es nicht. Sie streichelte ihre Beine, schob ihre Hand unter den bestickten Stoff und streichelte sich. Endlich war sie völlig nackt. Sie kniete sich auf den Tisch, beugte sich hingebungsvoll zur Kamera, zu Kroffen hinüber, ließ sich langsam auf die Essensreste fallen und blieb wie schlafend liegen.

Sie wartete.

Kroffen stellte den *Zoom* ein, bis nur noch ihr schönes Gesicht im Bild war. Er ging auf sie zu, legte seine Hände auf ihre Brust und spürte, wie ein Schaudern durch ihren Körper lief. Sie wollte die Augen öffnen. Sie atmete heftig, unruhig, erwartungsvoll, ängstlich… Ana María öffnete die Augen, als sie spürte, wie sich die Hände um ihren Hals legten, die ihr die Luft abdrückten. Sie wollte schreien, schlagen, sich von diesem Mann befreien, der dabei war, sie umzubringen. Aber es war zu spät.

Er hatte sie schon getötet.

Der Mann stellte den *Zoom* wieder auf Totale und ließ die Kamera weiterlaufen.

Drei Tage später

Es ist drückend heiß. Obwohl Daniel Jackett und Krawatte im Hotel gelassen hat, ist er völlig durchgeschwitzt, als er das Gittertor vor Bartrinas Haus erreicht. Die Straße steigt um zirka fünfundvierzig Grad an, und sie an einem der heißesten Tage des Sommers um elf Uhr morgens hochzugehen, erfordert eine fast übermenschliche Anstrengung, die einem Hillary oder einem Sherpa Tensing alle Ehre machen würde. Die Schuhe knirschen bei jedem Schritt auf dem weichen, klebrigen Asphalt. Das Landhaus und der Vorgarten, den man durch den Zaun sehen kann, wirken wie eine Oase. Wenn modernistische Architektur ein abenteuerliches Kinderspiel ist und Puiggráns Haus die Nachbildung einer Sahnetorte, dann ist Bartrinas Haus die Kopie eines Märchenschlosses. Zylindrische Türmchen, kubische Dächer, Mauerzinnen, Schießscharten, Spitzbogenfenster und furchterregende Wasserspeier, die auf einen herabschauen. Es fehlt nur noch der Graben, die Zugbrücke und das Falltor. Auf beiden Seiten des Gittertores wächst eine dichte Hecke und bildet eine Art Labyrinth wie einer dieser Irrgärten auf den Rummelplätzen. Das Tor ist offen. Man braucht es nur leicht anzustoßen und kann hineingehen. Die grünen Mauern der Hecken begleiten Daniel noch ungefähr zehn Meter weit, bis sie plötzlich den Blick auf eine riesige Rasenfläche freigeben, die hier und da von Gestrüpp und Blumenbeeten unterbrochen wird, unter denen sich Lichtstrahler verbergen. Rechts schießen aus einem Springbrunnen übermütig drei Wasserfontänen zum Himmel empor, um sich kurz darauf wieder in das runde Becken zu stürzen. Der Rand des Beckens ist mit Skulpturen von Zwergen in verschiedensten Posen geschmückt. Weiter hinten befindet sich die Garage, in der ein *Jeep,* ein dunkelblauer BMW und ein schnittiger gelber Jaguar Kabrio stehen. Linkerhand liegt ein Minigolfplatz, der von Pinienbäumen begrenzt wird. In dem einladenden Schatten unter den Bäumen sitzt eine lesende Gestalt, die aussieht, als wäre sie aus dem Film *Krieg der Sterne* entlaufen. Ein Wesen mit rot-grün gestreiftem Haar, mit roter und grüner Schminke im Gesicht, bekleidet mit einem glitzernden roten Flitterkostüm wie ein Trapezkünstler. Daniel stellt sich mitten auf den Gartenweg, der die Rasenfläche teilt, verschränkt die Arme und genießt die Darbietung. Der Außerirdische blickt vom Buch auf, legt es zur Seite, steht auf und kommt auf Daniel zu.

Es ist eine Frau. Sie ist so riesig, daß sie beim Aufstehen den Eindruck erweckt, als löste sie sich vom Boden und käme über den Rasen herangeschwebt. Diese Frau würde auch ohne die rotgrünen Strähnchen im Haar und ohne die extravagante Kleidung noch äußerst sonderbar wirken. Die Träger ihres roten Glitzerkostüms bilden die Form eines V, dessen Spitze genau unter dem Bauchnabel zusammenläuft. Das Kleidungsstück betont ihre markanten Hüftknochen und ihre überlangen Beine. Auch ihre Arme, Hände und Finger sind überlang, ihre Brüste überdimensional groß, wie kolossale Hügel erheben sie sich auf dem dünnen Thorax. Ihr Gang wirkt unbeholfen und gebrechlich. Sie macht den Eindruck einer an Fäden geführten Marionette. Ein kleiner, kubischer, kantiger Kopf sitzt auf knochigen, eckigen Schultern. Sie lächelt nicht. Ihr Gesicht ist sehr hell geschminkt, fast weiß. Diese tödliche Blässe, die roten Flecken auf Wangen und Mund und der grüne Lidschatten, verleihen ihr das Aussehen einer leblosen Puppe. Das Schönste an ihr sind die Augen – hypnotisierend, verführerisch und gefährlich. Diese Augen geben zu verstehen, daß sie überall die unumstrittene Herrscherin ist. Und sie ist eine kaltblütige, grausame Herrscherin.

»Ich hätte gerne Herrn Bartrina gesprochen«, sagt Daniel ungerührt und sieht sie kritisch an, um sie ein wenig einzuschüchtern. Ohne sich von ihm beeindrucken zu lassen, geht sie zum Angriff über. Mit ausdruckslosem Gesicht beugt sie sich über Daniel und berührt mit ihrer Zunge seinen geschlossenen Mund. Nur ein Hauch von Verlangen blitzt in ihren Augen auf. Sie lächelt mechanisch, fast schüchtern, dreht sich um und geht zum Haus.

»Komm!« sagt sie.

Daniel braucht einen Moment, bis er sich wieder von dem Schrecken erholt hat. Dann folgt er ihr. Daniel bewundert ihre Figur, ihre runden Hinterbacken, die in diagonaler Linie von den Borten ihres Trikots geteilt werden. Im Vergleich zu der Länge ihres Körpers wirkt ihr Gesäß fast unscheinbar. Beim Kuß hatte Daniel instinktiv seine Hand um ihre Taille gelegt, aber er hatte sich rechtzeitig beherrschen können. Niemals würde er mit so einem Monster ins Bett gehen. Sie gehen

die Treppenstufen hinauf, und die Frau macht tausend merkwürdige Verrenkungen mit Armen, Handgelenken, Ellbogen, Händen, Knien und Hüfte. Sie öffnet das Burgtor aus geschnitztem Holz, und eine aufgeregte Männerstimme ist zu hören.
»...du mit deinen Launen, deiner Sauferei und deiner Schöntuerei. Bist du dir eigentlich im klaren darüber, wie wichtig deine Aktion in der Kongreßhalle...«
Daniel und die Außerirdische durchqueren eine königliche, halbrunde Halle, die schwarz-weiß gefliest ist und aussieht wie ein Schachbrett. Vier griechische Statuen flankieren die Türen auf beiden Seiten der Halle. Sie wählen die linke Tür, die halb offen steht und aus der nun eine andere Stimme ertönt. Sie klingt müde und gelangweilt.
»Ich mach doch schon die Sache im Zoo..... Wieso willst du unbedingt zwei Aktionen?«
Ohne Vorankündigung, ohne ein ›Warten Sie hier‹, ohne um Erlaubnis zu bitten, stößt die Frau die Tür auf.
»Hier ist ein Herr, der dich sprechen möchte, José Luis«, sagt sie.
Einige Sekunden des Schweigens. Völlige Regungslosigkeit im Raum.
»Na gut, er soll reinkommen«, sagt die erste Stimme ruhig und gönnerhaft.
»Du sollst reinkommen«, wiederholt sie.
»Danke.«
Man macht zwei Schritte und ist in einer anderen Welt. Ein Aquarium nimmt die Fläche der gesamten, drei-mal-sieben-Meter großen, der Tür gegenüberliegenden Wand ein. Verschiedenste Fischarten tummeln sich darin. Auf der anderen Seite führt eine Tür zu den übrigen Zimmern. In einer Ecke hängt ein Laken mit abstoßenden, verdächtigen braunen Flecken. In der anderen Ecke, rund um das Fenster zum Garten, hängen die Reste eines Stuhls. Häßliche, funktionale Möbel mit vielen Spiegeln und glänzendem Chrom. Eine Hausbar im Stil der Fünfziger Jahre, verziert mit kleinen, silber-schwarzen Mosaiken, die einen Pinguin am Südpol darstellen. Ein Ohrensessel und einer von diesen sogenannten Gesundheitssesseln, die sich der Körperhaltung anpassen. Alles wirkt durcheinandergewürfelt, absurd und beklemmend.
Ein junger Mann, nicht älter als dreißig, lümmelt sich auf dem anatomischen Sessel. Er sieht aus, als wäre er die Trägheit in Person oder als

würde er gleich in Ohnmacht fallen. Ein helles, mit Sommersprossen übersätes Gesicht, wimpernlose Augen, lippenloser Mund, schütteres, helles, kurzgeschorenes Haar. Er sieht krank aus und erinnert an eine Schlange oder an ein Reptil, das regungslos in der Sonne liegt. Er trägt eine schwarze, abgewetzte Lederjacke auf seinem nackten Oberkörper und verwaschene Jeans. In der Hand hält er ein Glas; seine Augen sind rotunterlaufen. Man könnte meinen, jemand habe ihn windelweich geprügelt, und nun warte er mit verhohlener Ungeduld auf seinen Tod. Bartrina begrüßt Daniel stehend. Er lächelt ihn an, als könne er sich keinen angenehmeren Besucher als Daniel vorstellen. Er trägt ein langärmliges, weißes Hemd mit schwarzen Nadelstreifen, eine beige Anzughose mit einwandfreier Bügelfalte und braune Ledersandalen. Er sieht nicht aus wie fünfundvierzig, obwohl er, soweit Daniel weiß, so alt sein müßte. Keine einzige Falte, weder auf der Stirn noch am Hals. Dank seines vollen, blonden Haares und seines vitalen Körpers könnte man ihn für jünger halten als das Reptil auf dem Sessel.

»Ich bin Bartrina. Was willst du?« Er attackiert Daniel sofort mit einem leicht aggressiven ›Du‹

»Mein Name ist Daniel Ponce. Ich bin Privatdetektiv und untersuche diese Sache mit dem Bilderraub bei Puiggrán. Ich würde mich gerne ein wenig mit Ihnen unterhalten.«

»Mensch!« ruft Bartrina feierlich aus. »Endlich mal ein Privatdetektiv! Da ich nämlich keinen Fernseher besitze, habe ich noch nie einen Privatdetektiv gesehen...«

»Ich habe sowas auch nicht mehr gesehen«, sagt Daniel und zeigt auf das Aquarium, »seit ich auf der Nautilus war...«

Sie lächeln, schütteln sich die Hände, und eine Welle der Sympathie strömt von einem zum anderen.

»Und die Außerirdische?«

Daniel weist mit einem Kopfnicken auf die Tür, durch die das rotgrüne Wesen verschwunden ist.

»Sie ist wunderschön, nicht wahr? Sie war seine Idee.« Bartrina zeigt auf das Reptil, als handle es sich um irgendeinen Gegenstand. »Das ist Pascual Carlos, sozusagen mein Privatkünstler.«

»Aha.« Daniel zieht die Augenbrauen hoch. »Sie haben also einen Privatkünstler. Und von Zeit zu Zeit stellen Sie ihn aus?«

Bartrina lacht leise in sich hinein. Daniel dreht sich zu dem lahmen Reptil um. »Konzept-Künstler, nehme ich an?«

»Natürlich«, antwortet Bartrina.
Pascual Carlos' Augen wirken stumpf und tot, im Alkohol ersoffen. Sie starren Daniel voll schmerzerfülltem Haß an.
»Außerdem möchte ich gerne mit Ihnen über Konzeptuelle Kunst sprechen. Man hat mir erzählt«, Daniel wendet sich wieder an Bartrina, »daß Sie sich mit Konzept-Kunst beschäftigen. Ich weiß eigentlich nicht genau, was das ist. Da ich auch Künstler bin, interessiert mich...«
»Aha, ein Künstler...« unterbricht ihn Bartrina und schlägt einen beleidigend schwülstigen Ton an. »Und was machst du so?«
Daniel kostet es einige Überwindung, weiterhin freundlich zu lächeln.
»Ich male.«
»Du malst also...« sagt Bartrina begeistert. »Und welche Richtung? Aquarell, realistisch, hyperrealistisch, abstrakt...?«
»Nein, nein...« Daniel versucht, seinen Unmut zu verbergen. »Ich bin gerade mit einem Bild fertig geworden, das...« Er fühlt sich hilflos und kommt sich lächerlich vor.
»Ich meine, ich habe das Modell nackt in einem Zimmer mit dunklen Möbeln hin- und hergehen lassen... (›Warum erzähl ich das bloß?‹ denkt er) ...Das Resultat habe ich dann ›*Akt in Bewegung*‹ genannt. Ein weißer Fleck, die Frau, zwischen lauter dunklen Farbflächen...«
Zu seinem Erstaunen verändert sich Bartrinas Gesichtsausdruck, als würde er ihn auf einmal sehr ernstnehmen.
»Nun, das ist schon ein Ansatz zur Konzeptuellen Kunst...« sagt er.
»'ne Scheiiiiße!« jault Pascual Carlos aus den Tiefen seines Sessels und seines Rausches auf.
»Doch, doch, das ist schon der Anfang der Konzept-Kunst!« ruft Bartrina, fast so, als habe ihn der Zwischenruf des Künstlers gekränkt, und als versuche er nun, nicht so ganz von seiner Sache überzeugt, sich zu rechtfertigen. Er wendet sich wieder Daniel zu, aber seine Aufmerksamkeit gehört weiterhin dem Künstler.
»Es ist keine Konzept-Kunst in Reinform... Für einen Konzeptuellen ist alles, was Spuren hinterläßt, was sich in einem käuflichen Produkt ausdrückt, wie einem Gemälde, einem Film oder... einem Druck, zum Beispiel, keine Konzept-Kunst.«
»Nein?« Daniel tut überrascht und guckt dabei den Künstler an.

Pascual Carlos begnügt sich damit, laut zu rülpsen.
»Nein«, antwortet Bartrina. Obwohl er weiterhin Daniel anschaut, gilt seine Rede immer noch dem Künstler. »Aber man muß die Konzept-Kunst unter zwei verschiedenen Gesichtspunkten betrachten. Zum einen ist da die Grundlage, das Konzept also, und zum anderen der anti-kommerzielle Standpunkt, der revolutionäre Aspekt, der Protest. Meines Erachtens liegen die Anfänge der Konzept-Kunst schon in der Romanik, oder noch früher...«
»Für dich«, stottert Pascual Carlos, »ist Konzept-Kunst das, womit du Knete machen kannst. Ansonsten scheißt du doch auf diesen ganzen Konzept-Kram.«
Das Ganze erinnert an einen Ehekrach; die miese Stimmung liegt noch in der Luft. Aus Rücksicht auf den Besuch reißt man sich zusammen und verschafft seiner Wut Luft, indem man eine wohlerzogene Diskussion über ein Thema anfängt, das man schon zig-mal durchgekaut hat. Sätze, die man schon tausendmal wiederholt hat, bekommen in Anwesenheit eines Dritten plötzlich eine besondere Bedeutung. Dieser Dritte wird für die Frontónspieler zu der Wand, von der der Ball abprallt, der dann auf den Gegner zurückschlagen wird.
»Nein, das stimmt nicht«, protestiert Bartrina. Und zu Daniel sagt er: »Die Konzept-Kunst, sagen wir es mal so, ist die Kunst des Konzepts.«
Mit dieser Binsenweisheit beginnt er seinen Vortrag und ignoriert dabei den Künstler, der eigentlich beleidigt sein müßte.
»Diese Kunst entfernt sich bewußt von der Materie, um eine Empfindung zu vermitteln. Und zwar nur das, nicht mehr. Eine Art telepathische Kommunikation zwischen Künstler und Zuschauer...«
Er legt eine Pause ein, die wohl bedeuten soll: ›Beweis mir das Gegenteil, wenn du kannst‹. Bartrina läßt Daniel nicht aus den Augen und fährt mit Nachdruck fort:
»Die Pantokrator-Bilder der Romanik sind keineswegs realistisch. Sie sind deformiert. Und diese Deformation hat die Funktion, eine bestimmte Botschaft zu übermitteln. Eine Botschaft der Ehrfurcht, der Erhabenheit, der Herrscherwürde, ja sogar der *Aggressivität*. Der *Angst*. Diese Botschaft ist unterschwellig, reine Idee. Sie ist *nicht* in den Bildern, sondern Teil der Idee, die der Künstler von Gott hat. Und er vermittelt diese Idee sozusagen jenseits der Materie, der Realität; jenseits des Realismus, des Gemäldes als Dekorationsgegenstand...«

»Du bist ’n alter Klugscheißer«, murmelt Pascual Carlos und trinkt einen Schluck. Es ist, als wolle er sagen: ›Wenn du glaubst, du kannst mich auf die Palme bringen, dann hast du dich geirrt. Was du sagst, interessiert mich einen Dreck.‹

»Wie bei den Impressionisten...« setzt Bartrina seine Rede fort. Offensichtlich vertraut er darauf, daß Beharrlichkeit irgendwann über die Gleichgültigkeit siegt. »Das Wesentliche an ihren Bildern ist nicht das, was sie darstellen, sondern das, was sie vermitteln wollen. Die *Interpretation* von Realität also. Seit der Erfindung der Fotografie, die in der Lage ist, Realität exakt wiederzugeben, muß die Kunst sich vom Realismus lösen, in tiefergehende Bereiche vordringen. So entsteht der Surrealismus, die abstrakte Kunst... Dein Bild, das du gerade beschrieben hast...«

›Jetzt sucht er einen Verbündeten‹, denkt Daniel, ›und das bringt ihm einige Minus-Punkte‹.

»Wetten, daß es viele Leute gibt, die dich fragen, was du damit sagen willst oder was es darstellen soll?«

»Ja«, antwortet Daniel. Trotzdem ist er nicht bereit, sich mit irgend jemandem zu verbünden. Der Bessere soll gewinnen. »Aber es ist keine Konzept-Kunst. Vielleicht ist sie surrealistisch, abstrakt oder was auch immer, aber nicht konzeptuell.«

»Nein, nein. Sicher nicht«, sagt Bartrina etwas zu aufgeregt. Offensichtlich beunruhigt ihn der Gedanke, daß er Daniels Unterstützung verlieren könnte.

»Ich meine nur, da liegen die Ansätze zur Konzept-Kunst. Ansätze, die den Nährboden für den Protest bilden, für die Rebellion der Künstler gegen die Kommerzialisierung von Kunst. In einem bestimmten Moment wird dem Künstler klar, daß die Händler ihn die ganze Zeit manipuliert haben...«

»Weißt du, was Miró von dem Verkaufspreis seiner Bilder abkriegt?« stammelt Pascual Carlos. »Zehn Prozent!«

»Das ist doch Quatsch«, schneidet Bartrina ihm das Wort ab.

»Quatsch?« begehrt der Künstler auf.

»Ja, das ist völliger Unsinn. Aber angenommen, es sei wahr. Der Künstler fühlt sich ausgebeutet und entschließt sich, eine Art von Kunst zu machen, mit der man keinen Handel treiben kann. Eine Kunst, die sich auf den Vorgang des Machens beschränkt. Stell dir ein Bild vor, das sich, kurz nachdem die Kritiker es begutachtet haben, selbst zerstört. Es wäre weder zu kaufen noch zu verkaufen. Keiner könnte sich daran bereichern. Genau das ist die Absicht der Konzept-Kunst. Der Konzept-Künstler ist wie der Arbeiter, der sich nicht ausbeuten lassen will und deshalb die Fabrik in Brand steckt...«

Zu ihrer Überraschung erhebt sich Pascual Carlos aus seinem Sessel, was ihn sichtliche Anstrengung kostet. Aufgeregt stellt er sich zwischen die beiden und fuchtelt wild mit seinen geballten Fäusten.

»Halt's Maul, Mann! Gerade du mußt was von Kommerzialisierung erzählen...« Und an Daniel gewandt sagt er: »Wir leben in einem System, das alles absorbiert, einfach alles. Man kann nicht frei sein, man kann keine Randexistenz führen.« Sein Körper zittert, als erleide er einen epileptischen Anfall. Aus seinen Augen sprühen rote Funken. Also ist schließlich er der Verlierer. Was mag Bartrina wohl gesagt haben, das ihn derart auf die Palme gebracht hat? »Du kannst das Konzept nicht allein durch das bloße Konzept vermitteln...«

»Das wäre ja Telepathie«, sagt Bartrina seelenruhig und lächelt überlegen.

»Scher dich zum Teufel.« Der Künstler spuckt ihn verächtlich an und würdigt ihn keines Blickes. »Wenn ich eine Aktion mache...«

»Ein *environnement*«, unterbricht ihn Bartrina wieder und parodiert die hochgestochene Aussprache des Akademie-Französisch. »Une *performance*.«

Pascual Carlos ignoriert ihn und sagt:

»Alles läuft auf die Aktion hinaus. Mit ihr fängt das Kunstwerk an und hört es auf. Punkt. Später kommen dann diese Banausen, filmen, fotografieren oder nehmen dir dein Projekt weg. Sie klauen es dir, verkaufen es, handeln damit. Sie fressen dich einfach auf. So wird jede Rebellion im Keim erstickt. Du als Künstler hast dein Konzept verwirklicht, und sie...«

Er ist völlig betrunken, kann kaum noch sprechen. Er zittert. Bartrina nutzt seine Schwäche aus und unterbricht ihn:

»Das sind die, die dich bezahlen, damit du überleben kannst...«

»Ja«, fährt der Künstler fort, ohne Bartrina zu beachten. »Diese... diese Krämerseelen sind einfach frustriert. Du frustrierst sie, weil sie dein Kunstwerk nämlich nicht *besitzen* können. Sie müssen sich mit einem Erinnerungsstück, einer Reliquie, einem Heiligenbildchen zufrieden geben. Aber das *Kunstwerk* kriegen sie nicht. Denn die Kunst, das Konzept, die Idee ist unverkäuflich...«

»Genau wie die wahre Liebe«, sagt Daniel höhnisch. Pascual Carlos krümmt sich, als hätte ihn jemand in den Magen geboxt. »Pahhh«, sagt er und dreht der ganzen Welt ostentativ den Rücken zu. Neben der Pinguin-Bar ertönt das vergnügte, siegessichere Lachen Bartrinas.

»Hahaha... Kümmre dich nicht um ihn«, sagt er. »Verzeihung, möchtest du etwas trinken?«

»Nein danke.«

Jetzt sind sie Freunde. Gemeinsam haben sie diesen jämmerlichen Säufer besiegt, und das muß gefeiert werden. Bartrina gewinnt wieder Oberwasser. Jetzt ist er der Hausherr. Er schlägt einen heuchlerisch versöhnlichen Ton an und versucht, das Gespräch mit Daniel wieder aufzunehmen. Dabei läßt er seine Wut an dem Verlierer aus, indem er fleißig Salz in dessen Wunden streut. ›Wir streiten uns immer über diese Dinge. Würde ich seine Projekte nicht finanzieren, wäre er schon längst verhungert, wie so viele andere spanische Konzept-Künstler. Oder er würde als Lehrer an einer Design-Schule arbeiten oder als Dekorateur oder so etwas. Oder er würde sich der traditionellen Malerei zuwenden und sich ›prostituieren‹, wie er es auszudrücken pflegt. Trotzdem wirft er mir ständig vor, daß ich seine Projekte, Videos oder Fotos aufkaufe, um sie weiterzuverkaufen. Er will einfach nicht verstehen, daß ich nicht in ein Faß ohne Boden investieren kann. Ich bin ja schließlich nicht König Midas.«

Er wendet sich an den Künstler, der schwankend sein Whiskyglas auffüllt.

»Alle bekannten Konzept-Künstler, auch die berühmtesten unter ihnen, wie Christo, Nitsch, Beuys, Acconci, Rainer, alle leben von dem Verkauf ihrer Werke. Ich mache mich auch über diesen Yankee lustig, der die Projekte von mir kauft, aber ich muß meine Investitionen ja irgendwie wieder reinkriegen.«

Pascual Carlos starrt ihn an. Seine Augen funktionieren wie eine Kamera in Zeitlupe.

»Zuhälter!« stammelt er und läßt sich in den Ohrensessel fallen, wobei sein Whisky überschwappt.

Bartrina lächelt geduldig. Er will etwas sagen, aber Daniel möchte nicht das Thema wechseln. Deshalb beeilt er sich, ihm zuvorzukommen.

»Ich verstehe das nicht. Diese Aktion, dieses Projekt...«

»Also, das ist folgendermaßen.« Bartrina nimmt wieder seine väterlich schulmeisterliche Pose ein. »Pascual geht von einem ganz allgemeinen Aspekt seines Werkes aus. Und zwar ist sein Ausgangspunkt die Aggression. Wir leben in einer Welt der Gewalt, wie er sagt. Und die einzig mögliche Form der Beziehung zwischen den Menschen ist die individuelle Gewalt. Es gibt auch andere Künstler, die von dieser Prämisse ausgehen. Armand in den USA, Muehl in Deutschland... Pascual, zum Beispiel, machte sich auf dem Festival von Granollers 1971 einen Namen. Also, er schrieb ein Projekt nach dem Motto: ›*Was ich mache, ist dies und das, auf dieser und jener Grundlage.*‹ Das ruft dann Kritiker und Kunstsachverständige auf den Plan... oder auch nicht. Jedenfalls, sein Projekt war folgendermaßen: Alle versammeln sich in einem Ausstellungsraum, wo Pascual drei Wände hochgezogen hat, parallel zu den richtigen Wänden. Zwischen den Wänden entsteht ein enger Gang. Er tüncht die Wände, und sie sehen genauso aus wie die richtigen. Die Kritiker kommen, können nichts ungewöhnliches entdecken, setzen sich auf ihre Plätze und warten ab. Wie ganz normale Theaterbesucher. Dann beginnen Pascual und einige Helfer, die sich zusammen mit ihm eingemauert haben, von der anderen Seite aus die Wand mit Hammer und Meißel zu bearbeiten. Sie schlagen mehrere Durchbrüche, Mauerstücke fliegen durch den Raum, bis sie schließlich die falschen Wände wieder zerstört haben. Erkennst du die Aggression? Das ist unwiederholbar. Gut, vielleicht kann man es imitieren. Das ist auch alles. Das Konzept eines Kunstwerks kann man bewahren, wie in deinen Bildern, zum Beispiel. Weil deine Intention nämlich *darin* enthalten ist, sozusagen in ein Objekt verwandelt. Bei Pascual dagegen ist alles vorbei, wenn die *Performance,* die Aufführung, zu Ende ist. Sein Konzept ist nicht vergegenständlicht worden. Seine Idee ist reines Konzept geblieben. Von ihm wird nicht mehr überdauern, als eben dieses eine Projekt und die Fotos und Videos, die während der Präsentation aufgenommen werden konnten...«

Pascual Carlos kommt schwankend auf sie zu. Sein Gang ist unsicher wie der eines Film-Monsters.

»Und damit«, sagt er wutschnaubend, »mit dem Papier, auf dem das Projekt geschrieben steht, mit den Fotos, Videos, den Madonnenbildern, den Reliquien der Heiligen, mit dem einbalsamierten Arm und den mumifizierten Hoden wird genauso Handel getrieben wie mit Bildern und Skulpturen. Die ganze Revolution zum Teufel! Wir sind Huren! Ein Scheißdreck sind wir! Gut, daß du ein Bulle bist. Laß das Malen sein, sonst machen sie dich zur Ware. Totalausverkauf... Wie heißt du?«

Seine glasigen Augen starren ins Leere. Es fällt ihm schwer, sich auf Daniel zu konzentrieren.
»Daniel Ponce.«
»Totalausverkauf.« Pascual Carlos spielt den Clown. »Kaufen Sie einen Daniel Ponce zum Sonderpreis! Morgen steigen die Preise!« Er fuchtelt linkisch mit den Armen. »Das können sie mit Bildern machen, mit Skulpturen, mit diesem Whiskyglas, mit dem Aquarium, aber nicht mit deiner Birne. Verstehst du?« Er schlägt sich mit der flachen Hand gegen die Stirn. »Mit deinem Grips, deinen Ideen, mit dem, was du im Kopf hast, können sie das nicht machen.« Sein Gesicht verzerrt sich unkontrolliert zu einer einzigartigen Grimasse. »Das werden sie nie können! Weil du weißt, was du denkst. Weil du weißt, was du im Kopf hast. Du...« Er hat den Faden verloren. »Verstehst du, was ich meine?«
»Ja, ja, ich verstehe. Aber wenn man ein Bild malt, dann will man es doch auch verkaufen. Man will doch davon leben, oder nicht? Damit man was zu essen hat, während man das nächste malt.«
»Nein!« schreit der Künstler und springt empört auf. Bartrina lacht sich ins Fäustchen und zwinkert Daniel zu.
»Nein, verdammte Scheiße, nein!« Pascual Carlos dreht sich im Kreis, seine Arme ausgebreitet wie die Flügel einer Windmühle. Er sieht aus wie ein Kind, das vor Wut auf den Boden trampelt. »Nein, nein, nein. Wenn du das denkst, dann halt dich da raus. Dann hast du mit Kunst nichts am Hut. Kunst ist Kopf, Kopf, Kopf. Kapierst du?« Er schlägt sich immer noch gegen die Stirn. »Kopf, Ideen, Konzepte. Kunst ist erhaben, göttlich. Kunst ist *Gott!*« Er schreit, als wolle er eine Blasphemie gen Himmel schleudern.
»Aber er ist ganz glücklich über das Geld, das ich ihm für seine *Environments* gebe«, sagt Bartrina.
Das hätte er nicht wiederholen sollen. Pascual Carlos steht stramm wie ein Soldat beim Appell. Seine versoffenen Augen sprühen Funken, sein ausgestreckter Zeigefinger zittert vor Wut. »Du hast mich betrogen.« Als wolle er wesentlich mehr damit sagen, wiederholt er noch einmal: »DU HAST MICH BETROGEN!«
Daniel spitzt seine Ohren. Bartrina steht kurz vor einem Nervenzusammenbruch, aber er reißt sich zusammen, setzt ein klägliches Lächeln auf und hält sich krampfhaft an seinem Glas fest.
»Verdammt, Junge, wieviel Geld hast du denn auf deinem Konto? Wieviel kriegst du denn für deine nächste Aktion? Fünfhundert-,

sechshunderttausend? Es können ja keine großen Beträge sein, um die ich dich betrüge.« Bartrina blinzelt. Nur keine Aufregung, es ist alles in Butter. »Pascual hat ein paar Probleme, denn er soll für die morgige Kunstmesse zwei Aktionen vorbereiten, und er weiß noch nicht genau, was er machen soll…«
»Eine Aktion«, korrigiert ihn der Künstler. »Nur eine Aktion. Ich mach die Sache im Zoo und Punkt. Die im Zoo und basta.«
»Du machst zwei. »Weil ich will, daß du in der Kongreßhalle dabei bist.« Daniel fällt ein, daß am nächsten Tag auf dem Montjuic eine Konzept-Kunst-Messe stattfinden soll. »Weil ich nämlich schon den Raum gemietet habe und weil ich will, daß du dich dort als Bester profilierst. Okay? Jetzt denk mal drüber nach und halt die Klappe.«
›Laß uns endlich das Thema wechseln‹, sagen seine jungen, hinterlistigen, strengen, autoritären Augen.
»Du wolltest mit mir über diesen Diebstahl von neulich reden, nicht wahr? Was möchtest du wissen?«
»Ja, also… Ich möchte mit Ihnen über Personen sprechen, die Interesse an den Picassos haben könnten. Puiggrán vermutet, daß jemand aus dem Dorf die Bilder gestohlen hat.«
»Unsinn!« Strikte Ablehnung. »Ganz sicher nicht. Wer könnte so was denn gemacht haben?«
Das vollbusige Skelett mit den rot-grünen Haaren und dem rotgrünen Gesicht betritt den Raum und lenkt Bartrina ab. »Sie ist eines von Pascuals Kunstwerken.« Die Außerirdische geht auf Bartrina zu und streift mechanisch einen Träger ihres roten Flitterkostüms von der Schulter. Eine große, wohlgeformte Brust mit steil aufgerichteter Brustwarze kommt zum Vorschein. Bartrina legt einen Arm um ihre Taille und redet weiter, als wäre nichts geschehen.
»Auch ein Konzept«, erklärt er und meint damit die Außerirdische. »*Korrektur der Natur*. Pascual hat sich eine unscheinbare, besser gesagt, eine häßliche Frau ausgesucht und für sie ein neues Gesicht, neue Brüste und neue Beine entworfen. Dann hat er die Frau samt Entwurf an Horteza weitergegeben. Das ist der Schönheitschirurg, der hier im Dorf wohnt. Der hat Pascuals Konzept dann perfekt ausgeführt. Interessant, nicht wahr?«
»Und jetzt ist sie sein Besitz? Wie ein Bild, eine Blumenvase oder irgendein anderer Gegenstand?«
»Ja«, sagt Pascual. Er steht lässig an das Aquarium gelehnt. »Hast du jemals eine Frau gesehen, die so *durch und durch* Objekt ist?«

»Und was sagen die Feministinnen dazu?« fragt Daniel.

»Sie hat ein Zuhause, sie hat was zu essen, sie kann sich all ihre Wünsche und Launen erfüllen. Und alle Welt bewundert sie. Wenn sie eine Nummer schieben will, besorg ich's ihr entweder selbst, oder ich bestelle jemand anderes her. Früher war sie häßlich, jetzt ist sie schön, und die Typen prügeln sich um sie. Es gibt einige Frauen, die wer weiß was geben würden, um mit ihr zu tauschen. Stimmt's Gioconda? Urs Lüthi, Vito Acconci, Carlos Pazos, das sind alles Künstler, die die Auffassung vertreten, ihr eigener Körper sei ein Kunstwerk. Sie machen Fotos von sich und verkaufen sie als Kunstwerke von unschätzbarem Wert. Nun gut, sie war damit einverstanden, ein Kunstwerk zu werden, und jetzt übernimmt sie ihre Rolle. Warum nicht? Niemand hat sie dazu gezwungen. Und sie ist ein viel perfekteres Kunstwerk als Lüthi, zum Beispiel. Sie ist bis ins kleinste Detail geplant worden. Sie entspricht voll und ganz einer künstlerischen Intention, dem Konzept des Künstlers. Auch mein Gesicht, beispielsweise, ist operiert worden«, verkündet Bartrina stolz und macht eine gezierte, feminine Bewegung. »Aber ich bin kein Kunstwerk, weil niemand diese Intention hatte. Ich sehe jünger aus, nicht wahr?« Er stößt Gioconda beiseite, als wolle er irgendeinen lästigen Gegenstand loswerden. Sie geht weg. Unterwegs fängt sie an, sich auszuziehen, streift den anderen Träger ab, wickelt das Oberteil um die Hüften. Daniel ist kein bißchen erregt. Bartrina konzentriert sich und wechselt wieder das Thema.

»Ach ja, wo waren wir stehengeblieben? Wer die Bilder gestohlen haben könnte? Ich weiß es nicht. Carbó vielleicht? Nein. Der würde nicht mal Steuern hinterziehen, selbst wenn er könnte. Er hilft alten Damen beim Überqueren der Straße und stiftet Geld für wohltätige Zwecke. Nein. Wer sonst noch? Horteza? Für den ist ein Picasso nur ein Fetzen feuchtes Papier.«

»Und Sie?« fragt Daniel.

»Für mich ist ein Picasso auch nur ein Stück feuchtes Papier.«

Ohne darum gebeten worden zu sein, meldet sich Pascual Carlos wieder zu Wort.

»Ich weiß jetzt, was für 'ne Aktion ich morgen mache«, murmelt er. In seiner Hand blitzt die Klinge eines Klappmessers auf. Daniel schaut erst auf die Waffe, dann in die Augen des Besoffenen, dann in Bartrinas lächelndes Gesicht. Er gibt keinen Mucks von sich, als der Künstler drohend auf ihn zukommt.

»Ich weiß jetzt, was für 'ne Aktion ich morgen mache …«, murmelt er. Sie heißt ›*Aggression gegen Ordnungshüter*‹. »Ich werde dieses Schwein abstechen.«
»Würde er mich umbringen?« wendet sich Daniel an Bartrina, so als frage er nur aus purer Neugier.
»Kannst du dir eine bessere Art vorstellen, Aggression darzustellen?« fragt der Künstler und bleibt zwei Schritte vor Daniel stehen. Wäre da nicht sein wirrer Blick und seine schwere Zunge, könnte man meinen, er sei auf einmal stocknüchtern geworden. Seine Hand zittert kein bißchen, während er die Messerklinge vor Daniel tanzen läßt, von links nach rechts, von rechts nach links. Jetzt ist er kein Reptil mehr. Jetzt ist er eine Raubkatze. Eine lauernde, angriffslustige Raubkatze. Daniel ist sich nicht ganz sicher, ob er es schaffen würde, ihm rechtzeitig die Waffe wegzunehmen.
»Und was bekämst du für diesen Mord, mal abgesehen von dem ›Lebenslänglich‹?« fragt er und bemüht sich, gelassen zu wirken. Er wendet sich an Bartrina:
»Eine Million, zwei, drei…? Und würdest du meine Leiche hier im Haus behalten, in einer Urne vielleicht? Um sie den Kritikern vorzuführen? Um sie dem Yankee zu verkaufen?«
»Es wäre nicht das erste Mal, daß mit so was gehandelt wird. Der österreichische Künstler Otto Muehl begeht Vergewaltigungen. Das sind seine Kunstwerke. Einmal hat er einem Blinden mit einem Stock beide Beine zerschlagen. Das ist eins seiner bekanntesten und wertvollsten Kunstwerke. Ein katalanischer Künstler hat mal eine halbverweste Leiche, die er auf einem Friedhof ausgegraben hatte, zu einer internationalen Kunstmesse geschickt. Aber sein Kunstwerk mußte der Öffentlichkeit vorenthalten und wieder beerdigt werden. Sonst hätte man Probleme mit den Ordnungshütern bekommen. Die verstehen nämlich normalerweise nichts von Kunst.«
Daniel macht immer noch keinen Mucks. Er scheint dem Messer, das am Ende eines schwarzen, lederbekleideten Armes vor ihm auf und ab tanzt, keine Bedeutung beizumessen.
»Ich bin kein Ordnungshüter«, sagt er. »Ich bin Privatdetektiv, und ich verstehe ein bißchen was von Kunst.«
Der Künstler entspannt sich. Er lacht wie ein Geisteskranker. Wenn er zustechen würde, dann in diesem Augenblick.
»Und wie wär's mit ›Aggression gegen Sherlock Holmes‹, haha… Wie findest du das?«

Plötzlich bemerkt er, daß er immer noch das Messer in der Hand hat. Er klappt die Klinge zu, steckt das Messer ein und kehrt ins Leben und in den Suff zurück.
»Nein, jetzt mal ernsthaft. Hättest du Lust, morgen bei der Aktion in der Kongreßhalle mitzumachen?«
»Wenn du das Messer zu Hause läßt...«
Pascual Carlos benimmt sich wie ein hysterisches Gör kurz vor der Weihnachtsbescherung. Er scheint gerade eine geniale Idee gehabt zu haben. Denn der Glanz dieses Geistesblitzes blendet ihn noch, als er Bartrina anschaut.
»Jajaja, José Luis, jetzt hab ich's. Ich weiß, was wir morgen machen!«
»Du hast ihn inspiriert«, sagt Bartrina lächelnd, als wolle er sich für das Benehmen des Künstlers entschuldigen.
»Das freut mich«, sagt Daniel.
»Niemand aus dem Dorf würde Jorges Bilder stehlen«, fährt Bartrina fort. »Schlag dir das aus dem Kopf.«
»Auch nicht zum Scherz?«
Bartrina zieht die Augenbrauen hoch und kräuselt die Lippen. Er scheint die Frage auf sich bezogen zu haben, und offensichtlich amüsiert ihn die Anspielung.
»Elenita war die beste Köchin im Dorf. Ihr Tod ist für uns alle ein Verlust. Das wäre kein Scherz mehr. Das wäre eine Schweinerei.«
»Gut, gut...« sagt Daniel und reicht Bartrina die Hand zum Abschied. Leichtes Kopfnicken in Richtung des Künstlers. »Adiós.«
»Bis morgen«, sagt Bartrina. »Um elf in der Kongreßhalle. Man sieht sich.«
Bevor Daniel den Raum verläßt, dreht er sich noch einmal um, wirft einen letzten Blick auf das riesige Aquarium, auf die geschmacklosen Möbel, auf den silber-schwarzen Pinguin an der Hausbar, auf das niedergeschlagene Reptil und sagt:
»Ist die Polizei schon hier gewesen?«
»Ja«, antwortet Bartrina stolz.
»Und was hat sie gesagt?«
»Nichts. Sie haben das Haus durchsucht, aber offensichtlich nicht das gefunden, was sie suchten. Dann haben sie mich gebeten, das Dorf nicht zu verlassen. Warum wohl?«
Daniel seufzt. Er zuckt mit den Schultern.
»Ich weiß nicht. Weil ich nicht glaube, daß Ordnungshüter, wie du

schon ganz richtig bemerkt hast, viel für Konzept-Kunst übrig haben. Und ich glaube nicht, daß du ihnen gut ins Konzept paßt.«
Sie tauschen ein letztes Lächeln aus.

»Herr Ponce«, hat der Portier des Hotels Vilafort gesagt, »man hat eine telefonische Nachricht für Sie hinterlassen. Sie möchten bitte schnellstens nach Barcelona kommen. Ihre Frau hatte einen Unfall. Ein gewisser Herr Javier Galán hat angerufen.«
In Windeseile rennt Daniel die Treppe rauf, holt Jackett und Krawatte, zahlt die Hotelrechnung, kauft ein belegtes Brötchen und eine Dose Bier für unterwegs und fliegt förmlich nach Barcelona. 120 km/h auf der Autobahn. Er denkt an Bartrina und seinen Künstler, an Puiggrán und seine Bilder, an María und ihre Leidenschaftlichkeit. Um viertel vor eins kommt er in der Gran Via de Carlos III an. Im Aufzug überprüft er den Sitz seiner Bügelfalte, zupft die Krawatte zurecht, die aus seiner Reverstasche hervorlugt und glättet, so gut es geht, sein zerknittertes Hemd.
Als Daniel die Wohnungstür öffnet, sieht er im Wohnzimmer Javier Galán sitzen, der seine Zigarette in einem überquellenden Aschenbecher ausdrückt, sich vom Sofa erhebt und auf ihn zukommt.
»Tabletten«, sagt er lakonisch und guckt Daniel vorwurfsvoll an. »Evipan. Um ein Haar hätte sie es nicht überlebt.«
Daniel schaut zur Decke, seufzt und schiebt Javier Galán zur Seite. In dem Moment, als er das Wohnzimmer betritt, erhebt sich ein Mädchen vom Sofa. Sie sieht gut aus, hat schulterlange, blonde Haare, honigbraune Augen und einen energischen Mund, der Entschlossenheit ausdrückt. Abgesehen von der weiten, flatternden Kleidung, die ihre Figur versteckt, ist sie sehr attraktiv.
»Ist sie da drin?« Daniel zeigt auf die Schlafzimmertür.
»Der Arzt ist bei ihr«, erwidert das Mädchen. »Ich nehme an, du bist Daniel.«
Ihrem Ton nach zu urteilen, ist sie Isabel, die Feministin. Daniel ist angenehm überrascht. Wer hat eigentlich behauptet, daß alle Feministinnen häßlich seien?
»Und du bist Isabel?«
Sie nickt zustimmend und läßt ihre Augen langsam und voll tiefer Verachtung von oben nach unten über ihn gleiten. Dann blicken ihre honigbraunen Augen in die von Daniel.
»Und du bist ein Dreckskerl.«

Daniel zieht belustigt die Augenbrauen hoch, stößt leise die Schlafzimmertür auf und geht hinein. Celia sitzt auf dem Bett. Neben ihr sitzt Doktor Pujol, ihr Psychiater. Er hat seinen Arm um ihre Schultern gelegt. Celia stammelt und schluchzt vor sich hin. Geduldig versucht der Psychiater, sie zu unterbrechen. Er redet sanft und zärtlich auf sie ein, als wolle er sie davon überzeugen, mit ihm ins Bett zu gehen.
»Warum... warum halte ich es nicht aus, alleine zu sein? Er läßt mich einfach allein. Läßt uns allein, den Kleinen und mich. Ich fange schon an, den Kleinen zu hassen... Das ertrage ich nicht.«
»Du haßt den Kleinen nicht, Celia. Sei nicht dumm...«
»Und ihn hasse ich auch, dieses elende Dreckschwein. Weil er mich nicht liebt... Und wenn ich schon Marc und Daniel hasse, dann... dann hasse ich die ganze Welt... und... und...«
»Du haßt niemanden, Celia. Sowas darfst du nicht sagen.«
Daniel geht leise zu einem Stuhl und setzt sich, strategisch günstig, den beiden gegenüber. Bisher hat nur der Arzt seine Anwesenheit bemerkt. Daniel starrt Celia voller Mitleid an. Von neuem bewundert er ihre engelhafte Schönheit, ihre kindliche, hilflose Zartheit, ihre Brüste, die sich unter der tabakbraunen Bluse wölben, die Jeans mit den Lederflicken, die endlich einmal zu den Turnschuhen paßt. Sie ist zweifellos viel schöner als María.
»Ich tauge zu nichts...« sagt sie und hebt ihren Kopf. Als sie Daniel entdeckt, hält sie stockend inne. Ihr Gesicht verzerrt sich voller Abscheu. Mit einem lauten Schluchzen schlägt sie ihre Hände vors Gesicht.
»Na, na, na«, sagt der Arzt, schüttelt Daniel die Hand und deutet ihm mit einem Kopfnicken an, er solle den Raum verlassen.
Daniel steht auf und geht leise hinaus. Er zündet sich eine Zigarette an und spürt, wie Javier und Isabel ihn anstarren. Javier knetet seine Hände und läßt die Fingerknochen knacken, wie immer, wenn er nervös ist.
»Das Mädchen hier, Isabel, hat sie gefunden«, sagt er steif. »Sie wollte Celia heute morgen besuchen, und als Celia nicht aufmachte, obwohl Licht in der Wohnung brannte, hat sie die Polizei gerufen. Sie haben die Tür mit einem Dietrich aufgebrochen und Celia im Schlafzimmer gefunden... Sie haben sofort den Hausarzt angerufen.«
»Celia sah aus, als würde sie ersticken«, schaltet Isabel sich ein. »Der Arzt hat gesagt, wenn er eine halbe Stunde später gekommen wäre,

hätte er nichts mehr für sie tun können. Dann wäre sie jetzt tot, verstehst du?«

Daniel schüttelt beruhigend den Kopf, als wolle er sagen: ›Wir können gar nichts machen. Beruhigt euch, es ist alles in Ordnung.‹

»Das kann dich teuer zu stehen kommen«, fährt Isabel fort. »Sie kann dich wegen Beihilfe zum Selbstmord anzeigen. Ist dir das klar? Wenn sie alles erzählt, was du...«

Daniel bringt sie mit seinem ironischen Blick zum Schweigen. Es entsteht eine peinliche Stille; und Javier Galán fängt wieder an zu reden, da er dieses Schweigen nicht ertragen kann.

»Melga war unten in der Kneipe auf seinem Posten. Er hat alles beobachtet und... und... mir Bescheid gesagt. Ich bin sofort hergekommen. Der Hausarzt war hier und meinte, die Sache hätte ziemlich ernst werden können. Wir haben Glück gehabt, daß der Atemstillstand noch nicht eingesetzt hatte, sonst...«

»Seid bitte nicht so morbide«, seufzt Daniel unruhig. »Es ist doch nicht das erste Mal, daß sie sowas versucht hat. Sie hat sich immer den richtigen Zeitpunkt ausgesucht.« Daniel wirkt weder schmerzerfüllt noch schuldbewußt, weder abwehrend noch anklagend. Sein indifferentes Benehmen entwaffnet die beiden.

»Was wirst du jetzt machen?« fragt Isabel provozierend.

Daniel guckt sie an und findet sie sehr sexy. Fast noch mehr als María oder Celia.

»Ich werde hierbleiben und mich um sie kümmern.«

»Ausgerechnet du?« fragt die Frau höhnisch.

Die Schlafzimmertür geht auf, und Doktor Pujol kommt heraus. Er guckt Daniel an, als betrachte er einen Wurm durchs Mikroskop. In seinem überheblichen Gesichtsausdruck schwingt Hohn und Verachtung mit. Pujol ist klein und dünn, glatzköpfig und glotzäugig und betrachtet die anderen Menschen, als sei er die Reinkarnation von Gary Cooper. Er vermittelt den Eindruck, als stehe er über den Dingen, als könne er über alles urteilen, ohne Anteil zu nehmen. Mal sieht er aus, als ginge ihn die ganze Sache überhaupt nichts an, mal macht er den Eindruck, als würde er Daniel gleich eine Ohrfeige verpassen.

»Kann ich Sie unter vier Augen sprechen?« fragt er Daniel.

Isabel guckt ihn beleidigt an, als hätte er ihr ureigenstes Vorrecht mißachtet. Daniel nickt zustimmend und führt den Psychiater in das Zimmer des kleinen Marc. Um sie herum sitzen freche, fröhliche und unschuldige Figuren. Donald Duck, Micky Mouse, Schneewittchens Zwerge, Bambi, Peter Pan. Doktor Pujol kommt sofort zur Sache. Energisch, hart und unerbittlich.

»Das ist die schlimmste Depression, die ich bei ihr bisher erlebt habe.«

Daniel seufzt und läßt Donald Duck nicht aus den Augen. Es war Celia, die der Meinung war, er würde lächeln wie Donald Duck. Daniel konzentriert all seine Gedanken auf den Vergleich der Mundwinkel.

»Sie ist letzte Nacht mit einem Wildfremden ins Bett gegangen.«

Daniel guckt ihn aus den Augenwinkeln an. Für einen Moment ist er wie gelähmt. Dann befeuchtet er seine Lippen, nimmt sich eine Zigarette, bietet dem Doktor auch eine an und spielt mit dem Feuerzeug. Der Doktor schlägt ablehnend die Augen nieder und fährt fort: »Sie ist auf die Straße gegangen, hat den Erstbesten, der ihr über den Weg gelaufen ist, aufgegabelt und ihn mit hierher gebracht. Sie haben miteinander geschlafen, und er ist am frühen Morgen wieder gegangen. Dann kam die Krise. Sie hat sieben Evipan geschluckt...« Er übergeht Daniels sarkastischen Blick und sagt:

»Das war keine Show, Herr Ponce. Sie wollte sich wirklich umbringen. Sie weiß genau, daß eine zu hohe Dosis eine Gegenreaktion des Magens hervorrufen kann, so daß sie sich hätte übergeben müssen. Dann wäre alles umsonst gewesen. Aber sie hat die Anzahl der Tabletten genau bedacht, wobei sie einerseits ihre Gewöhnung an Tabletten, andererseits aber auch die eventuelle Gegenreaktion berücksichtigt hat. Wenn diese Isabel sie nicht gefunden hätte, wäre ihre Frau nicht mehr am Leben, Herr Ponce.«

Doktor Pujol zeigt ihm das Röhrchen Evipan, als handle es sich um ein Amulett. Mit einer feierlichen Geste übergibt er es Daniel. Der steckt das Röhrchen achtlos in seine Tasche.

»Celia braucht die Unterstützung eines Mannes.«

»Ich brauche Celia auch.«

Daniels indifferentes Verhalten verwirrt auch den Doktor. Und das Schweigen, das nun folgt, ist ihm peinlicher als Daniel.

»Ich habe gesagt, daß Celia einen Mann braucht. Ich habe nicht gesagt, daß sie Sie braucht, Herr Ponce.«

»Ich habe nichts dagegen. Tausendmal habe ich ihr schon gesagt, sie solle ruhig mal ausgehen, wenn ich nicht hier bin, und Leute kennenlernen. Ich bin nicht eifersüchtig. Ich weiß, daß Celia mich liebt. Daß

Celia mit einem anderen ins Bett gegangen ist, stört mich nicht im Geringsten. Ich war immer der Meinung, eine kleine Abwechslung könne ihr nicht schaden...«

»Seien Sie sich da nicht so sicher«, schaltet sich der Doktor ein und drückt auf die Türklinke, ohne Daniel eines Blickes zu würdigen. »Ich wäre mir da an Ihrer Stelle nicht so sicher, daß Celia Sie noch liebt.«

Er nickt traurig und verläßt ohne ein weiteres Wort das Kinderzimmer. Daniel betrachtet aufmerksam die Zigarette in seinem Mundwinkel und zündet sie mit dem Feuerzeug an, mit dem er die ganze Zeit herumgespielt hat. Die Wohnungstür wird zugeschlagen. Javier Galán steht ganz alleine im Eßzimmer.

»Daniel...« sagt er vertraulich.

»Wo ist das Mädchen?«

»Bei Celia. Sie ist gerade zu ihr reingegangen. Daniel...« wiederholt er in diesem bedeutungssschwangeren Ton. »Ich habe mit Melga gesprochen. Er hat mir erzählt... Also, gestern nacht ist Celia ausgegangen und hat einen Mann mit nach Hause gebracht... Sie... sie haben die Nacht zusammen verbracht.«

Javier weiß nicht, wo er hingucken soll. Er ist ein einziges Nervenbündel. Seine Fingerknöchel knacken.

»Jaja, ich weiß«, sagt Daniel beruhigend, als hätte er es mit einem völlig verzweifelten Menschen zu tun. »Ich werde gleich mit ihr reden.«

»Daniel...«

»Ja.«

»Ach, nichts.«

Man könnte meinen, Javier sei der betroffene Ehemann, und Daniel nur derjenige, der zufällig vorbeigekommen ist und nun nicht weiß, wie er den Ehemann wieder loswerden kann.

»Javier, hör mal zu. Warum gehst du nicht zurück ins Büro? Hier ist erst mal nichts mehr zu machen. Und im Büro gibt's bestimmt 'ne Menge zu tun. Wenn ich was brauche, rufe ich an.«

»Ja, gut.«

»Ich glaube, diese Sache mit den Bildern ist bald abgeschlossen. Gibt's was Neues von den Bullen?«

»Von wem? Ach so, nein. Ja, doch... Das, was in den Zeitungen steht. Mehr nicht. Nur das von diesem Esteban Rius.«

»Komm, geh unten in der Kneipe was trinken und fahr dann ins Büro. Ich bleibe die ganze Nacht hier.«

Als Isabel aus dem Schlafzimmer kommt, sitzt Daniel alleine auf dem Sofa, trinkt einen Whisky und liest die Zeitung, die jemand auf dem Tisch liegengelassen hat. Wie er sich so, hinter seiner Zeitung verschanzt, auf dem Sofa räkelt, sieht er aus wie ein Familienvater, der gerade einen der angenehmsten Augenblicke seines Lebens genießt.

Esteban Rius Gimenéz, der wahrscheinlich sowohl in den Raubüberfall, bei dem drei Picassos gestohlen wurden, als auch in die drei Mordfälle, die sich am vergangenen Sonntag ereigneten, verwickelt ist, hat Herrn Antonio Buxadé Vicent überfallen und mit einer Pistole niedergeschlagen. Trotz des polizeilichen Befehls, Sant Pau del Port nicht zu verlassen, ist der Beschuldigte seither flüchtig. Vermutlich hat er eine Vespa, Kennzeichen soundso, gestohlen, die später in Agullana, einem Dorf in der Nähe der französischen Grenze, gefunden wurde. Alle Anzeichen deuten darauf hin, daß sich der Flüchtige bereits im Nachbarland aufhält. Der Haftbefehl ist an die französische Polizei weitergeleitet worden.

Daniel schaut der Feministin tief in die Augen. Sie fechten ein kurzes, stilles Duell aus, bis Daniel schließlich sagt: »Kann ich mit Celia sprechen?«

»Sie möchte sich ausruhen.«

»Dazu wird sie noch Zeit genug haben.«

Isabel hält ihn am Ärmel fest. Für einen kurzen Moment stehen sie ganz nah beieinander, nur eine Handbreit voneinander entfernt.

»Wehe, du wagst es, Hand an sie zu legen.«

Daniel lächelt verführerisch.

»Für wen hältst du mich eigentlich? Selbstmord ist übrigens Gewalt gegen die, die einen lieben. Wußtest du das? Nicht ich greife sie an, sondern sie mich! Ich habe nie Hand an sie gelegt. Das würde ich niemals tun. Ich habe auch nie den Hörer aufgelegt, wenn sie noch gesprochen hat.«

Unvermittelt legt er seine Hand auf Isabels Schulter. Sie zuckt zusammen. Einfühlsam, zärtlich und flehend sagt er:

»Bitte, würde es dir etwas ausmachen, heute nacht hierzubleiben und dich um Celia zu kümmern? Es schmerzt mich, das sagen zu müssen, aber ich glaube, sie vertraut dir mehr als mir.«

Seine Bitte ist absolut doppeldeutig.

»Ich hatte sowieso vor hierzubleiben«, antwortet Isabel und schüttelt Daniel ab, als verströme er einen unangenehmen Geruch. Daniel

räuspert sich und geht leise ins Schlafzimmer. Celia liegt mit offenen Augen auf dem Bett, vollständig bekleidet.
»Ich muß weg«, sagt sie mit rauher Stimme, als sie Daniel sieht.
»Was? Wohin denn?«
»Irgendwohin. Ans Ende der Welt. Irgendwohin, wo du nicht bist. Ich muß weg. Das sagst du doch auch immer, wenn ich mit dir reden will. Jetzt sage ich es mal. Ich muß weg.«
»Celia...« Übereifrig setzt Daniel sich auf die Bettkante. Sie bewegt sich nicht. Nicht einmal den kleinen Finger.
»Ich muß weg«, wiederholt sie.
»Celia, wir haben doch miteinander geredet...«
»Ich liebe dich nicht mehr«, verkündet sie teilnahmslos.
Daniel stützt seine Ellbogen auf die Knie, läßt den Kopf hängen und gibt ihr zu verstehen, daß er freiwillig zu jedem Opfer bereit ist. Er seufzt, fährt mit der Hand über seine Stirn und kratzt sich am Kopf.
»Ich liebe dich, Celia, aber ich kann dich zu nichts zwingen. Das weißt du. Heute nacht bleibe ich bei dir.«
»Nein!« Celia beißt sich auf die Lippen und schüttelt wie besessen den Kopf, hin und her, hin und her, hin und her.
»Na gut«, sagt er tief betrübt. »Ich kann dich nicht zwingen. Isabel wird hier bei dir schlafen. Sie wird sich um dich kümmern.«
Er steht auf.
»Ich hab mit einem Typen gevögelt«, sagt Celia, immer noch in diesem teilnahmslosen Tonfall. »Und mir ist auf einmal alles klar geworden. Ich kann rausgehen und mir jeden aufreißen, den ich will. Ich kann vögeln, mit wem ich will. Ich brauch dich nicht. Ich habe es Doktor Pujol erzählt, und er hat gesagt, daß ich dich verlassen soll, wenn ich nicht mit dir leben kann. Das ist eine gute Idee.«
Daniel setzt sich neben sie und versucht ihre Hand zu streicheln. Aber Celia zieht sie weg und dreht ihm brüsk den Rücken zu.
»Hau ab!« schreit sie. »Hau ab!«
Das sind die ersten Anzeichen eines hysterischen Anfalls. Daniel verläßt das Zimmer.

Isabel steht in der Küche und bereitet das Abendessen zu. Schweinerücken und Spiegeleier brutzeln in der Pfanne. Die einzigen Worte, die Daniel und Isabel im Laufe des Abends gewechselt haben, waren: »Wie geht es ihr?«, »Sie schläft«, »Willst du was trinken?«, »Nein«, »Ich gehe was zum Essen kaufen«, »Nimm das Geld!«, »Nein«,

»Wird es lange dauern?«, »Ich mache nur ein paar Besorgungen«, »Wenn sie aufwacht, sag ich ihr, daß du gleich zurückkommst.« Dumpf und quälend haben sich die Stunden dieses Abends dahingeschleppt. Stunden, in denen eine gewisse Intimität zwischen den beiden entstanden ist, obwohl sie kaum ein Wort gewechselt haben. Wie der Sonntagabend eines Ehepaares, das sich nichts mehr zu sagen hat. Isabel ist Lehrerin. Schweigend hat sie im Eßzimmer Klassenarbeiten korrigiert. Daniel hat sie unentwegt beobachtet, den Kopf leicht zur Seite geneigt, so als würde er ihren Wert abschätzen wollen. Von Zeit zu Zeit hat sie hochgeschaut und Daniels unangebrachtes Lächeln ignoriert. Als das Telefon klingelte, hat Isabel abgenommen, als sei sie die Hausherrin.
»Sie ist krank«, hat Isabel gesagt. »Nein, sie ist nicht zu sprechen.« Aber in dem Moment muß Celia im Schlafzimmer den Hörer abgenommen haben. Isabel hat eine Weile gewartet und dann, ohne ein Wort zu sagen, aufgelegt. Sie hat Daniel nicht angesehen und auch nicht gesagt, wer der Anrufer war. Daniel hat sich nicht die Mühe gemacht zu fragen. Er war clever genug, sich zurückzuhalten. Zehn Minuten später machte das Telefon »Ping«. Celia hat aufgelegt. Daniel vermutet, daß es ihr Liebhaber war, der angerufen hat. Der Typ, mit dem Celia geschlafen hat. ›Worüber mögen sie gesprochen haben?‹ ›Was hat sie ihm erzählt?‹ ›Ob sie sich verliebt hat?‹ ›Will dieser Typ sie etwa für sich haben?‹ ›Will er ihr den Kopf verdrehen?‹ ›Wußte er, daß Celia versucht hat, sich umzubringen?‹ ›War er es vielleicht, der sie in den Selbstmord getrieben hat?‹
Später ist Isabel dann rausgegangen und nach einer halben Stunde mit einer Plastiktüte vom Supermarkt zurückgekommen. Eier, Schweinerücken, Pfirsiche, eine Flasche Wasser und eine Flasche Wein. Celia ist wachgeworden und hat nach Isabel gerufen. Isabel hat sich mit Celia im Schlafzimmer eingeschlossen, und sie haben eine ganze Weile miteinander geredet. Daniel hat keine Anstalten gemacht, sich dem Schlafzimmer zu nähern. Er hat den *Cambio 16* von A bis Z durchgelesen. Dann ist Isabel aus dem Schlafzimmer gekommen und sofort in der Küche verschwunden. Sie verhält sich so, als würde Daniel überhaupt nicht existieren. Daniel dagegen guckt sie an, als wäre sie die einzige Frau auf dieser Welt. Er lehnt sich an den Türrahmen und hüstelt, um auf sich aufmerksam zu machen.
»Ich wollte dir sagen, daß...«
Isabel zuckt erschrocken zusammen, guckt ihn aber nicht an. Sie

atmet heftig: »Ich wollte sagen, daß ich bisher keine gute Meinung von dir hatte. Nach allem, was ich über dich gehört hatte, habe ich mir ein ganz falsches Bild von dir gemacht. Du gefällst mir...« Sie hantiert geschäftig mit dem Essen. »Ich wollte mich nur bei dir bedanken.«
»Ich mache das Essen für Celia und mich, nicht für dich.«
Daniel lächelt nachsichtig.
»Nicht deswegen«, sagt er. »Sondern... Naja, egal. Auf jeden Fall, vielen Dank. Bist du morgen früh hier?«
»Ja, ich arbeite nachmittags.« Und in demselben Ton, den Celia vor ein paar Stunden angeschlagen hat, fügt sie hinzu:
»Ich nehme an, du mußt weg.«

Vier Tage später

Linker Hand ist eine kleine Tür zu sehen. Der Besucher, der durch sie hineingeht, findet sich in völliger Dunkelheit wieder. Ein penetranter Stallgeruch dringt in seine Nase, und eine unsichtbare Stereoanlage umgibt ihn mit perfekt synchronisierten Geräuschen: Schnauben, Wiehern, Kettenrasseln. Nicht vorhandene Pferde scharren und schlagen ungeduldig mit ihren Hufen. Trotzdem ist da nichts weiter als diese Dunkelheit. Am Ende des Raumes kann man, wenn man einige Stufen hochgeht, ein leistungsstarkes Fließband in Kleinformat betrachten. Acht Arbeiter rackern sich mit dem Bau von kleinen, batteriebetriebenen Transistorradios ab. Sie verbinden die Teile, die neben ihnen liegen, mit denen auf dem endlosen Fließband. Einer stellt das Radiogehäuse auf, der nächste baut die Batteriefassung ein, der dritte bringt die Druckschaltung, die Dioden, Kondensatoren usw. an, ein anderer die Lautsprecher, der fünfte die Antenne, der sechste die Stationsskalen, der siebte die Drehknöpfe und den Spannungsmesser, der letzte die Rückwand. Und das alles nur, damit ein neunter, ein riesiger, stämmiger und muskulöser Mensch die kleinen Apparate mit kräftigen Stockschlägen wieder kaputtmachen kann. Eins und zwei und drei und… Die Teile, die nicht von dem Stock zerschmettert werden, fliegen wie Projektile in alle Richtungen. Eine Gruppe von Zuschauern beobachtet den Vorgang. Einige lachen, andere fassen sich ratlos ans Kinn und suchen den tieferen Sinn der Sache zu ergründen. Unbeirrt, so als sei es das natürlichste der Welt, führen die Arbeiter ihre unnütze Aufgabe aus. Sie stellen ein konkretes Bild dar. Vielleicht ein Abbild der fiebrigen, absurden und destruktiven Konsumgesellschaft.

»Das ist Armand, der Amerikaner!« ruft María, die alles belustigt verfolgt. »Sein Thema ist immer die Aggression, die Zerstörung. Aber das heute ist noch harmlos. Das Werk von ihm, das mir am besten gefällt, ist diese Aktion, bei der er mit ein paar Helfern in eine Wohnung der New Yorker Mittelschicht eingedrungen ist und alles kurz und klein geschlagen hat. Aber wirklich alles, bis zum letzten Möbelstück, bis zum letzten Einrichtungsgegenstand, bis ins kleinste Detail. Und die Familie hatte von all dem keinen blassen Schimmer!« María lacht schallend. »Kannst du dir das vorstellen? Wie sie, mitten beim Abendessen, von diesen Leuten überrascht werden, die alles kurz und klein schlagen? Schlag für Schlag...«

»Und dann?«

»Dann hat sein Mäzen der Familie eine neue Wohnung gekauft, in Manhattan oder so, und hat ihnen für den Schreck eine Entschädigung gezahlt. Und die andere Wohnung blieb haargenauso, wie der Künstler sie hinterlassen hat. Sie ist ein Kunstwerk. Ich glaube, Araber haben die Wohnung für eine Unsumme gekauft.«

»Aha.«

Die beiden schlendern langsam über das Messegelände. Ein riesiges, fünfstöckiges Gebäude, in dem Tausende von Ausstellern untergebracht werden können. Sie haben keine Eile. Die Aktion von Pascual Carlos, an der Daniel teilnehmen wird, soll um elf Uhr stattfinden, und es ist erst viertel vor. Auf jeden Fall wird sowieso nicht angefangen, bevor sich nicht die Schar von Kritikern, Kunstsachverständigen, Mäzenen, Kunstliebhabern und Neugierigen in dem vorgesehenen Raum versammelt hat. Fürs erste beschränken sich María und Daniel also darauf, ziellos und neugierig Hand in Hand umherzuschlendern. María spielt die Fremdenführerin und setzt Daniel über alles, was er sieht, genauestens ins Bild.

»Diese Baracke mit dem Stallgeruch war ein *Environment*, eine Art Bühne also, ein Raum, ein feststehendes Ambiente sozusagen. Das mit dem Fließband ist eine Aktion, eine *Performance*. Das ist zur Zeit absolut in. Eine *Performance* ist sozusagen eine Aufführung des Werkes. Meistens ist der Künstler der Schauspieler, neben seinen Helfern, seinen Komparsen...«

Alles in allem sehr didaktisch. Zwischen den Leuten stehen hier und da einige verwirrte und erschrockene Hirsche in Verteidigungshaltung.

»Das mit den Hirschen, zum Beispiel«, belehrt ihn María weiter, »ist ein *Environment*. Es ist über das ganze Messegelände verteilt und vermittelt einem ein ganz eigenartiges Gefühl. Findest du das nicht auch? Das muß eine Sache von Beuys sein, dem bekanntesten Konzept-Künstler. Hirsche, ob lebend oder ausgestopft, kommen in den meisten seiner Werke vor. Aber ich kann dieser Aktion noch nichts abgewinnen.«

Auf einem Balken, der oben über den Zuschauern angebracht ist, hockt ein Künstler, dessen Werk darin besteht, geräuschvoll die Aufmerksamkeit der Leute, die unter ihm herspazieren, auf sich zu lenken. Wenn jemand darauf reinfällt und nach oben schaut, spuckt ihm der Künstler ins Gesicht. María bricht wieder in schallendes Gelächter aus.

»Das ist Acconci«, sagt sie glucksend und zieht Daniel zu einer Stelle, wo sich eine wahre Menschenmenge versammelt hat. Sie zieht ihn von hier nach da, bahnt sich einen Weg durch die Menge und redet im Flüsterton über höchst intellektuelle Dinge. Sie sind wie zwei Kinder, die über die Kirmes laufen und Lose sammeln. Mal sehen, wer am meisten zusammenkriegt. Als sie sich vor der Messehalle getroffen hatten, hatte María einen nervösen und unruhigen Eindruck auf ihn gemacht. Wie eine freche Göre, die ungeduldig darauf wartet, gleich in den Zirkus gehen zu dürfen. Jetzt, als sie Daniel diese großartige Ausstellung von Exzentrizitäten zeigt, wirkt sie glücklich.

»Komm! Ich glaube, da vorne ist Benito. Mit seinen *Performances* lockt er immer jede Menge Leute an.«

»Und was macht er?« fragt Daniel leicht besorgt.

»Ich nenne ihn den Matador«, antwortet María. »Manchmal verkleidet er sich als Torero, um seine Opferhandlungen durchzuführen.«

»Opferhandlungen...?«

Das erschütternde, schmerzerfüllte Brüllen eines Stieres ertönt. Daniel späht durch die Menge, und das erste, was er sieht, ist ein ausgewachsenes Rind, das wild ausschlägt. Nur mit Müh und Not kann es von einigen Männern gebändigt werden. Die Männer legen das machtlose und verzweifelte Tier auf einen Holztisch. Sein Maul ist weit aufgerissen; in seinen Augen steht Wahnsinn; seine Hinterbeine sind gefesselt, so daß der Körper die Form eines Kreuzes bildet. Überall im Raum hängen Kreuze verschiedenster Form und Größe. Sogar ein violettes Meßgewand mit aufgesticktem Kreuz. Bevor Daniel sich noch weitere Details anschauen kann, gellt ein unerträglicher, metallischer Schrei in seinen Ohren. Die Leute um ihn herum zucken zusammen. Einer stößt pfeifend Luft durch die Zähne aus. Der Herzschlag all dieser Leute ist zu hören und wirkt wie eine beharrliche Hintergrundmusik. Dann sieht Daniel die Kreissäge, mit der man normalerweise Baumstämme durchsägt, und die sich jetzt mit rasender Geschwindigkeit auf das Tier zubewegt. Ängstlich hält man die Luft an. Mit offenem Mund, wie hypnotisiert, verfolgt man die Szene und wartet ab, was nun passieren wird. Die dichtgedrängte Menge steht mucksmäuschenstill. Plötzlich ist die Säge schon ein Teil des Maules. Diese wahnsinnigen Augen! Auf einmal hört das Brüllen auf. Ein Strahl aus Blut, Haut und Hirnmasse spritzt gegen die Decke und regnet auf die Zuschauer nieder. Instinktive Fluchtbewegungen, Panik, Schreie. Alle versuchen, sich mit Armen und Händen zu schützen. Daniel springt zurück. In einer Ecke erbricht sich ein junger Mann. Ein Mann mit Tirolerhut schleudert blasphemische Flüche in den Raum. Seine Frau sagt keinen Ton, um nicht ein Kunstwerk zu kritisieren, das sie nicht versteht. Ein Sportsmann, dessen Jacke mit Blut beschmiert ist, brüllt vor Lachen. Daniel bemerkt, daß er selbst auch Blutflecken auf der Schulter hat. María lacht immer noch und zieht ihn weiter, auf der Suche nach neuen, aufregenden Ereignissen. Auch auf ihrem tief dekolletierten, grünen Kleid sind Blutflecke zu sehen.

»Komm, laß uns weitergehen!« schreit sie. »Bartrina und Pascual warten bestimmt schon auf uns.«

Kritiker, Mäzene, Kunstliebhaber und Künstler sind in alle Richtungen verschwunden, um sich dann wieder zu versammeln und sich gemeinsam der nächsten Überraschung zu stellen. Wie María erzählt, kommen normalerweise nicht so viele Leute zu einer Konzept-Kunst-Ausstellung. Aber das hier ist ein riesiges *Happening,* auf dem alle wichtigen Persönlichkeiten aus der Kunstwelt und sämtliche Fachleute des internationalen Kunstmarktes versammelt sind. Außerdem haben sich die neugierigen Barcelonesen hinzugesellt und als ignorantes, verlegenes Publikum dazu beigetragen, daß diese Konzept-Kunst-Ausstellung alle bisherigen in den Schatten gestellt hat, nicht, was die Qualität angeht, sondern die Quantität. (Es ist übrigens die erste Ausstellung ›Nur für Erwachsene‹, die auf dem Messegelände stattfindet.)

Wie bei einer Touristenführung hüpfen Gruppen von Experten und Laien von *Environment* zu *Performance* und lauschen gespannt den polyglotten Kommentaren der anderen. Wenn sie in einen Raum kommen, tritt der Künstler in Aktion. Wie eine von diesen Kirmesfiguren, die mit einer Münze in Gang gesetzt werden können. Ist ein Kunstwerk beendet, strömt die Menge zum nächsten Künstler, auf der Suche nach neuen, aufregenden Ereignissen.

»Den Künstlern dürfte das gar nicht gefallen«, hat María gesagt. »Die Elite weicht hier der Masse. Aber die Künstler bevorzugen eigentlich einen kleinen, ausgewählten Kreis von Zuschauern. Hier gibt es weder *Kunstpäpste* noch *heilige Kühe,* und ich glaube nicht, daß dies hier Zukunft haben wird. Aber solange es sowas noch gibt, sollten wir uns ruhig ein bißchen amüsieren, nicht wahr?«

Auf dem Weg zu dem Raum, in dem Pascual Carlos' Aktion stattfinden soll, entdecken sie das Geheimnis des Environments von Beuys. Einige der Hirsche, die sich auf dem Gelände tummeln, sind ausgestopft. Durch ein Uhrwerk in ihrem Inneren werden Ohren, Beine und Kopf bewegt. Auf den ersten Blick wirken sie wie echte Hirsche. Aber dann, verglichen mit den lebendigen, die ihre ausgestopften Artgenossen mißtrauisch beschnuppern, wirken sie unheimlich und beängstigend. Wahrscheinlich ist es das, was der Künstler zeigen wollte. Den Kontrast zwischen einem toten, wurmstichigen Körper und einem lebendigen, empfindsamen Wesen. In einem der Räume steht ein großer Tisch. Er ist wie für ein Bankett gedeckt. Gläser, Porzellan, Blumen und Kerzen. In der Mitte des Tisches ist, auf einem großen Tablett, das Essen angerichtet: ein nacktes Mädchen liegt regungslos wie eine Tote auf dem Rücken, umgeben von Pommes frites und Paprikaschoten, eine Sahnehaube auf dem Schamhügel, mit rot bemalten Brustwarzen, die aussehen wie Sauerkirschen. In einer anderen Ecke des Raumes wird auf einer Filmleinwand ein Film gezeigt: Eine weiße Malerleinwand fängt an zu brennen. Gleichzeitig fängt auch die Filmleinwand an zu verbrennen. Projiziertes Bild und Realität vermischen sich.

Bartrina kommt mit ausgestreckten Händen auf die beiden zu. Sein unruhiger Blick, der zwischen Daniel und María hin und her hüpft, steht in einem seltsamen Widerspruch zu seinem überströmenden, freundlichen Lächeln. Neben Bartrina geht Gioconda, das Kunstwerk mit den schreiend grünen Haaren. Sie trägt ein Kleid aus silbernen und goldenen Metallplättchen und ist geschminkt wie ein Vampir. Bei jedem Schritt schlenkern ihre Glieder wie die einer Marionette. Nach der Begrüßung stellt Daniel sich ein wenig beiseite, um María und Bartrina zu beobachten. Seitdem er weiß, daß sie eine Affäre hatten, ist er neugierig zu erfahren, wie sie sich bei diesem Treffen wohl benehmen werden. Er fragt sich, wie sich diese modernen, vorurteilsfreien Menschen verhalten, die sowohl mit dem Geschäftspartner ihres Vaters als auch mit einem dahergelaufenen, zynischen Privatdetektiv ins Bett gehen und die ihre Kunstfrau mit jedem Erstbesten teilen. Aber er kann sie nicht weiter beobachten, denn Gioconda stürzt sich regelrecht auf ihn. Sie stellt sich neben Daniel, riesig wie sie ist, streichelt sein weißes Haar und verzieht ihren Mund zu einem aggressiven Lächeln. Ihre Lippen sehen aus, als seien sie mit Blut geschminkt.

»Hallo!« sagt sie. »Du hast mir letztens sehr gut gefallen.«

»Das freut mich.«

»Ist dein weißes Haar echt? Willst du mein Liebhaber werden? Ich bin wirklich gut im Bett.«

Bartrina dreht sich zu den beiden um, schüttelt Daniels Hand und unterbricht sie beunruhigt.

»Sei doch nicht so direkt, Gio. Du erschreckst die Leute.« Marías Gesichtsausdruck wirkt plötzlich gar nicht mehr kindlich verspielt. Daniel fragt sich, ob sie wohl eifersüchtig ist.

»Was hältst du von unserer Wundermesse, Ponce? Komm doch mal her! Verstehst du langsam, was Konzept-Kunst ist? Du mußt wissen, daß es recht außergewöhnlich ist, so viele Meister auf einmal bewundern zu können. Wer hat dir am besten gefallen?«

»Den Künstler, der Blinden die Beine bricht, habe ich noch nicht gesehen«, sagt Daniel ausweichend.

»Hahaha... Der konnte nicht kommen. Er sitzt im Gefängnis.«

»Warum bittest du ihn nicht, heute abend bei uns vorbeizukommen?« fragt die Kunstfrau hartnäckig und wühlt weiter in Daniels weißen Haaren. »Wir könnten gemeinsam...«

»Besser, er fragt mich gar nicht erst. Ich würde sowieso nein sagen. Ich misch mich nicht gern in private Angelegenheiten.«

»Ooooh...« sagt sie enttäuscht und zieht eine Grimasse, die ganz und gar nicht lustig wirkt. María scheint das alles nicht zu behagen. Bartrina lacht, aber sein Lachen klingt hohl. Er ist nervös. So nervös wie gestern, während seines Streits mit dem Künstler. Und irgendwas in seinem Verhalten, in seiner Gestik, verrät, daß diese Nervosität bei ihm nicht die Regel ist, daß er Spannungen gewöhnlich meidet.

Der Raum, in dem die *Performance* von Pascual Carlos stattfinden soll, ist relativ klein. An einer Wand steht ein großer Weidenkorb. Daniel beugt sich über ihn und sieht eine riesige, schwarze Katze, die ihn mißtrauisch und herausfordernd anstarrt. Ungefähr sieben Meter davon entfernt steht eine Staffelei mit einer weißen Leinwand. Die Staffelei ist im Boden befestigt und die Leinwand an die Staffelei genagelt. Ganz hinten im Raum sitzt Pascual Carlos. Er macht einen ruhigen und gelassenen Eindruck. Nur seine Augen wirken sorgenvoll. Als er Daniel sieht, steht er auf und geht ihm entgegen. Er wirkt müde.

»Die Aktion heißt *Aggression gegen die etablierte Kunst*«, verkündet Bartrina.

»Und worin besteht die Aktion?«

»Das wirst du schon sehen. Da hinten kannst du dir einen Overall überziehen, damit dein Anzug nicht schmutzig wird.«

In der Ecke, auf die Bartrina gedeutet hat, findet Daniel einen weißen Overall. Er erinnert ihn an die Overalls der beiden ermordeten Mädchen in der Kapelle von San Cayetano. Neben Daniel steht ein völlig blasser, nervöser und verstörter Pascual Carlos.

»Was ist los, Künstler?« fragt Daniel jovial und zieht seine Schuhe aus.

»Hör mal, Ponce«, sagt der andere unbeholfen. »Ich wollte dich um Verzeihung bitten. Wegen dieser Sache von gestern.«

»Schon gut, schon gut«, sagt Daniel beschwichtigend und steigt in den Overall. »Es war ja sehr lehrreich für mich. Ich hab 'ne ganze Menge begriffen.«

»Ich meine«, sagt der Künstler und fährt sich mit der Zunge über die Lippen, »das mit dem Messer war wohl'n bißchen übertrieben. Ich glaube, ich hab dich beleidigt, deshalb...«

»Ist schon in Ordnung.«

»Vor einer Aktion bin ich immer sehr nervös. Und Bartrina macht mir'n ziemlichen Druck, mußt du wissen. Zwei Aktionen an einem Tag sind einfach zuviel.«

»Aber die Aktionen heute sind doch nicht so kompliziert wie einige andere, die du schon gemacht hast...« Seelenruhig blickt er in Pascuals scheue, erschrockene Augen. »Ich finde das alles ziemlich gefährlich.« Daniel zieht den Reißverschluß hoch. »Dieser Overall sieht genauso aus wie die Overalls der Leute, die Puiggráns Bilder geklaut haben, oder?«

»Nein. Ich meine... ich weiß nicht. Also, ich wollte mich nur bei dir entschuldigen. Ich wollte sagen, daß... daß ich mir meiner Widersprüche bewußt bin. Kunst kann und soll nicht verkäuflich sein. Das weiß ich, aber... Ich kann nicht verhindern, daß Bartrina... Ich meine, Kunst ist mein Leben.«

»Ja«, sagt Daniel geistesabwesend und fügt absichtlich ganz unzusammenhängend hinzu: »Es ist derselbe. Ich finde es übrigens sehr gefährlich, systematisch mit Aggressionen zu spielen. ›*Aggression ge-*

gen die etablierte Kunst‹ heißt das, was wir heute machen, nicht wahr? Es ist nicht das erste Mal, daß du zu diesem Thema eine Performance machst, oder? Weißt du, daß ich die Picassos vor der Polizei finden muß, wenn ich was verdienen will?« Daniel zieht sich die Schuhe an. So kann er Pascuals Augen nicht sehen, dafür aber seine Hände, die er nervös aneinander reibt. »Puiggrán ist bereit, mit demjenigen, der die Bilder hat, zu verhandeln. Und er zahlt gut. Soweit ich weiß, handelt es sich um Kopien. Das sagt jedenfalls Carbó. Was glaubst du?«

»Ich weiß nicht«, sagt der Künstler und deutet damit an, daß er sich nun verabschieden will. Pascual Carlos wirkt äußerst verängstigt. Er sieht aus, als wäre er am Ende seiner Kräfte, als stände er kurz vor einem gewaltigen Wutausbruch oder vor einem verzweifelten Selbstmordversuch.

»Die Kritiker warten schon!« kündigt Bartrina an.

»Also los, gehen wir«, sagt Daniel. »Was soll ich machen?«

»Du mußt da hinten auf der Leinwand ein Bild malen. Was du malst, bleibt dir überlassen.«

Sachverständige, Kritiker, Mäzene, Neugierige und Ignoranten haben sich rund um Weidenkorb und Leinwand versammelt. Daniel setzt sich auf den hohen Hocker vor der weißen Leinwand. Neben ihm steht ein kleiner Tisch, auf dem Ölfarben, Palette und Pinsel liegen. Daniel weiß noch nicht genau, was er malen will, als er rote, gelbe und grüne Farbe auf der Palette verteilt. Er hat nur eine vage Idee. Er spürt, daß viele, viel zu viele Blicke auf ihn gerichtet sind. Aber er läßt sich nicht einschüchtern, tupft den Pinsel in die grüne Ölfarbe und improvisiert ein unregelmäßiges Fünfeck. Er fügt zwei Punkte, eine vertikale und eine horizontale Linie hinzu, und das Fünfeck verwandelt sich in ein Gesicht. Selbstsicher und ohne zu zögern mischt er Grün und Gelb und malt einen schmutzig-grünen, zottigen, verfilzten Haarschopf über das Fünfeck-Gesicht. Die Farbe verläuft unregelmäßig über die Wangen. Daniel tunkt den Pinsel noch einmal in die Farbe, und die nächsten Striche werden schon wesentlich gelber. Plötzlich bewegt er kraftvoll seinen Arm. Einen Moment lang vergißt er jede figürliche Absicht. Gelb-grüne Pinselstriche durchkreuzen das Gesicht, beschmieren Nase und Augen. In einer plötzlichen Eingebung taucht er den Pinsel in die grüne Farbe und umkreist die Augen der Figur mit groben Pinselstrichen, was dem Gesicht einen Ausdruck des Erstaunens, des Entsetzens verleiht. Mit energischem

Pinselstrich setzt Daniel weitere grüne Linien hinzu, die Schultern, zwei Halbkreise, die weibliche Brüste darstellen sollen, und zwei weitere Punkte für die Brustwarzen. Wie durch eine plötzliche, mystische Inspiration wirft er seinen Pinsel weg und nimmt sich einen neuen, dickeren. Während dieser kurzen Unterbrechung läßt Daniel seinen Blick in die Runde schweifen. María und Bartrina beobachten ihn von weitem. Sie machen sehr ernste Gesichter und schauen abwechselnd ihn und das Publikum an. Pascual Carlos ist in den Weidenkorb geklettert und stellt irgendwas mit der Katze an. Er sitzt in der Hocke, beugt sich vor und zurück, streckt die Arme aus, springt zurück, geht wieder zum Angriff über. Das ganze sieht aus wie eine Schlägerei. Hinter Daniel macht irgend jemand eine Bemerkung. »Grober Unfug. Der reinste Zirkus.« Und ein anderer sagt: »Völlig kopflos. Absolut kein Konzept.« Daniel läßt sich nicht ablenken. Er tunkt den Pinsel in die rote Farbe und malt die Augen an. Das ist ungeheuer effektvoll. Dann setzt er, in Höhe der Brust, rote Tupfen auf die Leinwand. Eins, zwei, drei, wie Blutstropfen, die aus einem Körper strömen. ›Schüsse‹, denkt Daniel. Vier Schüsse mitten in die Brust. Ein Mann, der sein Gesicht unter einem Motorradhelm versteckt hatte, aber ansonsten genauso gekleidet war wie Daniel, mit einem weißen Overall voller Reißverschlüsse, schoß mit einer Magnum 357 auf eine Frau namens Elenita. Peng. Daran ist nichts mehr zu ändern. Er wirft den Pinsel weg und blickt hoch. Pascual Carlos trägt die Katze auf dem Arm und starrt Daniel an, als hätte er auf seinen Blick gewartet, um mit der Aktion zu beginnen. In einer Hand hält er ein Messer, dasselbe Messer wie gestern. Er macht eine abrupte Bewegung und rote Flüssigkeit bespritzt die Hand, das Hemd, den Boden, die Wand. Herzzerreißendes Miauen. Zuckende Pfoten zerkratzen die Luft. Daniel beißt die Zähne zusammen, wie wenn mit quietschender Kreide auf eine Tafel geschrieben würde. Plötzlich springt Pascual Carlos schreiend aus dem Korb, stürzt auf Daniel zu, läßt den toten Katzenkörper über seinem Kopf kreisen und besprengt alles mit Blut. Wie eine Ohrfeige klatscht die klebrige Flüssigkeit in Daniels Gesicht. Er weicht aus und wäre fast von seinem Hocker gefallen. Aber schon ist Pascual Carlos über ihm und schleudert die Katze gegen die bemalte Leinwand. Jetzt strömt richtiges Blut über die gequälte Figur. Die Katze fliegt durch die Luft. Ein frenetisches Auf und Ab. Pascual Carlos ist wie verwandelt. Tränen stehen in seinen wimpernlosen Augen. Eine Tötungsmaschine. Die Katze prallt klatschend auf Ölfarbe, wieder und wieder, bis die Lein-

wand plötzlich zerreißt, und das Tier durch den Riß hindurch auf den Boden fällt. Erneut stürzt sich der Künstler auf die Katze. Daniel steht erschrocken auf und springt zur Seite. Pascual Carlos wirft die Katze in hohem Bogen durch die Luft. Ein Bogen aus Blutstropfen. Die Zuschauer schreien auf. Pascual Carlos schleudert die Katze gegen Daniel. Geschickt tritt Daniel zur Seite, ballt die Fäuste und pariert sie mit einer kraftvollen Rückhand. Die Katze fällt zu Boden, der Künstler dreht eine Pirouette und fällt hinterher. Er vergießt bittere Tränen. Daniel dreht sich zum Publikum um, als erwarte er Applaus für seine Heldentat. Er lächelt María, und vor allem Bartrina, an.
»Normalerweise erwidert man Aggression mit Aggression«, sagt er triumphierend. »Gewalt erzeugt Gegengewalt. So schließt sich der Kreis.«
Einige Zuschauer lachen. Andere kratzen sich immer noch ratlos am Kinn und denken über den philosophischen Sinn dieser Aktion nach. Andere machen große, erstaunte Augen und sind völlig gebannt. Derselbe Zuschauer hat den gleichen Spruch wiederholt: ›Unfug, nichts als Zirkus‹. ›Absolut kopflos‹, hat der andere gesagt. Ein Engländer, der nicht willens ist, auf irgendeine Polemik einzugehen, sagt: »Interessante Kombination aus Emotion und Reflexion, aus Gefühlskälte und Leidenschaft…«
Pascual Carlos steht auf. Zitternd, verkrampft und zu Tode erschrokken wischt er sich die Tränen ab. Bartrina kommt eilig auf sie zu. Daniel, der schon dabei ist, den Overall abzulegen, erwartet eine strenge Zurechtweisung. Statt dessen klopft man ihm anerkennend auf die Schulter, wie jemandem, der gerade unbeschadet einen Unfall überstanden hat. Es wäre nicht verwunderlich, wenn Bartrina fragen würde: ›Hat dieser Rohling dir weh getan?‹ Oder: ›Geht's dir gut?‹ María kommt hinter Bartrina her und hält sich lachend die Hand vor den Mund.
»Sehr gut, sehr gut«, sagt Bartrina schnaufend. »Auf jeden Fall sehr außergewöhnlich, sehr gut… Warst du verärgert? Nein, nicht wahr? Es war ja nicht persönlich gemeint, das weißt du doch. Außerdem hast du dem ursprünglichen Konzept eine ganz eigene Wendung gegeben. Die Reaktion auf Gewalt, die Rebellion der traditionellen Kunst. Du würdest einen guten Konzept-Künstler abgeben. Falls du mehr über Konzept-Kunst wissen möchtest…« Aufdringliches Katzbuckeln des Sklaven vor dem Herrn. María steht neben ihnen. Bartrina lächelt sie beklommen an und sagt: »Ich habe ihm gesagt, daß er

dem Konzept von Pascual eine gute Wendung gegeben hat. Kunst und Kritik in einer Aktion. Er hat alles über den Haufen geworfen!« Bartrina zittert und stößt ein gezwungenes Lachen aus. »Wenn du mehr über Konzept-Kunst wissen willst, brauchst du nur in den Schweinestall zu gehen, nicht wahr, María?« Er lacht über seinen geistreichen Witz. »In die Schweineställe von Vilafort, hahaha!« Auch María krümmt sich vor Lachen. »Da wirst du weniger Scheiße finden als in dieser ganzen Ausstellung!« sagt er und schüttelt sich vor Lachen. Daniel beißt nicht an. Er zieht sich lediglich den blutüberströmten Overall aus, sagt »Adiós, ich muß gehen«, macht eine halbe Drehung und verläßt das Chaos. Er läßt den zersägten Stier hinter sich und auch das nackte Mädchen, das sich in den Delikatessen wälzt und die Kartoffeln ißt, auf denen sie serviert wurde. Er läßt den Zerstörer der Transistorradios hinter sich und den Mann, der auf alle spuckt, die zu ihm aufschauen. Er läßt die Hirsche hinter sich, ob sie nun mechanisch sind oder nicht, und auch das dunkle Zimmer mit dem Stallgeruch. Er tritt hinaus in die Außenwelt, wo alles vorhersehbar ist, nimmt ein Taxi und genießt es, daß es ihn mit Sicherheit nach Hause bringen wird. Genau dahin, wohin er will, an keinen anderen Ort. Keine Exzentrizitäten mehr.

Als Daniel um halb drei zu Hause ankommt, ist Isabel schon zur Arbeit gegangen. Celia ist tief in einen Sessel versunken, starrt wie hypnotisiert auf den Fernseher und ißt eine Tortilla. Gestern abend, als Daniel noch einmal ins Schlafzimmer gegangen war, um ihr eine gute Nacht zu wünschen, hat sie sich umgedreht und nicht geantwortet. Heute morgen, bevor er zur Kunstmesse ging, hat er an die Badezimmertür geklopft, als Celia unter der Dusche stand. Aber er hat keine Antwort bekommen. Daniel und Isabel haben sich nur einen nichtssagenden Blick zugeworfen. Aber als er jetzt ins Zimmer kommt und Celia dort im Halbschlaf vor dem Fernseher sitzen sieht, ist er zum ersten Mal leicht beunruhigt. Er setzt sich aufs Sofa, taxiert Celia und zündet sich eine Zigarette an.

»Celia!« sagt er. »Ruf doch deine Eltern an und fahr ein paar Tage nach Madrid, bis ich...«

»Ich ziehe zu Isabel«, unterbricht sie ihn und starrt weiter auf den Fernseher. Pause. Im Fernsehen wird von einem Aufstand in irgendeinem Gefängnis berichtet, wo sich die Gefangenen die Adern aufgeschnitten und dem Einsatzkommando Widerstand geleistet haben.

»Das ist böswilliges Verlassen der Familie«, sagt Daniel drohend.
»Ist mir egal. Du kannst alles behalten, was du willst. Auch Marc. Du ekelst mich an. Alles, was mit dir zu tun hat, kotzt mich an.« Pause. Im Fernsehen sprechen sie von zwei Toten und siebzehn Verletzten.
»Celia«, seufzt Daniel, »das kannst du doch nicht machen. Ich...«
»Ich kann tun und lassen, was ich will. Du machst ja auch, was du willst mit deinen Nutten...
»Celia, ich bitte dich. Das sind doch nur fixe Ideen von dir.«
Celia steht auf und stellt den Teller auf den Glastisch, auf dem alles so wirkt, als würde es in der Luft schweben.
»Nein!« sagt sie. »Das sind *deine* fixen Ideen, mein Lieber.« Sie geht zur Schlafzimmertür, dreht sich um und sagt:
»Die Modelle, die dir dieser Maler, dieser Jaime Trullás, schickt, das sind *deine* fixen Ideen. Dieses Mädchen aus der Calle Aribau und diese Tussi mit den bunten Haaren und den extravaganten Klamotten sind auch *deine* fixen Ideen.« Sie geht ins Schlafzimmer und schließt die Tür hinter sich ab.
Eine halbe Stunde lang bleibt Daniel nachdenklich auf dem Sofa sitzen, raucht eine Zigarette nach der anderen, hört Nachrichten, ohne sie zu hören, sieht auf den Teller mit den Resten der Tortilla, ohne ihn zu sehen. Dann ruft er Jaime Trullás an, um ihn zu fragen, wie Celia die Sache mit den Modellen erfahren hat. Aber Jaime Trullás ist nicht zu Hause. ›Er ist in New York‹, wird ihm gesagt, ›Er hat dort eine Ausstellung‹. Besser so, denn Celia hört sicher am Nebenapparat mit, und das Gespräch wäre etwas peinlich geworden. Dann wählt er Puiggráns Nummer und läßt sich mit ihm verbinden. Es dauert eine Weile, bis er ans Telefon kommt.
»Hier ist Daniel Ponce.«
»Gibt's Neuigkeiten? Was ist mit dem Typen, der nach Frankreich geflohen ist?«
»Immer mit der Ruhe, Herr Puiggrán. Der hat die Bilder nicht. Soll die Polizei sich ruhig mit ihm beschäftigen. Ich bin auf der richtigen Spur. Ist es wahr, daß es sich bei den Bildern nur um Kopien handelt?« fragt Daniel völlig unvermittelt.
»Wer hat das gesagt?«
»Ich habe es gehört. Das würde auch erklären, warum Sie so ein großes Interesse daran haben, die Bilder vor der Polizei zu finden.«
»Das geht Sie überhaupt nichts an. Erzählen Sie mir, wie weit Sie mit Ihren Ermittlungen sind.«

»Das geht Sie wiederum nichts an, Herr Puiggrán.« Wie du mir, so ich dir. »Ich bin nah dran. Mehr brauchen Sie nicht zu wissen.«
»Wenn Sie die Bilder nicht vor der Polizei oder der Versicherung auftreiben, dann sehen Sie keinen Pfennig von mir, Ponce.«
»Ich werde sie finden. Auf Wiederhören, Herr Puiggrán.«
»*Es sind* Kopien«, sagt Daniel laut, noch während er den Hörer auflegt. Das Telefon klingelt. Nur einmal.
»Ponce? Hier ist Melgarejo. Ich wollte Ihnen nur sagen, daß ich Ihre Frau nicht mehr überwachen werde.«
»Das brauchen Sie auch nicht.«
»Ich will für die letzten Tage kein Geld. Mir gefällt das alles nicht. Ich will keine Schwierigkeiten bekommen.«
Daniel antwortet nicht sofort. Er kneift ein Auge zu und denkt nach.
»Das brauchen Sie auch nicht«, wiederholt er geistesabwesend und legt auf.
Um zehn vor sechs macht es wieder ›Riiing‹. Diesmal ist Daniel derjenige, der mithört. Er hört, wie Celia mit einem Typen redet, der eine sanfte Stimme hat, aber offensichtlich nicht mehr der Jüngste ist.
»Hallo, Celia. Ich bin's. Wie geht es dir?«
»Gut. Er ist hier und versucht, mich einzuschüchtern. Er hört mit.«
»Sie hören mit, Herr Ponce?« Die Stimme verändert sich. Daniel schweigt. Er hat Angst.
»Ruf mich morgen unter folgender Nummer an...« Celia gibt ihm Isabels Nummer.
»Du machst doch keine Dummheiten mehr, Celia, oder?«
»Nein, natürlich nicht. Mir ist jetzt alles klar. Ich weiß, was ich tun muß. Mach dir keine Sorgen.«
»Versprichst du's mir?«
»Ich verspreche es dir.«
»Der Typ ist es nicht wert. Glaub mir, Celia.« Wieder verändert sich der Tonfall. »Stimmt's, Daniel? Du bist es nicht wert.« Die Stimme kommt Daniel bekannt vor.
»Adiós, Celia. Küßchen.«
»Adiós.«
Das Gespräch ist beendet. Daniel schenkt sich einen Whisky ein. Er kannte die Stimme, aber er kann sie nicht zuordnen. Seine Handflächen sind schweißnaß. Er hat Angst, mächtige Angst. Er klopft an die Schlafzimmertür. »Celia, mach auf! Celia, ich bitte dich, ich muß mit dir reden.« Keine Antwort. Das Telefon klingelt.

»Ja.«
»Daniel Ponce?«
»Am Apparat. Mit wem spreche ich?«
»Hier ist Esteban Rius.«

»Ist da Daniel Ponce?« zeichnet das Tonband auf. »Es geht um die Sache mit den geklauten Bildern… Ja, es ist sehr dringend… Wo kann ich ihn erreichen? Ja, ich notiere. Ja, ja, danke.«
Buxadé merkt sich die Zahlen, die der Junge in der Telefonzelle wählt, eine nach der anderen. Er kennt die Nummer. Es ist die Privatnummer von Daniel Ponce. Trotzdem, Gedächtnis und Sehvermögen zu trainieren, ist reine Routinesache für Buxadé. Das sind zwei Fähigkeiten, die jeder gute Detektiv haben muß.
»Daniel Ponce?« zeichnet das Tonband wieder auf. Die Nadel des Tonbandgerätes schwingt bei jedem Laut; bei den hohen Tönen schlägt sie voll aus.
»Hier ist Esteban Rius… Das tut nichts zur Sache. Ich habe Ihnen was zu sagen. Was Wichtiges, ja. Sie haben mir Fünfzigtausend geboten, nicht wahr? Also, ich will Fünfhunderttausend. Fünfhunderttausend oder gar nichts… Halten Sie mich für bekloppt? Ich sage gar nichts, bevor ich nicht die Kohle sehe. Also, adiós… Nein, warten Sie! Ich will 'ne Garantie von Ihnen. Ich kann nichts riskieren. Ich will 'ne Garantie. Irgendwas… Ja, genau das… Geben Sie mir Ihre Adresse. Und keine Tricks, verstanden? Oder Sie kriegen gar nichts. Gut. Ich höre. Gran Vía de Carlos Tercero. Ja. Nummer? Alles klar. Welche Etage? Ich komme noch heute nacht.«
Buxadé schaltet das Tonbandgerät ab und steigt aus seinem Talbot Horizon. Zwei lange Schritte in Richtung Telefonzelle. Esteban dreht sich um und fällt ihm geradewegs in die Arme. Buxadé packt ihn an der Schulter, drückt ihn gegen die Glasscheibe und zischt ihn an: »Sehr erfreut, dich wiederzusehen, Rius. Ich hatte 'ne Mordslust, dich zu treffen. Das schwör ich dir.«
Was Esteban am meisten beunruhigt, ist nicht dieser Überraschungsangriff an sich, sondern seine plötzliche Gelähmtheit. Als er vor zwei Tagen das Motorrad in der Nähe der französischen Grenze stehengelassen hat, um bei einer Freundin in Barcelona unterzutauchen, wußte er, worauf das hinauslaufen würde. Polizei und Detektive waren hinter ihm her. Ihm wurden drei Morde zur Last gelegt, dazu der Raub von ein paar Bildern, die mehrere Millionen wert sind. Er hatte

es schon seit einer Weile aufgegeben, herauszufinden, welche Rolle er in dieser Komödie spielte. Er dachte nur daran zu fliehen. Er wollte sich nicht den Schwarzen Peter zuschieben lassen. Da er sich nie irgendwo richtig niedergelassen hatte, fiel ihm das Weggehen nicht schwer. Und als er sich mit der Vespa in Richtung Grenze davonmachte, hatte er vor, nach Frankreich zu gehen und für immer zu verschwinden. Aber im letzten Augenblick dachte er noch mal darüber nach. Er besaß weder einen Paß noch genügend Geld, um irgendwo was anfangen zu können. Deshalb hat er die Vespa in der Nähe der grünen Grenze, über die er eigentlich fliehen wollte, einen Abhang hinuntergeworfen und ist zurückgefahren. Fünfzigtausend Riesen hatte der weißhaarige Detektiv ihm geboten, für eine Information, die er eigentlich haben müßte. Irgend jemand wollte ihm schaden, und er müßte diesen Jemand eigentlich kennen. Wenn er die richtigen Personen nennen oder ein paar nützliche Hinweise geben würde, müßte bei dem Weißhaarigen noch mehr Geld rauszuschlagen sein. Deshalb fuhr er mit dem Zug nach Barcelona zurück und kam dort bei einer alten Freundin unter. Er wußte, worauf er sich da einließ. Aber er war sich auch seines Reaktionsvermögens und seines Überlebenswillens bewußt. Er hatte Vertrauen in sich und seine körperliche Kraft. Das wäre nicht das erste Mal, daß er sich aus einer brenzligen Situation retten müßte. Was ihn jetzt, nachdem er hier in Vilafort eine interessante Entdeckung gemacht hat und die Lösung seiner Probleme schon in Sicht ist, was ihn jetzt, nachdem er überraschend von hinten angegriffen und gegen die Scheibe gedrückt wurde, am meisten in Panik versetzt, das ist diese Apathie, diese Unfähigkeit, irgendwie auf Gewalt zu reagieren.
Buxadé stößt ihn zur Tür und schubst ihn unsanft hinaus. Die schmerzende Wunde auf Buxadés Wange, die mit einem großen Pflaster zugeklebt ist, spürt Esteban in diesem Moment mehr als Buxadé selbst. Er erinnert sich an den Tritt in die Eier, den er ihm vor einigen Tagen verpaßt hat. Esteban weiß, daß die Stunde der Rache geschlagen hat, und so wie es aussieht, hat er nicht die geringste Chance, seiner Strafe zu entgehen. Bevor er reagieren kann, sitzt er schon in dem Talbot. Buxadé sitzt neben ihm, guckt ihn durchdringend an und sagt: »Ich werde dich der Polizei ausliefern. Wegen des Überfalls auf mich. Sie suchen dich wegen viel schlimmerer Sachen. Aber mir entkommst du nicht.« Sie lassen sich keinen Moment aus den Augen.
»Sag mir wenigstens, was du Ponce zu erzählen hast.«

»Von dem krieg ich fünfzigtausend. Was krieg ich von dir?«
»Nichts«, antwortet der Detektiv. Er zeigt auf ein Tonbandgerät, aus dem ein langes Mikrophon herausragt, das aussieht wie ein Spazierstock. »Ich hab dein Gespräch mit Ponce aufgenommen. Das ist ein Richtmikrophon, das alles aufnimmt, was im Umkreis von mehreren Metern gesagt wird. Jetzt weiß ich also, daß du irgendwas über den Bilderraub weißt, und die Polizei wird es auch bald erfahren. Außerdem weiß ich jetzt, daß Ponce auf eigene Faust arbeitet. Auch das werden die Bullen bald erfahren. Für dich ist die Sache gelaufen.« Bedrohliche Pause. »Erzähl mir wenigstens, was du weißt. Dann laß ich dich laufen und werde alles vergessen.«
›Nein‹, denkt Esteban, ›ohne Geld läuft nichts.‹ Er preßt seine Lippen zusammen und schüttelt verneinend den Kopf. Anscheinend hat Buxadé viel Geduld. Viel zuviel. Seine Gesten wirken ruhig und sicher, als er sich über den Rücksitz beugt, das Tonband einschaltet, das Band zurücklaufen läßt, auf ›*Stop*‹ drückt, und dann auf ›*Play*‹.
»...hunderttausend«, hört man Estebans Stimme sagen. »Fünfhunderttausend oder gar nichts... Halten Sie mich für bekloppt? Ich sage gar nichts, bevor ich nicht die Kohle sehe. Also, adiós... Nein, warten Sie! Ich will 'ne Garantie von Ihnen. Ich kann nichts riskieren. Ich will 'ne Garan...«
Buxadé schaltet das Gerät aus. Er dreht sich zu Esteban und sieht die Pistole, die auf ihn gerichtet ist.
»Laß den Wagen an. Wir fahren aufs Land!«
Das ist ein Befehl.
»Eine 9mm Smith & Wesson, was?« sagt Buxadé mit trockenem Mund. Er versucht, völlig locker zu wirken. »Mit so einer wurden auch die beiden Frauen in der Kapelle von San Cayetano erschossen. Der beste Beweis dafür, daß du mehr weißt, als du behauptest...«
»Schmeiß den Motor an, oder du kriegst 'ne Kugel in den Bauch!« schreit Esteban, kurz davor, die Beherrschung zu verlieren. Buxadé scheint sich mit seiner Niederlage abzufinden. Er läßt den Motor an, legt den ersten Gang ein und fährt los. Sie fahren über die Hauptstraße von Vilafort, die später in die Landstraße übergeht.
»Sei doch nicht blöd«, sagt der Detektiv. »Wenn sie mich finden...«
»Halt's Maul!« schneidet ihm Esteban mit zitternder Stimme das Wort ab.
»Wenn sie mich mit 'ner Kugel aus dieser Pistole finden, wissen sie,

daß du hier bist. Und dann gibt's kein Entkommen mehr. Alle glauben, daß du in Frankreich bist. Dein Steckbrief ist schon an Interpol weitergegeben worden. Niemand würde darauf kommen, daß du in Vilafort bist…«

»Halt's Maul!« wiederholt Esteban geduldig und zieht dabei die Vokale in die Länge.

Aber Buxadé kann nicht aufhören zu reden. Obwohl die Schatten schon länger werden und den baldigen Sonnenuntergang ankündigen, ist die Hitze immer noch unerträglich. Und noch nie war diese Straße so menschenleer.

»Wenn du mich umbringst, werden sie die Kugeln identifizieren können. Du hast in der Einsiedelei nämlich ziemlich rumgeballert, weißt du das? Dann wissen sie, daß du hier bist. Sie werden nochmal die Gegend nach dir abkämmen. Und sie kriegen dich, Esteban. Darauf kannst du Gift nehmen! Die kriegen dich.«

Schweigen. Sie nähern sich dem Feldweg, der zur Einsiedelei von San Cayetano führt.

»Nach rechts!« befiehlt Esteban seelenruhig. Er weiß, was er tun muß, und er hat keine Angst mehr. Genau wie damals, als er dem Amerikaner, der mit dem Messer auf ihn losgegangen war, beide Arme gebrochen hat. Um sein Leben zu retten, hätte Esteban ihn sogar getötet. Auch jetzt weiß er, daß sein Leben auf dem Spiel steht. Wenn dieser Schönling, wie er behauptet, alles den Bullen erzählen wird, ist es vorbei. Das heißt also: Es muß verhindert werden, daß er mit irgend jemandem redet. Sie fahren den Feldweg entlang, holpern durch Schlaglöcher und mühen sich den Abhang hoch. Der Berg zu ihrer Rechten sieht aus, als würde er sich gleich auf den Buchen- und Eichenwald stürzen, durch den sie fahren müssen, um zu der Einsiedelei zu kommen. Esteban greift nach unten, tastet nach dem Türgriff und findet ihn. Er hat das Gefühl, als handle jemand anderes für ihn.

»Außerdem«, sagt Buxadé selbstsicher, »ist deine Pistole gar nicht geladen…« Plötzlich leuchten seine Augen. Er erinnert sich an das, was die Leute vom Erkennungsdienst gesagt haben. ›*Den leeren Patronenhülsen nach zu urteilen, sind dreizehn Schüsse abgegeben worden. Wir nehmen also an, daß zwei Knarren im Spiel waren, und in der anderen dürften keine Kugeln mehr sein.*‹

»Sie ist nicht geladen!« ruft Buxadé und guckt Esteban triumphierend an.

Der Lauf der Smith & Wesson prallt geräuschvoll gegen Buxadés Schläfe. Er verdreht die Augen, und seine Arme fallen schlaff herunter. Esteban klammert sich ans Lenkrad, als wolle er es abreißen. Die Wagentür ist offen. Esteban fliegt förmlich durch die Luft. Er wird sich umbringen. Es dauert Ewigkeiten, bis sein Rücken auf dem Boden aufschlägt. Dann die Purzelbäume; die Steine, die ihn fast erschlagen; die Dornen, die in seine Haut dringen; die Büsche, die ihn auffangen. Die Welt steht Kopf. Dann die Schmerzen und die Freude über seine gelungene Flucht. Der Wagen hat abrupt seine Fahrtrichtung geändert, ist über harte Schlammfurchen gerumpelt und schnurstracks den Abhang hinuntergeflogen. Buxadés idiotischer Reflex, auf die Bremse zu treten, war vergebens. Der Talbot Horizon hat sich wie ein Tänzer um sich selbst gedreht. Dann hat er einen Satz gemacht, als wolle er einer plötzlichen Eingebung folgen und einen Salto mortale üben. Er ist gegen einen Baum geprallt und wäre beinahe zweigeteilt worden. Der Krach war ohrenbetäubend. Buxadé hatte keine Zeit hinauszuspringen. Der Wagen hat sich um den Baum geschlungen, als sei er durch magische Kräfte mit ihm verbunden. Dann hat sich der Wagen wieder auf seine vier Räder gestellt und den Rückprall dazu genutzt, auf einen anderen Baum loszugehen. Diesmal auf eine starke Eiche, die ihn endlich zum Halten gebracht hat. Das Getöse hört plötzlich auf. Nur die Radkappen setzen ihre Reise fort und stören die friedliche Ruhe.
Esteban hat sich wieder aufgerappelt. Ihm ist schwindelig. Er lehnt sich an einen Baum, um nicht noch weiter den Abhang hinunterzufallen, und atmet tief ein und aus, um den beißenden Schmerz in Kopf und Rücken zu verdrängen. Er hat die Pistole, das Rückenteil seiner Jacke und den Orientierungssinn verloren. Aber er lebt. Und dieser Scheißkerl von Buxadé hat es nicht geschafft, aus dem Wagen zu springen.
Es vergehen fünf Minuten, bis Esteban strauchelnd das Auto erreicht. Er faßt nichts an, um keine Fingerabdrücke zu hinterlassen. Aber er muß die Tür öffnen, um die verräterische Kassette rauszuholen. Buxadé liegt rücklings auf dem Beifahrersitz. Seine Augen sind geschlossen. Kein Anzeichen läßt erkennen, ob er tot oder verletzt ist. Esteban hält sich nicht damit auf, zu überprüfen, ob er noch atmet. Er hat seine Bewegungen nicht unter Kontrolle. Alles geht viel zu schnell. Augen, Kopf und Hände handeln wie von selbst. Die Pistole! Esteban wirbelt herum und läuft zur Straße. Da liegt sie. Er hebt sie auf, rennt

zum Auto zurück, wirft die Pistole hinein und fragt sich, warum er das gemacht hat. Ein kleines Rinnsal fließt durch das Gestrüpp. Sein Feuerzeug nähert sich der Flüssigkeit. Ganz instinktiv, eine vollkommen unüberlegte Geste. Eine Stichflamme schießt empor, folgt der Benzinspur, erreicht das Auto. Und Esteban ist völlig verdutzt. Er springt zurück, fällt hin, rollt den Abhang hinunter und hört von weitem das dumpfe Geräusch der Explosion. Als er sich wieder aufrichtet, sieht er dort, wo vorher das Auto stand, nur noch lodernde Flammen. Die Bäume fangen Feuer. Die reinste Hölle. Auf einmal wird ihm klar, was er getan hat. Im Zickzacklauf rennt er den Berg hoch und wieder runter, als sei er plötzlich verrückt geworden, oder als hätte er sich verlaufen und wüßte nicht, wohin. Er rennt durch den Wald, überquert die Straße, und es dauert lange, sehr lange, bis er wieder denken kann.

Esteban ist nicht mehr wiederzuerkennen. Ein Drei-Tage-Bart, tiefe Kratzer und dunkle Flecken verdüstern sein Gesicht und betonen den Glanz seiner braunen Augen. Parallel zur Knopfleiste seines kurzärmligen Hemdes verläuft ein langer Riß. Am Unterarm hat er eine blutverkrustete Wunde. Auf seiner zerissenen Hose sind Blutflecken zu sehen. Er ist ein einziges Wrack. Hinkend, stöhnend, erschöpft und einer Ohnmacht nahe, taumelt er durch den Flur. Als Daniel ihm die Tür öffnete, konnte er sein Erstaunen und sein Mitleid nicht verbergen. Er hat den Jungen ins Wohnzimmer geführt und mit einer linkischen Geste versucht, ihm beim Hinsetzen behilflich zu sein. Esteban läßt sich kraftlos aufs Sofa fallen, schließt die Augen und keucht so heftig, als hätte er gerade einen Hundert-Meter-Lauf gemacht. Seine Beine zittern vor Müdigkeit. Völlig erschöpft und regungslos liegt er auf dem Sofa. Erst seit kurzem verspürt er diese Müdigkeit. Erst seit dem Moment, als er den 2CV-Lieferwagen in einer Seitenstraße der Avenida Meridiana abgestellt hat. In der Metro ist ihm auf einmal bewußt geworden, daß er es geschafft hat und kurz vor dem Ziel angekommen ist. Bis dahin hatte er trotz seiner Selbstsicherheit und Tatkraft völlig unüberlegt gehandelt. Er hatte sich ungesehen bis zu einem Bauernhof durchgeschlagen, wo er den 2CV stehlen konnte. Auf der Autobahn hat er, mit der Gelassenheit eines Menschen, der ausgeruht und in bester körperlicher Verfassung ist, das Gaspedal voll durchgetreten. Erst in der Metro, auf dem Weg zu Daniel, fing er an, diese Schmerzen, diese geistige und körperliche Erschöpfung zu spüren. Und die Angst.

Die Leute haben seine blauen Flecken, seine Wunden, seine zerrissene Kleidung angestarrt. Er hat befürchtet, jemand könne auf ihn zukommen und ihn, wenn auch nur aus Hilfsbereitschaft, fragen, was ihm zugestoßen sei. Ein krampfartiges Zittern hat ihn übermannt, das auch jetzt, als er den ersten Whisky trinkt, den Daniel ihm angeboten hat, noch immer nicht aufhört. Er streckt den Arm aus und bittet um mehr Whisky. »Was ist passiert?« hört er Daniel fragen. Aber er hat keine Kraft, ihm zu antworten. Er schließt die Augen und schüttelt den Kopf. Als er sich in einer heißen Badewanne wiederfindet und die brennende Wunde an seinem Arm spürt, kehrt wieder Leben in seinen Körper zurück. Er erinnert sich, daß Daniel ihm geraten hat, die Wunden vor dem Verbinden auszuwaschen.

Daniel klopft leise an die Schlafzimmertür.

»Celia!« Keine Antwort. Ihr Schweigen, das ihm einen unendlichen Abend lang Gesellschaft geleistet hat, hält immer noch an. »Celia!« Seit Estebans Anruf hat Celia nur zweimal das Schlafzimmer verlassen, um ins Badezimmer zu gehen. Beim ersten Mal hat sie, ohne ihn anzusehen, gesagt: ›Du kannst ruhig weggehen, wenn du möchtest. Ich werde nicht versuchen, mich umzubringen. Nie wieder.‹ Das zweite Mal hat sie ihn angeschaut, aber nichts gesagt. Beide Male hat Daniel nachdenklich und abwesend ausgesehen. »Celia!« sagt er nochmal, »Ich brauche was zum Anziehen. Sonst will ich ja gar nichts. Wenn du möchtest, hole ich alles raus.«

Celia öffnet die Tür, tritt zur Seite, ignoriert Daniels betrübten Gesichtsausdruck, dreht ihm den Rücken zu und schaut aus dem Fenster. Alles sieht genauso aus wie vorher. Das zerwühlte Bett, in dem sie den ganzen Abend gelegen hat... Vielleicht hat sie ja geschlafen. Sie hat sich immer schon in den Schlaf geflüchtet. Außerdem verschreibt Doktor Pujol ihr Evipan. Während er ein paar Anzüge, einige Hemden und eine Handvoll Unterwäsche aus dem Schrank holt, malt er sich amüsiert aus, wie Celia ihren Psychiater um ein Beruhigungsmittel bittet. ›Verstehen Sie denn nicht, daß ich mich umbringen muß, Doktor? Sie wollen doch nicht, daß ich mich vom Balkon stürze, oder?‹ ›Aber wenn Sie Selbstmord begehen, bringen Sie mich in große Schwierigkeiten...‹ ›Naja, es geht ja auch nicht um Selbstmord...‹ ›Nicht? Nun gut, dann werde ich Ihnen was verschreiben. Von vier oder fünf Tabletten werden Sie nicht sterben, aber die Wirkung ist ähnlich.‹ ›Oh, vielen Dank, Herr Doktor. Sie sind der einzige, der mich versteht.‹

Immer wenn Daniel seine Tätigkeit unterbricht und einen Blick auf

Celia wirft, macht er ein unschuldiges Gesicht und seufzt herzzerreißend.
»Doktor Pujol irrt sich«, sagt sie plötzlich, als könne sie Daniels Gedanken lesen. »Er sagt, daß ich dich nicht hasse, weder Marc noch dich. Aber das stimmt nicht. Ich hasse euch.« Sie spricht in diesem naiven, unschuldigen Tonfall, den ihre Stimme immer hatte, wenn sie Marc von Blümchen und Zwergen erzählt hat. »Ich bin abhängig von dir, weil du mir nie die Chance gegeben hast, jemand anderes kennenzulernen. Ich lebe mit dir, weil du mich hier im Haus eingesperrt hast.«
»Das ist nicht wahr«, murmelt Daniel zerknirscht.
»Irgendwer mußte doch auf Marc aufpassen, oder etwa nicht?« schreit Celia leicht hysterisch. Aber sie dreht sich nicht um. Sie zieht gierig an ihrer Zigarette und wird wieder ruhiger. »Deshalb hasse ich Marc auch. Du warst es, der mich dazu verdammt hat, und der arme Kleine war mein Gefängniswärter, obwohl er gar nichts dafür kann. Ich habe mal in der Zeitung gelesen, daß eine Mutter ihren Sohn erschlagen hat, weil er nichts essen wollte. Liebe kann tödlich sein. Ich wäre auch fähig, eines Tages so was zu tun. Deshalb ist es besser, du nimmst Marc, und ihr beiden laßt mich in Ruhe. Das Telefon klingelt...« fügt sie in demselben Tonfall hinzu. »Wahrscheinlich ist es jemand, der dir wichtiger ist, als ich. Geh ruhig dran.«
Daniel macht eine verärgerte Handbewegung, packt sich sein Kleiderbündel auf den Arm, schließt behutsam die Tür und nimmt nach dem fünften Klingelzeichen den Hörer ab.
»Daniel?« Es ist Javier Galán. »Wie geht es Celia?«
»Gut. Was willst du?«
»Ich bin im Büro. Wollte noch ein paar Sachen erledigen... Gerade hat Puiggrán angerufen.« Javiers Stimme klingt aufgeregt. Schlechte Nachrichten.
»Puiggrán? Was hat er gesagt?« Daniel seufzt verärgert.
»Du sollst morgen früh um zehn zu ihm kommen. Der Fall ist erledigt. Er will dich auszahlen.«
»Wie ist der Fall denn ausgegangen?«
»Nach dem Telefongespräch mit Puiggrán habe ich sofort die Polizeiwache in Vilafort angerufen und mit Nierga gesprochen...«
»Was ist passiert?«
»Heute abend, um sieben Minuten nach acht, hat die Guardia Civil einen Anruf bekommen. Eine aufgeregte Frauenstimme hat den Tod

ihres Mannes bekanntgegeben. Daß alles so schrecklich sei, hat sie gejammert, und daß sofort jemand kommen solle. Es möchte bitte sofort jemand kommen. Als man sie nach ihrem Namen fragte, hat sie gesagt: ›Frau Bartrina. Ich bin in seinem Haus in Vilafort. Kommen Sie bitte.‹«

Nierga, der seit Übernahme dieses Falles praktisch auf der Wache übernachtet, hat den Kopf gehoben, die Augen weit aufgerissen und noch eher reagiert als der Sargento. Er ist aufgesprungen, zur Tür gestürzt, mit den beiden diensthabenden Beamten zusammengestoßen und in seinem blauen Seat 131 losgefahren. Die beiden anderen sind zu Fuß gegangen, denn schließlich ist es bis zu Bartrinas Haus nicht weit. Er ist fast zur gleichen Zeit wie die beiden Zivilpolizisten in dem wunderschönen Garten angekommen. Wettlauf zur Freitreppe, vier Stufen auf einmal. In der halbrunden Halle mit den schwarz-weißen Schachbrettfliesen ist ihnen eine Frau in einem braunen Anzug entgegengekommen. Sie hat sie durch die Tür auf der rechten Seite geführt, einen Flur entlang, durch einen Saal mit mittelalterlichen Ritterrüstungen bis zu der riesigen, viel zu großen Bibliothek, wo sich die Leiche befand. Eine der bücherbestückten Wände entpuppte sich als eine Geheimtür, die sich auf nicht sichtbaren Scharnieren gedreht hatte. Dahinter befand sich ein zweiter Raum, der fast so groß war wie die Bibliothek. Ein Raum, der sich als eine Art Horrorkabinett erweisen sollte.

Bartrina lag auf dem Rücken, denn seine Frau hatte ihn kurz zuvor, als sie ihn fand, umgedreht. Sein Kopf war zurückgelehnt, als versuche er mit seinen weitaufgerissenen, toten, ausdruckslosen Augen durch die Decke hindurchzugucken. Sein linker, ausgestreckter Arm und die gespreizten Finger erweckten den Eindruck, als würden sie um etwas bitten. So, als wolle Bartrina um ein bißchen Leben flehen. Sein rechter Arm lag unter drei Gemälden, die mit einer dunklen Masse beschmiert waren. Auch Bartrinas Gesicht, seine Hände und seine Brust waren verschmutzt. Offensichtlich war er so gestorben: die Bilder umarmend, sie inbrünstig küssend. Es muß wohl nicht extra erwähnt werden, daß es sich bei den Bildern um die drei aus Puiggráns Haus entwendeten Picassos handelte.

»Scheiße, verdammt nochmal!« schreit Daniel voller Verzweiflung. »Ich wußte es. Ich wußte, daß er es war...«

»Aber das ist ja noch längst nicht alles...« erwidert Javier.

In dem Zimmer stank es bestialisch. Es konnte einem übel werden. Als man feststellte, daß es sich bei der Masse, mit der Bilder und Leiche beschmiert waren, um getrocknete Exkremente handelte, konnte man verstehen, warum es so stank. Noch verständlicher wurde es, als man sich umschaute und eine weitere Leiche entdeckte, die hinten im Zimmer auf einem Tisch lag, mitten zwischen Porzellan und Essensresten. Der nackte Körper eines hübschen, jungen Mädchens, der schon mehr als zehn Tage darauf wartete, daß sich jemand seiner annahm. Ein toter, verwesender Körper, auf den eine U-Matic Sony gerichtet war. Nach Meinung der Experten funktioniert das Videogerät mit VHS-Kassetten, wie die Geräte in den Vereinigten Staaten. An den Wänden hingen eingerahmt: ein präparierter, *menschlicher* Arm, ein Fuß und ein *menschlicher* Darm, der wie eine komplizierte Zeichnung aussah. Das Cocktailglas auf der Kommode enthielt trockenen Martini mit Formol und, anstelle der klassischen Olive, fand man ein, auf einem Zahnstocher aufgespießtes, *menschliches* Auge. Eine Kette aus menschlichen Zähnen formte einen Rosenkranz. Er lag auf dem Text des Liedes, in dem es heißt: »Ich werde mir einen Rosenkranz machen aus deinen Elfenbeinzähnen.« In einem Album auf dem Schreibtisch befand sich eine umfangreiche Sammlung von maschinengeschriebenen Texten und Zeitungsausschnitten, in denen vom Verschwinden mehrerer Personen berichtet wurde.

»Ach du liebe Scheiße...« sagt Daniel niedergeschlagen.

Während Erkennungsdienst, Gerichtsarzt und der Richter aus Gerona den Tatort besichtigten, wurde Frau Bartrina, trotz ihrer Hysterie eine elegante, mit einem braunen Anzug bekleidete, distinguierte Person, zur Wache gefahren. Bevor Nierga mit ihr abfuhr, um sie zu verhören, gab er Anweisung, ihm das Ergebnis der Autopsie spätestens bis morgen mittag durchzugeben. Je eher, desto besser. Wenn es sein müßte, auch telefonisch.
»Sie sind die Ehefrau von José Luis Bartrina?« lautete die erste Frage.
Die Frau zitterte und schluchzte.
»Ich war seine Frau«, hat sie geantwortet. »Wir sind 1979 geschieden worden. Seit der Zeit haben wir uns nicht mehr gesehen.«
»Was haben Sie heute abend im Haus Ihres Mannes gemacht?«
»Er hat mich angerufen. Seit Jahren habe ich nichts mehr von ihm

gehört, und dann, heute abend, rief er mich an. Seine Stimme klang sehr rauh und merkwürdig. ›Ich liege im Sterben. Ich brauche dich. Bitte komm!‹ hat er gesagt. Er hörte sich so verzweifelt an, daß ich sofort meinen Chauffeur gebeten habe, mich herzufahren. Dann habe ich ihn gefunden... tot.«
»Warum haben Sie sich scheiden lassen?«
»Nun ja. Also, er... Es fällt mir schwer, darüber zu sprechen. Er war sehr egoistisch. Er hatte ein Verhältnis mit einem Mädchen. Ich habe es gemerkt und...« Schluchzen, Schluckauf, Stammeln, Hysterie. Wie üblich.
»Was wissen Sie über die Aktivitäten Ihres Mannes?«
»Welche Aktivitäten?«
»Diese Sache mit dem toten Mädchen. Die Filmaufnahmen. Die menschlichen Organe an den Wänden.«
»O nein. Nein, auf keinen Fall. Das ist ein Täuschungsmanöver. Irgend jemand will ihm Dinge unterschieben, mit denen er nichts zu tun hatte.«

»Das ist durchaus möglich, Javier«, unterbricht Daniel ihn. »Vielleicht ist es ja wahr. Wir können nicht einfach...«
»Moment, Daniel, warte mal«, fährt sein Partner ihm über den Mund.

Dem Erkennungsdienst aus Gerona ist es nicht schwer gefallen, die Worte der Witwe Bartrinas zu widerlegen. In der Hausbibliothek befand sich eine Geheimtür, die durch einen komplizierten Mechanismus betrieben wurde. Sie führte in ein Zimmer, in dem man die Leiche Bartrinas, die eingerahmten Eingeweide, den verwesenden Mädchenkörper und die Zeitungsausschnitte gefunden hatte. Es war einfach festzustellen, daß diese Geheimtür von der ZIGURIT, Bartrinas eigener Firma, eingebaut worden war.

»War sonst noch jemand im Haus?« fragt Daniel.
»Nein. Anscheinend lebte Bartrina mit einer Frau zusammen, die sich ihre Haare bunt färbte und sich ziemlich extravagant kleidete. Diese Frau ist verschwunden.«
»Sonst noch was?«
»Ja, dieser Bartrina hat mit Konzept-Kunst gehandelt. 'Ne ganz merkwürdige Sache, die so'n paar Verrückte machen. Der Künstler,

der immer für Bartrina gearbeitet hat, war ein gewisser Pascual Carlos…«
»Und…?«

Alle Vorbereitungen für die Aktion im großen Saal in einem Gebäude des Zoologischen Gartens waren abgeschlossen. Die Installation der drei Glasvitrinen – eine Art Terrarium – hatte drei Tage gedauert. Eine dieser Vitrinen war mit schweren, rustikalen Möbeln ausgestattet. Ein Tisch, eine lange Bank mit Rückenlehne und ein paar dreibeinige Hocker. Von der Decke hängen Knoblauchzöpfe und Schinken. In diesem Szenarium liegen, friedlich zusammengerollt, zwei schwere, imposante Schlangen, die beide mehr als fünf Meter lang sind. Eine Boa constrictor und eine Python. Die andere Vitrine ist mit Louis-XVI-Möbeln eingerichtet. Ihre gerade, symmetrische Anordnung kontrastiert mit den kunstvoll ausgearbeiteten Details dieser Möbel: feine Einlegearbeiten aus Kupfer – gold auf schwarz –, akribisch ausgeführte Landschaftsmalereien auf den Paneelen der Lackkommode, filigrane Goldstickerei auf dem grün-rosa Polster des Sofas mit den zierlichen Beinen. Engelchen, die auf einem barock geschwungenen Sockel stehen, halten eine kugelförmige Uhr in die Höhe. An den Wänden hängen gedrechselte Lampen, die aussehen wie Kerzenleuchter. Überall wimmelt es von Schlangen. Sie baumeln an der Uhr, winden sich an den steilen Rücklehnen der Stühle hoch. Ein Dutzend kleiner Giftschlangen aller Art: Klapperschlangen, Korallenschlangen, Mambas, Kobras und sogar ein Exemplar der sogenannten Afrikanischen *Boomslang*, die einzige Art, gegen deren Gift man noch kein Mittel gefunden hat.
Pascual Carlos mußte nackt in den mittleren Glasbehälter klettern und seine *Performance* sollte darin bestehen, die Reptilien, die rechts und links von ihm jeweils durch eine Glasscheibe abgetrennt waren, mit Feuer aufzuhetzen. Das Werk sollte den Titel ›*Reptilien-Aggression*‹ erhalten.
Ein nicht sehr zahlreiches Publikum wartete draußen vor der verschlossenen Tür. Nach Carlos Auftritt am selben Morgen, der sehr schlechte Kritiken bekommen hatte, waren die Erwartungen des Publikums sehr gedämpft.
Der Künstler hatte sich schon entkleidet und war gerade dabei, in die mittlere Vitrine zu klettern, als man ihm mitteilte, daß er einen dringenden Anruf entgegennehmen müsse. Es war eine Frauenstimme.

Carlos hat einige Sekunden mit ihr gesprochen, zwei knappe Antworten gegeben und wieder aufgelegt. Der Angestellte des Zoos, der Pascual bei seiner Aktion zur Hand ging, konnte keine Veränderung in seinem Gesicht feststellen.

»Du kannst die Tür aufmachen«, hatte der Künstler gesagt. »Laß sie rein.«

Dann, nachdem der Angestellte die Tür geöffnet hatte, ging alles viel zu schnell. Pascual Carlos hat die Metalleiter, mit der er in den Glasbehälter steigen wollte, verschoben und ist hinaufgeklettert. In dem Moment, als die Zuschauer in den Saal traten, ist er in die Vitrine mit den Louis-XVI-Möbeln gesprungen. Vorerst begriff nur der Zoo-Angestellte, was dort vor sich ging. Die Zuschauer haben nur den Künstler gesehen, seine kränkliche, mit Sommersprossen übersäte, weiße Haut. Sie haben gesehen, wie er die Möbel, prächtige Sammlerstücke, zur Seite schob und sich auf den Boden fallen ließ. Erst Sekunden später haben sie die Reptilien gesehen, die *Boomslang,* die sich um Carlos' Hals legte, die Klapperschlange, die sich schwindelerregend um sein Bein wickelte, die Kobra, die wild zischend ihre eindrucksvolle Mantelfalte öffnete. Der Künstler hat nicht versucht, die Tiere abzuschütteln. Er drückte sich lediglich gegen die Glasscheibe und starrte mit eisigem Blick die Leute an, die ihn von außen hilflos und starr vor Schrecken beobachteten.

In diesem Szenarium, in dem sich die Reptilien schlängelten und krümmten, sich wild aufbäumten, sich in Pascuals Fleisch festbissen, sich um seine Glieder wickelten, schien Pascual, der breitbeinig dastand und die Handflächen gegen das Glas preßte, die Höllenqualen irgendeines mythologischen Helden darzustellen. Man brauchte ungefähr eine Stunde, um ihn dort rauszuholen. Er setzte sich heftig zur Wehr.

»Ich bin tot. Raus hier. Geht weg. Ich bin tot. Raus. Ich bewege mich, damit das Blut schneller zirkuliert. Damit sich das Gift über den ganzen Körper verteilt.« Er weinte.

Zur Zeit ist er im Krankenhaus von San Pablo. Sie machen Bluttransfusionen. Aber er kann wahrscheinlich nicht gerettet werden. Das Gift der *Boomslang* verflüssigt das Blut, dringt aus den Venen und Arterien in die Organe und tritt durch Mund, Nase und After aus. Ein Gegenmittel ist nicht bekannt. ›Selbst wenn es eins gäbe‹, hat der Arzt gesagt, ›müßten wir immer noch gegen all die Bisse der Mambas, Kobras und Klapperschlangen kämpfen.‹

Daniel sagt: »Gut.« Nur ein Wort: »*Gut.*« Dann legt er den Hörer auf. In diesem Moment kommt Esteban ins Wohnzimmer. Er hat sich ein Handtuch um die Hüfte gewickelt, zeigt seinen Arm mit dem großen Heftpflaster und sagt: »Mir geht es schon wieder besser. Ich habe ein paar Sachen aus der Hausapotheke benutzt.«
»In Ordnung. Da liegt was zum Anziehen für dich«, antwortet Daniel abwesend und fügt desinteressiert hinzu: »Und was ist das für'ne Information, die fünfhunderttausend Mäuse wert sein soll?«
»Erst will ich die Kohle sehen.« Esteban sucht sich eine Unterhose aus, legt das Handtuch, ohne sich zu genieren, beiseite und fängt an, sich anzuziehen. So, als wäre es sein gutes Recht, sucht er sich Daniels elegantestes Hemd aus, das blaue, und die beige Anzughose.
»Glaubst du etwa, ich hätte die Knete hier?« fragt Daniel. »Außerdem weiß ich ja gar nicht, ob deine Information wirklich soviel wert ist. Worum geht's? Weißt du, wer die Bilder hat?«
»Ich weiß, wie *die Person* heißt, die die Bilder hat.«
Daniel zieht seine Augenbrauen hoch.
»Ich weiß jetzt, wer mich in den ganzen Schlamassel reingebracht hat.«
»Und?« Daniel bleibt seelenruhig sitzen.
»Wann zahlst du?« Esteban zieht dunkelblaue Socken an und guckt sich suchend nach einem Paar Schuhe um, als ob es Daniels Aufgabe gewesen wäre, ihm ein Paar neue Schuhe zu besorgen.
»Wenn ich mir sicher bin, daß deine Information das Geld wert ist, das du verlangst. Obwohl ich das kaum glaube.«
Esteban setzt sich aufs Sofa und versucht, Daniels ausdrucksloses Gesicht einzuschätzen. Dieser Daniel hat nichts mit dem energischen, interessierten Typen zu tun, den er im Hafen von Sant Pau kennengelernt hat. Der Daniel, der ihm jetzt gegenübersitzt, wirkt langsam und träge. Seine Augen sind gerötet, als wäre er betrunken, als hätte er geweint, oder als sei er noch erschöpfter als Esteban. Was Esteban ihm zu sagen hat, scheint ihn nicht besonders zu interessieren. Das macht Esteban Angst. Denn seine Gedanken gelten einzig und allein der Flucht und dem Geld, das er dazu braucht. Warum sonst ist er denn zurückgekommen, nachdem er schon fast über die Grenze war? Um jetzt eine Schlappe einzustecken? Er hat doch nicht einen Mann umgelegt, um jetzt eine Pleite zu erleben.
»Hör zu«, sagt er. »Ich stecke ziemlich tief in der Scheiße. Sie sind wegen 'ner ganzen Menge hinter mir her, und du hast gesagt...«

»Fünfzigtausend. Fünfzigtausend hab ich gesagt.«
»Mit fünfzigtausend komm ich nicht mal bis zur nächsten Ecke. Aber du kannst mit meiner Information Geld wie Heu machen.«
Daniels verneinendes Kopfschütteln entmutigt ihn. Er spielt mit seiner Zigarette und bläst Esteban den Rauch ins Gesicht. Esteban beschließt, seinen letzten Trumpf auszuspielen. In seiner Situation bleibt ihm nichts anderes übrig, als Daniel zu vertrauen.
»Heute bin ich in Vilafort gewesen. Ich weiß auch nicht genau, warum. Aber ich dachte an das, was du mir gesagt hast, und wollte irgendwas klarkriegen. In Vilafort hab ich 'ne Frau gesehen, die ich kenne. Ziemlicher Zufall, was? Ich meine, daß sie in Vilafort war. Ich bin sicher, daß die mir diese Sache eingebrockt hat. Sie kam aus einem Haus aus dieser Seitenstraße, wo die Villen stehen, 'ne Straße, die ziemlich steil ansteigt.«
Daniel runzelt die Stirn. ›Die Straße, in der Bartrina wohnt‹, denkt er.
»Wann war das ungefähr?« fragt er.
»So gegen halb sieben.«
»Und die Frau? Wer ist sie? Wie heißt sie? Wie sieht sie aus?«
»Sie heißt Raquel. Ich hab sie vor 'ner Woche kennengelernt. Wir hatten was miteinander, aber nach drei Tagen ist sie einfach abgehauen. Am nächsten Tag hab ich dann die beiden Frauen kennengelernt, die mich in...« Esteban zögert. Er hat schon mehr gesagt, als er eigentlich sagen wollte. Daniel nickt zustimmend und gibt ihm damit zu verstehen, daß sie darauf noch zurückkommen werden.
»Raquel. Und wie weiter?« fragt er.
»Weiß ich nicht. Aber sie ist gar nicht zu verwechseln. Sie war's. Ganz sicher. Nur daß sie sich die Haare grün gefärbt hatte und so'n Kleid aus goldenen und silbernen Metallteilchen anhatte. Sie saß in einem schwarzen VW und ist ganz nah an mir vorbeigefahren.«
»Ein VW?«
»Ein weißhaariger Typ saß am Steuer. Er sah etwas älter aus...«
Daniel bläst geräuschvoll den Rauch seiner Zigarette aus, reibt sich die Hände und beißt sich auf die Lippen. Er hat Angst.
»Ich kenne das Haus, ich kenne das Auto, ich kenne die Frau«, sagt er niederschmetternd. »Ganz schön dürftig, deine Information. Erzähl weiter.«
Esteban ist verzweifelt.
»Ich hab mit den Leuten im Dorf gesprochen. Alle kennen sie. Sie ist

mit 'nem ziemlich wichtigen Typen aus dem Dorf zusammen. Mit dem, dem das Haus gehört. Sie sagen, sie wär seine Nutte...«
Daniel kratzt sich am Kopf, blickt zu Boden, denkt nach. Estebans letzter Satz scheint ihn aus der Fassung gebracht zu haben. Esteban setzt sich auf die Sofakante und wartet gespannt auf das, was jetzt kommen wird. Daniel verändert seine Haltung, beißt auf seine Fingerknöchel und sagt: »Fünfzigtausend für den Namen von dem Typen. Und ich geb dir noch mal hunderttausend, wenn ich die Sache überprüft hab und damit was anfangen kann.«
Er geht zur Garderobe und holt das Scheckheft aus seinem Jackett. Als er zurückkommt, steht Esteban auf und geht auf Celia zu, die, nur mit einem Bademantel bekleidet, an der Schlafzimmertür steht. Sie schauen sich tief in die Augen. »Meine Frau«, stellt Daniel sie vor. »Esteban Rius. Er hilft mir bei der Arbeit.«
Daniel setzt sich wieder hin, zückt das Scheckheft und fragt: »Und der Name?«
»Bartrina«, sagt Esteban. »José Luis Bartrina.«
»Bartrina«, wiederholt Daniel und tut so, als sei er völlig verblüfft. Mit einem Kopfnicken macht er ihm deutlich, daß dies eine sehr wertvolle Information war. Er schreibt ›fünfzigtausend‹ in Buchstaben und ›50000‹ in Zahlen, trägt das Datum ein, fügt hinzu ›an Überbringer‹ und unterschreibt. Als er Esteban den Scheck überreicht, sagt er:
»Und jetzt erzähl mir von den beiden Frauen, die dich, wie du sagst, in diesen Schlamassel reingezogen haben.«
»Kann ich hierbleiben und zuhören?« fragt Celia.
Daniel sieht sie nicht an.
»Darf sie?«
»Von mir aus«, antwortet Esteban.
Und er fängt an zu erzählen. Kurz nachdem mit dieser Raquel Schluß war, lernte er eine blonde Ausländerin kennen, die ihn ihrer dunkelhaarigen Freundin vorstellte. Die beiden sind auf ihn losgegangen. Er hat das Bewußtsein verloren... Ja, es waren die beiden Mädchen, die später in der Einsiedelei von San Cayetano tot aufgefunden wurden...

»Ich muß jetzt gehen«, sagt Daniel.
Celia sieht ihn spöttisch an. Daniel steht auf und sieht sie ebenfalls spöttisch an.

»Ich muß ein paar Sachen überprüfen«, sagt er zu Esteban. »Wenn alles klappt, bin ich morgen abend wieder hier, mit hunderttausend Pesetas.«

Er verläßt das Wohnzimmer und nimmt sein Jackett von der Garderobe. Beim Hinausgehen malt er sich aus, wie Esteban und Celia sich anlächeln, wie Celia die Whiskyflasche in die Hand nimmt und fragt: ›Noch ein Gläschen?‹ Und wie sie sich neben Esteban aufs Sofa setzt und darauf wartet, daß er anfängt, ihre Haare zu streicheln. Celia mag Männer, die ihre Haare streicheln.

Von einer Telefonzelle aus ruft er María an.

»María? Hier ist Daniel.«

»Ohhh, Daniel, weißt du, was passiert ist?«

»Ja.«

»Wie schrecklich, nicht wahr? Wie entsetzlich!«

»Können wir uns heute nacht sehen?«

»Nein, Daniel. Das geht nicht. Das ist doch alles Wahnsinn. Daniel, dieser Tod war wirklich...«

»Ich fahre jetzt sofort nach Vilafort. Ich möchte, daß du mir alles erzählst.«

»Heute geht es nicht, Daniel... ich bin wirklich fertig mit den Nerven... der arme José Luis...«

»Ich werde im Hotel Vilafort auf dich warten.«

Daniel fährt nach Vilafort. Um zehn vor elf erreicht er das Hotel. Er wartet.

Aber María kommt nicht.

Ein Jahr zuvor

In einem Raum mit schwarzen Wänden und weißem Fußboden tanzte – auf einem Bildschirm – das Schulmädchen. Sie war geschminkt wie eine Nutte, trug ein Snoopy-*T-Shirt* und eine kurz abgeschnittene *Bluejeans*. Ihre Bewegungen wiederholten sich, von tausend Spiegeln reflektiert, bis ins Unendliche. Ab und zu warf sie einen gelangweilten Blick auf die vier Personen, die aufmerksam ihre zukkenden, rituellen Bewegungen betrachteten. Wie besessen starrten sie auf das Auf- und Abwippen der Brüste unter dem T-Shirt, auf die Spitzen der Brustwarzen, auf den Bauchnabel, der manchmal zwischen Hemd und Hose zum Vorschein kam, auf das Kreisen der schmalen, knochigen Hüfte. Lou Reed gab den Rhythmus vor. Unbarmherzig hämmerten die Baßgitarren, und er sang: ›*Real good time together; na-nanananana-na …*‹ Das Schulmädchen verschränkte die Arme vor dem Bauch, zupfte am T-Shirt und zog es sich mit einem Ruck über den Kopf aus.

Ihr nackter Oberkörper wirkte viel zu schmal für ihre vollen Brüste, und ihr Kopf viel zu klein für ihren Körper. Irgendwie war die Harmonie plötzlich zerstört. Das maskenhafte, mit Rouge und Wimperntusche geschminkte Gesicht bildete einen harten Kontrast zu der jugendlichen Blässe ihres Körpers. Paradoxerweise wirkte dieser krankhafte, perverse Kontrast sinnlich und erregend. Die Hand des Amerikaners befummelte den Bauch der Schwarzen mit dem platinblonden Haar. Die überlangen Finger des Mädchens mit den lila Haaren streichelten gierig den Kopf, den Nacken und die Schultern des Spaniers. Das Schulmädchen ließ die Hüfte kreisen, vor und zurück, ›*we have a real good time together*‹, vor und zurück. Sie zog den Reißverschluß ihrer Hose auf und streichelte sich mit gespielter Ekstase, während Lou Reed beharrlich sein ›*na-nanananana-na …*‹ sang.

Die Hand eines Mannes kam in Großaufnahme ins Bild. Sie umschloß einen riesigen Gummipenis, der sich rechts und links und hinter den Zuschauern tausendfach vervielfältigte. Ein riesiger Penis, der mit einer klebrigen Flüssigkeit beschmiert war und mechanisch von

Männerhänden gestreichelt wurde. Das Mädchen mit den lila Haaren fummelte an der Hose des Spaniers.
»Aufpassen jetzt!« säuselte der Amerikaner mit seinem scheußlichen texanischen Akzent. »Das ist mit Handkamera aufgenommen worden. Eine einzige Einstellung. Geradezu von dokumentarischem Charakter. Paßt gut auf!«
›*Real good time together... eine richtig schöne Zeit zusammen...*‹
Das Schulmädchen zog ihr Höschen aus. Kamera und Penis gingen näher an sie heran, als sie sich auf den weißen Boden legte. Die schwarzen Wände verschwanden aus dem Bild. Großaufnahmen von dem lasziven Spiel von Zunge und Eichel, von dem schläfrigen Gesicht des Mädchens, von dem plumpen Scheuern des Gummiglieds über die Brüste bis hinunter zu der unbehaarten Scham, wo ihre Hände mit den kurzen Fingernägeln (vielleicht abgekaut) das brutale Werkzeug einführten. Großaufnahme der wollüstigen Auf- und Abbewegung, der sich wie wahnsinnig bewegenden Finger, des Beckens, der Hüfte und der Gesäßbacken. Kreisende Bewegung des Mädchens, Verrenkungen der Lust. Unablässige Großaufnahme, die bis ins kleinste Detail ging, sich auf die Spitzen der Schamhaare konzentrierte, auf die geöffneten Schenkel, auf das obszöne, wie eine Eiterbeule geschwollene Werkzeug. Von neuem erschienen die Hände des Mannes im Bild, hantierten mit dem Vibrator. Und dann geschah etwas.
›*We have a real good time together...*‹
Die Muskeln des Mädchens zogen sich zusammen. Reflexartig schlossen sich die Schenkel. Eine Hand schoß durch das Bild und verkrampfte sich. Der Mann zog langsam, sehr langsam, den Gummipenis heraus. Er war blutbeschmiert. Rechts und links von tausend Spiegeln reflektiert. Und Lou Reed sang immer noch ›*Wir haben eine richtig schöne Zeit zusammen... we have a real good time together!*‹
Großaufnahme. Hier ist alles echt, hier gibt's keine Tricks. Das Gesicht kommt und geht aus dem Bild. Die letzten Zuckungen des Lebens.
›*Na-nanananana-na...*‹ Wie besessen.
Kamerafahrt zurück in die Totale. Die Farben sind: Rot auf weiß und fleischfarben, das Schwarz der Wände.
Der Amerikaner und der Spanier, die Schwarze mit dem platinblonden Haar und die Weiße mit den lila Haaren, allen schlug das Herz bis

zum Hals, bum, bum, bum. Ihre Nerven waren bis zum Zerreißen gespannt. Alle empfanden Übelkeit und Entsetzen. Alle waren hemmungslos erregt. Alle begannen ein krampfhaftes Spiel aus Sex und Gewalt.

»Das ist Kunst«, theoretisierte der Amerikaner am nächsten Tag, als sie im Laubengang des Landhauses frühstückten. »Eros und Thanatos. Kunst will beim Betrachter Gefühle wecken. Und willst du etwa behaupten, der Film von gestern nacht hätte dich völlig kalt gelassen? Dein Eros und dein Thanatos standen plötzlich auf Kriegsfuß. Gib es ruhig zu, ich weiß es aus Erfahrung, hahaha.«

»Ich muß dir leider widersprechen«, sagte der Spanier verächtlich. »Aber der Film von gestern nacht ist keine Kunst. Es fehlt das gewisse Etwas, der Geist, die künstlerische Intention...«

»Das Schwanz-Messer hat geradezu ästhetischen Wert«, versuchte sich der Amerikaner zu verteidigen.

»Ein Objekt«, sagte der Spanier. »Ein Pinselstrich in einem seelenlosen Bild. Ich spreche von Konzepten, Intentionen. Obwohl das, was wir gestern gesehen haben, verschiedenste Interpretationen zuläßt, sind das Interpretationen a posteriori. Um etwas Kunst nennen zu können, muß ein Konzept vorliegen. Ein Konzept, das durch die Aktion vermittelt werden soll. Und das ist hier nicht erkennbar.« Er berief sich wieder auf sein Lieblingsbeispiel: »Gioconda, zum Beispiel, meine Gioconda ist ein Kunstwerk, weil hinter ihrer plastischen Operation die Intention eines Künstlers stand. Meiner Operation dagegen lagen keine Intentionen zugrunde, deshalb ist sie nur einfaches Kunsthandwerk, aber kein Kunstwerk. Weißt du, was diesen Filmen fehlt? Die Handschrift des Künstlers.«

»Du meinst, es fehle ein Name, der sich auf dem Kunstmarkt gut verkaufen ließe, nicht wahr?«

»Warum nicht.« Der Spanier ist dem anderen auf den Leim gegangen. »Solche Gewaltpornos wie der von gestern... wie nennt ihr sie noch? Sie werden immer denselben Preis haben. Sie werden nur im Wert steigen, wenn die Polizei Razzien macht, und wenn jemand dafür auf den elektrischen Stuhl kommt. Ein Kunstwerk steigt alleine durch den Namen des Künstlers im Preis...«

Der Texaner lachte triumphierend auf.

»Von deinem konzeptuellen Standpunkt aus gesehen, ist das recht unorthodox...«

»Vom kommerziellen Standpunkt aus gesehen aber nicht«, vertei-

digte sich der Spanier mit einem schwachen Lächeln und einem komplizenhaften Augenzwinkern.
»Und wer würde sich trauen, einen Mord zu ›signieren‹?« fragte der Amerikaner nach einer kleinen Pause.
»Otto Muehl, der Österreicher, ›signiert‹ seine Vergewaltigungen und seine tätlichen Angriffe. Das Kunstwerk, zum Beispiel, das darin bestand, einem Blinden die Beine zu brechen, hat er ›signiert‹.«
»Das nützt mir nichts. Muehl verbringt die Hälfte seines Lebens im Gefängnis. Und es gibt keinen Mäzen, der sich für ihn die Finger schmutzig machen will. Und Armand, der Amerikaner, macht nichts wirklich Interessantes...«
Sie verstummten, weil die blondierte Schwarze, die gerade dem Swimmingpool entstiegen war, nackt auf sie zukam, um sie zu einem Bad einzuladen. Beim Schwimmen wechselten sie das Thema. Bis zum Mittagessen sprachen sie über Aktien, Obligationen, steigende und fallende Börsenkurse, Stahltüren, fotoelektrische Zellen, unüberwindbare Schließvorrichtungen und Panzerungen.
Nach einem pikanten Fleischgericht auf mexikanische Art schlugen sie die Einladung der beiden Mädchen zu einem erotischen Spiel aus, die sich daraufhin alleine auf dem Boden herumwälzten und sich zu zweit amüsierten, auf eine Art, die sehr an den Film von gestern erinnerte. Nur waren ihre Spiele wesentlich harmloser.
Bei einer Flasche Bourbon im Billardsalon schnitt der Amerikaner dann das Thema wieder an.
»Du förderst einen Künstler, der die Kunst der Gewalt propagiert, nicht wahr?«
Der Spanier witterte ein Geschäft, deshalb gab er sich uninteressiert.
»So ungefähr«, sagte er nur.
»Der, der mal, als Polizist verkleidet, die Kritiker verprügeln wollte. Mit Gummiknüppeln, oder?«
Der Texaner lachte. Beide lachten.
»Keine schlechte Idee.«
»Er nennt alle seine Aktionen ›Aggressionen‹. Er betrachtet das Leben unter dem Aspekt der Gewalt. Aber er lehnt die masochistische Haltung der meisten Konzept-Künstler ab. Während diese Künstler die Gewalt widerspiegeln, die sie in der Gesellschaft erfahren, will er didaktisch vorgehen und die Gewalt, die von innen nach außen gerichtet ist, zeigen. Denn das ist nämlich die Realität.«

Es verging eine ganze Weile. Sie sprachen von dem französischen Konzept-Künstler, der Kritiker in einem Raum eingesperrt hatte, an dessen Tür eine Kordel befestigt war. Das andere Ende der Schnur lag um seinen Hals. Wenn die Kritiker den Raum verließen, würden sie ihn umbringen. Sechs Stunden dauerte es, bis sie sich entschieden hatten. Und was war mit dem anderen Künstler, der sich in den Arm geschossen hat? Und dem, der sich die Pulsadern aufgeschnitten hat? Sie verachteten diese Künstler. Bah, Masochisten. Sie sprachen über die ästhetischen Aspekte der sadomasochistischen Mode und kamen darüber wieder auf Spanien zu sprechen. Auf Jordi Benito, der Rinder geopfert und sich in Blut gewälzt hat, der sich kreuzigen ließ, und der sich mit einem Eisenkreuz die Gesäßbacke einbrennen ließ.

»Nein, nein, Benito nicht«, sagte der Spanier abwehrend, so als hätte man ihm Benito für irgendwas vorgeschlagen. »Er bezieht sich selbst zu sehr in seine Opferrituale ein. Pascual Carlos rechnet ihn zu den masochistischen Künstlern.«

»Vielleicht«, murmelte der Amerikaner, als die Flasche Bourbon schon halbleer war. »Ich sage nur, daß es vielleicht möglich wäre, in einem kleinen privaten Kreis, in dem solche Filme wie der von gestern gezeigt werden, Käufer für sowas zu finden. Mir wäre es lieb, wenn sich einige von ihnen für Konzept-Kunst interessieren würden. Sie sind steinreich.«

Der Spanier lächelte. Er war bereit, sich aus diesem feierlichen Anlaß zu betrinken, und füllte sein Glas bis zum Rand mit Bourbon auf.

»Ich werde mit Pascual Carlos reden«, sagte er. »Wenn diese Käufer so reich sind, wird er Qualitätsarbeit leisten müssen, um konkurrenzfähig zu sein...«

Fünf Tage später

Punkt zehn Uhr morgens wartet Puiggrán im Garten seiner Villa auf Daniel. Er steht am Schwimmbecken, trinkt Bourbon und plaudert freundlich mit drei anderen Herren. Daniel nähert sich ihnen und bemerkt, daß Puiggráns Gesichtsausdruck nicht zu dem scheinbar heiteren Geplänkel paßt. Einer der Herren ist Nierga. Er trägt ein fürchterliches, kariertes Jackett, steht neben Puiggrán, hat die Hände in den Hosentaschen vergraben und blickt hartnäckig auf den Boden. Die beiden anderen Herren, die es sich auf Gartenstühlen bequem gemacht haben, drehen sich um und gucken Daniel an wie einen unerwünschten Eindringling.

»Guten Morgen, Herr Puiggrán. Hallo Nierga!«

Gleichgültig und fast ein wenig abfällig stellt er Daniel den Herren vor.

»Herr Ponce, der Privatdetektiv, den ich engagiert habe.« Sein Tonfall klingt ernst, gewichtig und sorgenvoll.

»Herr Carbó…«

»Sehr erfreut.«

Carbó sieht aus wie eine Wachsfigur im Krankenhaus. Daniel hat noch nie ein derartig blasses, von so tiefen, energischen Falten durchzogenes Gesicht gesehen. Aber trotz seiner Hagerkeit wirkt es schwammig. Hängebacken und feige, heimtückische Augen hinter einer randlosen Brille. Sein Händedruck ist schlaff und klebrig. Seine Hand fühlt sich nicht an wie die eines Menschen, sondern wie eine orthopädische Prothese.

»Doktor Horteza…«

»Sehr erfreut.«

Doktor Horteza ist nicht besonders groß, dafür aber sehr dick. Er sieht aus, als halte er krampfhaft die Luft an. Sein Gesicht ist puterrot. Man könnte meinen, er strenge sich gerade übermenschlich an und würde gleich platzen. Schweinsäuglein, knallrote Nase und Wangen, widerspenstiges, lockiges Haar. Große, starke Pranken. Feuchter Händedruck. Weiche Wurstfinger.

»Wir sprachen gerade mit Herrn Nierga«, sagt Puiggrán. Er sieht plötzlich älter aus, wirkt müde und niedergeschlagen. »Wie Ihnen wahrscheinlich bekannt ist, gehören wir drei zum Aufsichtsrat der Banco Transibérico. Sowohl die Interessen der Bank als auch die privaten Interessen von Herrn Carbó sind sehr eng mit dem Unternehmen von Herrn Bartrina, er ruhe in Frieden, verbunden. Wir besprachen gerade mit Herrn Nierga die Notwendigkeit, die unerfreulichen Umstände des Todes von José Luis Bartrina geheimzuhalten.«

Er redet so, als versuche er die Mitglieder seines Aufsichtsrates zu einem riskanten Geschäft zu überreden. Daniel und Nierga tauschen einen flüchtigen Blick aus.

»Ihnen ist sicher bekannt, daß sich dieses Land gegenwärtig in einer Krise befindet. Und wir sind der Meinung, daß die Verbreitung einiger... sagen wir... peinlicher Details dieser Angelegenheit dem Ansehen der Bank und der Firmen, in die wir investiert haben, ernsthaft schaden könnte.« Daniel zündet sich eine Zigarette an, ohne den anderen eine anzubieten. »Inspektor Nierga teilt unsere Meinung, daß es, nicht nur hinsichtlich unserer eigenen Interessen, sondern auch hinsichtlich der aktuellen wirtschaftlichen Lage dieses Landes sehr schädlich sein könnte, wenn die Sensationspresse die ärgerlichen Umstände des Lebenswandels von Herrn Bartrina veröffentlichen würde.« Daniel hat kapiert. Wütend bläst er den Rauch seiner Zigarette aus. »Gestern habe ich mit Ihrem Partner, Herrn Javier Galán, gesprochen. Er erklärte sich damit einverstanden, die Erkenntnisse, die Sie im Laufe Ihrer Ermittlungen gewonnen haben und die insofern ohnehin dem Berufsgeheimnis unterliegen, nicht weiter zu verbreiten. Deshalb frage ich Sie jetzt, Herr Ponce, mit wem haben Sie über das ungewöhnliche Verhalten des José Luis Bartrina gesprochen?«

»Mit niemandem. Im Gegenteil, man hat mir davon erzählt. Leute, die ihn kannten, haben mir davon erzählt. Und zwar: die Polizei, die Dorfbewohner und Fräulein Carbó.« Blick in Richtung Joan Carbó.

»Dummes Geschwätz«, widerspricht Carbó energisch.

»Aber der Sensationspresse wird das genügen, um die Sache an die große Glocke zu hängen«, erwidert Daniel. »Ich persönlich denke natürlich nicht daran, auch nur ein Sterbenswörtchen zu sagen.«

»Und Sie haben auch nicht mit Ihrer Frau darüber gesprochen? Oder mit anderen Ihnen nahestehenden Personen?« unterbricht ihn Horteza mit seiner Diskantstimme.

»Nein.«
Als Belohnung für sein gutes Benehmen und seine ausgezeichneten Antworten überreicht Puiggrán Daniel einen Scheck. Als Belohnung.
»Wir verlassen uns auf Sie«, sagt er.
›An Überbringer‹, zweihunderttausend Pesetas, in Buchstaben und in Zahlen. Nicht schlecht für ein Bestechungsgeld.
Daniels sarkastischer Blick ruht unentwegt auf Puiggrán, der ihn aber ignoriert und sich ganz und gar seinem letzten Schluck Bourbon widmet.
Nierga macht Daniel ein Zeichen und entfernt sich. Das soll bedeuten, daß Daniel ihm folgen soll. Daniel geht ihm nach und hört drei Seufzer der Erleichterung hinter sich. Sie verlassen den Garten und gehen auf die Straße, wo es sich viel freier atmen läßt.

Auf dem ganzen Weg zum Hotel Campistraus nimmt Nierga nicht einmal die Hände aus den Hosentaschen.
»Es waren Kopien, nicht wahr?« fragt Daniel.
»Wußtest du das?« Nierga zieht eine Augenbraue hoch.
»Ich hab so was gehört. So wie's aussieht, wird er ja ungeschoren davonkommen. Er hat versucht, die Versicherung zu betrügen; aber da er reich ist, wird ihm das einfach so verziehen...«
Nierga bleibt beleidigt stehen.
»Es gibt keinerlei Beweis dafür, daß Puiggrán die Absicht hatte, jemanden zu betrügen«, protestiert er. »Vielleicht hat er es versucht, aber man kann ihm nichts nachweisen. Er hat die ganze Zeit von Gemälden gesprochen, aber nie gesagt, ob es sich um Originale oder Kopien handelt. Er hat nur betont, daß es ihm sehr wichtig sei, die Gemälde wiederzufinden. Außerdem hat er uns keine Informationen vorenthalten.«
»Und Buxadé? Was sagt der dazu?«
Sie gehen weiter.
»Buxadé ist tot. Autounfall. Gestern. In der Nähe der Kapelle von San Cayetano.«
»Was sagst du da?«
»Du hast schon richtig gehört.«
Pause.
»Und was sagt die Versicherungsgesellschaft dazu?«
»Fehlanzeige. Puiggrán hat nie was von ihnen gefordert. Er hatte die

Versicherung sogar schriftlich gebeten, nichts zu unternehmen, solange die Dinge noch nicht geklärt sind.«
»Das hat er ja geschickt eingefädelt«, sagt Daniel lächelnd. »Denn wenn ich dir jetzt sage, daß er mir Hinweise gegeben hat, die er euch vorenthalten hat, dann wirfst du mir vor, ich hätte Informationen unterdrückt.«
»Selbst wenn du mir jetzt nichts erzählst, werde ich dich deswegen anzeigen. Du hast 'ne Menge zu beichten, mein Lieber.« Nierga hat ungewöhnlich schlechte Laune. Sie betreten das Campistraus. Es ist dunkel, schlicht und ungemütlich wie ein Trödelladen. In demselben schneidenden Tonfall, den er auch Daniel gegenüber anschlägt, spricht Nierga mit dem Portier. »Der Schlüssel von hundertzwei. Machen Sie die Rechnung fertig. Ich reise ab.« Er geht zum Aufzug und wartet auf Daniel. »Du wirst mir jetzt zum Beispiel sagen«, fährt er fort, »wo die Frau mit den grünen Haaren ist. Ich muß sie finden, und du weißt, wo sie ist.« Er ignoriert Daniels verdutztes Gesicht. »Man hat dich beobachtet, wie du in deinem schwarzen Volkswagen Bartrinas Grundstück verlassen hast und mit dieser Grünhaarigen weggefahren bist. Spätestens wenn du die Vorladung kriegst, wirst du mir schon erzählen, wo du sie hingebracht hast.«
»Was ist das denn für ein Blödsinn?«
»Alle wissen, daß du was mit ihr hattest.«
»Was für ein ausgemachter Blödsinn! Willst du mir etwa einen Mord anhängen? Willst du damit vielleicht sagen, daß ich Bartrina umgebracht haben soll?«
Sie verlassen den Aufzug und gehen zu Zimmer 102. Nierga schließt die Tür auf und geht hinein. Daniel hinterher.
»Natürlich nicht. Sonst hätte ich dich längst festgenommen. Bartrina ist eines natürlichen Todes gestorben. Herzstillstand.«
»Eines natürlichen Todes? Herzstillstand?«
Nierga nimmt seine Zahnbürste, ein Stück Seife, ein Handtuch, zwei Hemden, eine Jacke und packt alles in eine Reisetasche.
»Das sagt der Gerichtsarzt. Man hat mich gestern nacht sofort nach der Autopsie angerufen. Die einzige Neuigkeit dabei war, daß Bartrina gefixt hat. Aber kein Anzeichen für eine Überdosis oder so was. Ich habe darum gebeten, ihn noch einmal genau zu untersuchen. ›Das kann nicht sein‹, habe ich gesagt, ›der Typ ist umgebracht worden‹. Aber nichts zu machen. Er ist an Herzstillstand gestorben. Du warst dabei, und ich will von dir hören, was passiert ist.«

»Ich war nicht dabei, verdammt nochmal. Ich hab mich um Celia gekümmert. Hast du das noch nicht mitgekriegt? Sie hat vorgestern versucht, sich umzubringen. Seitdem bin ich nicht von ihrer Seite gewichen. Gestern war ich den ganzen Tag zu Hause. Frag Celia. Ja, warte mal, außerdem haben mich nämlich jede Menge Leute angerufen. Hab den ganzen Abend am Telefon gehangen...«
Nierga nimmt seine Tasche und guckt Daniel wütend an.
»Ich hab die Schnauze gestrichen voll von euch Privatdetektiven. Du hast mir Informationen vorenthalten. Buxadé hat mir Informationen vorenthalten. Wenn mir noch mal so'n Scheißprivatdetektiv über den Weg läuft...«
»Was hat Buxadé dir verheimlicht?« Sie gehen aus dem Zimmer. »Sag mir, was er dir verheimlicht hat, und ich erzähl dir, was ich dir vorenthalten habe.« Wieder im Aufzug. Schweigen. »Mensch, Nierga, sei nicht so stur. Wir waren doch schließlich mal Kollegen. Ich erzähl dir auch, was ich dir verheimlicht habe.«
Nierga guckt ihn skeptisch an.
»Buxadé hat seinen Wagen zu Bruch gefahren. Das Ding fing an zu brennen, und der Typ ist da drin verkohlt. Im Wagen lag 'ne Automatik. Die Smith & Wesson, die wir gesucht haben...«
Den Teil der Geschichte hatte Esteban ihm nicht erzählt. Deshalb ist Daniels Verblüffung echt. Nierga bezahlt die Hotelrechnung, verlangt eine Quittung und geht hinaus. Daniel legt ihm eine Hand auf die Schulter, um ihn zurückzuhalten. Sie gucken sich an.
»Hör mal«, sagt Daniel, »was ich dir verschwiegen habe, ist folgendes: daß Bartrina ein Perverser war, ein Homosexueller, ein Vergewaltiger und Heroinsüchtiger. Aber das war allgemein bekannt. María hat es mir erzählt, die Besitzer des Supermarkts auch. Jeder wußte das. Abgesehen davon, habe ich es erst kurz vor Celias Selbstmordversuch erfahren. Und danach hatte ich viel zuviel um die Ohren, um mich in irgendwas reinzuhängen. Was hab ich dir sonst noch verschwiegen? Daß María erwähnt hatte, die Picassos seien Fälschungen. Aber das war nur so'ne Bemerkung von ihr. Ich habe sie nicht überprüft. Was noch? Sonst nichts. Ich schwör's dir. Die Geschichte von meinem Techtelmechtel mit der Grünhaarigen ist totaler Quatsch. Ehrenwort. Ich war den ganzen Abend bei Celia...«
»Man hat deinen schwarzen Volkswagen gesehen. Du bist gefahren, und neben dir saß die Frau mit den grünen Haaren.«
»Nein, entschuldige bitte, aber ich muß dir widersprechen. Man hat

irgendeinen schwarzen Volkswagen gesehen. Meiner stand zu Hause auf dem Parkplatz. Der Parkplatzwächter kann das bestätigen. Genau! Sprich mit ihm. Du wirst schon sehen, was er sagt. Okay, man hat einen Typen mit weißen Haaren gesehen. Aber ich war's nicht. Man hat von den weißen Haaren und dem schwarzen Volkswagen auf mich geschlossen. Aber das ist ein Irrtum. Mann, Nierga, wir waren doch Kollegen, du kannst mich doch nicht...«

Sie sind bei dem blauen Seat angelangt. Nierga wirft seine Reisetasche hinein. Nachsichtiges Nicken, großspuriger Blick. »Zuviele Zufälle«, sagt er. »Du hast einen schwarzen Volkswagen, und die Grünhaarige ist in einem schwarzen Volkswagen abgehauen. Du hast weißes Haar, und die Grünhaarige ist zusammen mit einem weißhaarigen Typen weggefahren. Buxadé bringt sich in seinem Wagen um und hat eine der beiden Pistolen bei sich, die bei der Sache 'ne Rolle gespielt haben. Bartrina stirbt an Herzstillstand, damit ist der Fall gelöst. Und logischerweise bringt sich auch der Künstler, der an allem schuld ist, um, indem er sich den Schlangen zum Fraß vorwirft.«

»Was weißt du darüber?« fragt Daniel, um Zeit zu gewinnen. Er will sich auf die Motorhaube stützen, zieht aber sofort seine Hand zurück, denn das Blech ist glühend heiß.

»Jemand hat ihn angerufen. Eine Frau.« Nierga wird schon gesprächiger. »Wir vermuten, daß es die mit den grünen Haaren war. Wahrscheinlich hat sie ihn angerufen, nachdem sie Bartrinas Leiche gefunden hatte. Wir vermuten, daß sie ihm gesagt hat, alles wäre aufgeflogen, und daß sich der Vogel deshalb umgebracht hat. Natürlich hat sich der Künstler diese ganze Scheiße mit den Eingeweiden undsoweiter ausgedacht. Bartrina hat ihm die Kohle gegeben, und dieser Carlos hat dann die Leute aufgeschlitzt und behauptet, das sei Kunst. Genau wie diese Leute, die Kühe schlachten. Von denen hab ich in der Zeitung gelesen. Da wirst du doch bekloppt! Hör mir bloß auf. Geh mir doch weg mit dieser verdammten Scheiß-Kunst!«

»Jetzt hör mir mal zu«, sagt Daniel und versucht, Nierga am Einsteigen zu hindern. »Ich weiß mehr darüber. Diese ganzen Kunstwerke wurden an einen Amerikaner weiterverkauft. Der ist Millionär...«

»Nein. Haben wir schon überprüft. Ich hab mit der Polizei in Dallas gesprochen. Anscheinend gab es da wohl einen Ami, der Sachen von diesem Irren gekauft hat, aber die Sachen waren harmlos. Nichts mit Eingeweiden und so. Auf jeden Fall sind die Ermittlungen im Gange. Aber wir wissen noch nichts Genaues.«

Nierga macht wieder Anstalten, ins Auto zu steigen.
»Warte mal, warte doch, Mann!« insistiert Daniel. »Fahr noch nicht weg... Was ist mit den Leuten, die die Bilder geklaut und dabei das Dienstmädchen umgelegt haben? Und was ist mit dem Typen, der die beiden Frauen erschossen hat, mit Esteban Rius?«
Nierga sieht zu Boden, setzt ein ernstes Gesicht auf und steigt ins Auto. »Berufsgeheimnis.«
Daniel läuft um den Wagen herum auf die Beifahrerseite.
»Warte. Warte doch, verdammt!«
Er öffnet die Tür und läßt sich auf dem Beifahrersitz nieder.
»In solchen Fällen heißt ›Berufsgeheimnis‹ doch nur, daß ihr keinen blassen Schimmer habt. Weil ihr Esteban Rius noch nicht erwischt habt und immer noch im dunkeln tappt.«
»Kann sein«, räumt Nierga unverfänglich ein.
»Nun sag schon, Nierga. Ich biete dir 'ne Information zum Tausch an. Die Bilder waren mit Scheiße vollgeschmiert, stimmt's?«
»Ja.«
»Ich weiß, wo sie so beschmiert worden sind. Sag mir, was du weißt, und ich führ dich dorthin. Mal sehen, ob wir nicht doch noch irgendwas ins Reine bringen können. Schließlich und endlich ist der Fall für mich sowieso abgeschlossen, Nierga. Was soll's also, ob ich das nun weiß oder nicht.«
»Wenn du ohnehin nichts mehr mit dem Fall zu tun hast, warum willst du es dann unbedingt wissen?«
»Aus Neugier, Mann. Du kennst mich doch. Weißt du nicht, daß ich ein gefährlicher Schnüffler bin? Ich werd's keinem erzählen, das schwör ich dir. Los, erzähl schon!«
»Wohin fahren wir?«
»Zur PORCICOSA. Zur Farm mit den besten Mastschweinen der ganzen Gegend.«
›In den Schweineställen von Vilafort wirst du weniger Scheiße finden als in dieser ganzen Ausstellung‹, hatte Bartrina gesagt. Und er hatte gelacht. Auch María hatte gelacht. Aber man hatte gespürt, daß sie Angst hatte.
Nierga läßt den Motor an und macht eine Geste, die bedeuten soll: ›Das hätte ich mir denken können‹.
»Natürlich«, sagt er. »Bartrina war ja Hauptaktionär. Ich glaube übrigens nicht, daß Esteban Rius die beiden Holländerinnen umgebracht hat«, fügt er hinzu. »Wir haben sie vor ein paar Tagen identifi-

zieren können. Judy van der Soundso und Erika Dingsbums. Zwei Prostituierte, die auf Sadomaso spezialisiert waren. Solche von denen, die ihre Kunden in Ketten legen, auspeitschen und so...«

»Warum glaubst du, daß Esteban sie nicht umgebracht hat?«

»Weil man die beiden Frauen, dem Gerichtsarzt zufolge, ungefähr eine Stunde vor ihrem Tod brutal zusammengeschlagen hat. Sie dürften wohl eine ganze Weile bewußtlos gewesen sein. Offensichtlich waren sie wieder zu sich gekommen, kurz bevor sie mit der Magnum erschossen wurden. Es wäre ziemlich unlogisch, wenn Esteban sie erst bewußtlos geprügelt und dann gewartet hätte, bis sie wieder bei Bewußtsein gewesen wären, um sie dann aus nächster Nähe abzuknallen. Da hätte er sie doch gleich erschießen können, als sie noch bewußtlos waren. Was meinst du?«

»Das heißt: Es waren zwei Personen beteiligt. Eine, die die beiden Frauen zusammengeschlagen hat, und eine andere, die sie umgebracht hat. Und du glaubst, Esteban war derjenige, der sie verprügelt hat?«

»Ja. Weil ich nämlich der Meinung bin, daß der Typ vom Raubüberfall, der auch das Dienstmädchen erschossen hat, dieser Pascual Carlos war. Der war doch verrückt. Total verrückt. Meine Fresse, nach den Perversitäten, die ich mir gestern angucken mußte! Wie im Kino. Sie hatten nämlich alles auf Video aufgezeichnet, weißt du. O Mann, nachdem ich das gesehen habe, trau ich denen alles zu. Einen Typen haben sie gevierteilt, ihm die Eingeweide rausgerissen, die Augen ausgestochen... Und alles Schritt für Schritt gefilmt. Völlig krank. Entsetzlich. Ein Guardia-Civil-Beamter mußte sich die ganze Zeit übergeben. Noch als wir uns das anguckten, hat er angefangen zu kotzen. Es war auch kaum auszuhalten. Verdammte Kacke. Ein Mädchen haben sie erwürgt und auf dem Tisch liegengelassen. Und dann gefilmt, wie sie langsam verweste. O Mann... Und dann diese ganzen Zeitungsausschnitte, mit deren Hilfe wir die Toten identifizieren konnten. Sie haben sie alle gesammelt, diese Bestien...«

»Und der Raub der Picassos?«

»Ach das! Nichts. Aber das ist mir auch egal. Ich brauche nicht mehr...«

»Und der Film aus der im Gemäldesaal versteckten Kamera?«

Nierga guckt ihn von der Seite an. Sie lassen gerade die Drahtabsperrung der Geflügel- und Schweinefarm hinter sich und fahren an den nüchternen, würfelförmigen Gebäuden vorbei.

»Warum, zum Teufel, interessiert dich dieser Film? Was soll das?«
»Ach, nichts weiter. War nur 'ne Frage. Wo sie doch so gerne Filme sammeln...«
»Die Kabel der Alarmanlage waren durchgeschnitten«, erklärt ihm Nierga mit Engelsgeduld. »Das Ding funktionierte nicht. Deshalb konnte die Kamera auch nichts aufnehmen.«
»Ach ja, natürlich!« ruft Daniel aus. Er tut so, als habe er nun endlich alles verstanden und klingt dabei recht überzeugend.

Sie steigen aus dem Auto und gehen auf das Bürogebäude zu. Die Hühner- und Schweineställe mögen eng und niedrig sein, aber die Menschen haben sich in einer Burg verschanzt, die so groß und breit ist wie ein Monolith. Vergitterte, längliche Fenster, die aussehen wie Schießscharten. Die Eingangstür besteht aus beschlagenem Metall. Keine einzige Fensterluke, durch die man hineinspähen könnte. Die Tür erinnert an das Eingangstor zu einem mittelalterlichen Verlies. Nierga und Daniel müssen sich ducken, um nicht an den Türrahmen zu stoßen. Die eiskalte Atmosphäre im Inneren erinnert an die Eingangshalle eines Irrenhauses. Der Raum ist nur spärlich möbliert. Fotos von Hühnern und farbige Poster zieren die Wände. Ein Mädchen mit dem gelangweilten Gesichtsausdruck einer Telefonistin empfängt die beiden. Ihre Augen, die hinter dicken Brillengläsern versteckt sind, schielen.
»Polizei«, stellt sich Nierga vor. »Kann ich bitte mit dem Verwalter sprechen?«
»Einen Moment.« Das Mädchen betätigt die Sprechanlage. »Herr Pallarés? Zwei Herren von der Polizei möchten Sie sprechen. Soll ich sie hereinbitten?«
»Nein!« ertönt die schneidende Antwort aus der Anlage. »Sie sollen warten. Ich komme raus.«
»Er sagt, daß...«
»Nur eine Frage, Fräulein«, unterbricht sie Daniel auf seine höfliche, verführerische Art. »Letzten Sonntag... Ich meine, sonntags, wer ist da hier? Es muß doch einen Wächter geben. Jemand, der...«
»Also...« Jetzt schielt sie noch stärker. »Herr Godolat war hier. Aber...«
»Aber?«
»Er war der Nachtwächter und hatte auch am Wochenende, wenn hier alles zu war, Dienst gehabt...«

»War?«
»Ja, er ist gestern gestorben. Er ist von einem Lastwagen überfahren worden. Vor seinem Haus, an der alten Landstraße.« Daniel guckt Nierga an. Nierga guckt Daniel an.
»Buxadé, Bartrina, Pascual Carlos, Herr Godolat...« zählt Daniel auf. »In diesem Dorf sind gestern 'ne ganze Menge Leute gestorben.«
»Zu viele«, denkt Nierga laut.
Herr Pallarés erscheint. Groß, dick, mächtig, ungeduldig, unverschämt. Einsilbig bestätigt er das, was die schielende Brillenschlange gerade erzählt hat. Jawohl, Herr Godolat bewache am Wochenende das Gelände. Auch am vergangenen Sonntag, jawohl. Und gestern sei er von einem Lastwagen überfahren worden, so ist es. Herr Godolat sei absolut zuverlässig gewesen. Früher hätte er bei der Guardia Civil gedient.
»Zu viele Tote an einem Tag«, sagt Nierga beim Rausgehen. Er ist nervös.
»Ab jetzt werde ich alles von Barcelona aus regeln«, sagt er, als sie ins Zentrum von Vilafort zurückfahren. »Bleibst du noch hier?«
»Ja«, sagt Daniel lächelnd. »Ich hab noch was zu erledigen.«
»Mit der Grünhaarigen? Sieh zu, daß du was aus ihr rauskriegst. Du wirst es mir bald berichten müssen. Die Vorladung wirst du auch bald kriegen.«

Die Familie Godolat lebt in einem modernen, anonymen und rissigen Wohnklotz der Urbanización Popular von Vilafort. Frau Godolat trägt Trauer. Ihr Gesicht ist verweint, dennoch wirkt sie gesund und kräftig. Zufrieden betrachtet sie Niergas Polizeimarke und läßt ihn bereitwillig eintreten. Jawohl, der Herr, die Polizei müsse sich um diesen Fall kümmern, denn das, was man ihrem Mann angetan habe, sei ein Verbrechen, ein Mord. Und der LKW-Fahrer gehöre hinter Gitter, lebenslänglich. Natürlich wisse sie nichts über diesen Fahrer, aber dafür sei ja die Polizei da. Die müsse ihn finden.
Während Nierga die Frau vernimmt, bleibt Daniel im Hintergrund.
Nein, Herr Godolat hat seiner Frau nicht erzählt, ob letzten Sonntag auf der Farm irgendwas vorgefallen ist. Er war ein bißchen nervös, das schon, aber sie hatten ja auch viele Probleme. Das Studium des Sohnes, die Raten für den Farbfernseher, die jeden Monat bezahlt

werden müssen... Was sollen sie jetzt bloß machen? (Wie üblich Schluchzen, Weinen, Hysterie.) Im Viertel erzählt man sich, daß Herr Godolat dem Alkohol sehr zugetan war, daß er jede Nacht torkelnd nach Hause kam. Solche Fragen mit der nötigen Diskretion zu stellen, ist nicht so einfach. Aber Nierga macht es sehr geschickt.
»Nein, mein Mann hat nicht getrunken. Ja, manchmal vielleicht schon, um irgendwas zu feiern oder um seine Probleme mal zu vergessen... Aber mir gegenüber hat er sich immer sehr gut benommen. Hören Sie nicht auf das, was man im Viertel erzählt. Naja, seit letzten Sonntag hat er sich vielleicht ein- oder zweimal betrunken, oder dreimal... Vielleicht sogar viermal, das kann sein. Er wollte nämlich eine Gehaltserhöhung. Wie sollten wir sonst den Farbfernseher abbezahlen, ohne Gehaltserhöhung? Wo das Leben doch so teuer geworden ist! Und jetzt muß der Junge auch noch anfangen zu arbeiten...«
Später fragt Daniel Nierga:
»Hat dich das weitergebracht? Kannst du damit was anfangen?«
»Ein Unfall«, sagt Nierga, als er schon im Auto sitzt. »Es ist zwar ein merkwürdiger Zufall, aber es war trotzdem ein Unfall.«
Er fährt los.

»María?«
»Ja.«
»Hier ist Daniel.«
»Ach, Daniel. Hallo.«
»Hast du den Schock von gestern abend überwunden?«
»Noch nicht ganz. Es kam alles so plötzlich...«
»Können wir uns heute sehen? Ich würde gerne wissen...«
»Nein, ich kann nicht. Hör mal, diese Geschichte zwischen uns beiden ist zu Ende, okay?«
»Was ist denn los?«
»Du hast doch nicht geglaubt, sie würde ewig dauern, oder?«
»Aber wenigstens ein kleines Abschiedsfest, damit man sich in guter Erinnerung behält, meinst du nicht? Ich hab den Fall abgeschlossen. Heute nacht fahre ich nach Barcelona zurück und werde nie wieder nach Vilafort kommen. Wenn wir uns einfach so am Telefon verabschieden...«
»Laß es endlich gut sein, Daniel.«
»... dann wird meine Erinnerung an dich immer von Bartrinas Tod überschattet sein. Warum kommst du nicht...«

»Ich muß zu Hause essen. Mein Vater wird mich nicht gehen lassen.«
(Gesäusel)
»Ich warte im Hotelzimmer auf dich.«
»Nein, Daniel...«
»Mit einer Flasche Champagner.«
»Daniel...«
Und ich zeig dir den ›Vier und Vier‹.«
(Zögern, Lachen)
»Du bist so geil, wie du lang bist, Daniel...«
»Und schöner, als die Polizei erlaubt. Um elf?«
»Hihihi.«
»Um elf?«
»Um zwölf. Mit französischem Champagner!«

Das wird eine anstrengende und spannende Nacht werden. Eine Nacht der Liebe und des Verrats. Eine Nacht der Klettertouren an Häuserwänden, des Davonschleichens im Laternenlicht. Eine Nacht der angespannten Muskeln und der gespitzten Ohren, die auf das leiseste Geräusch achten. Daniel ist ganz aufgeregt angesichts solcher Perspektiven. Das Getuschel, die anklagenden Blicke, die Verachtung, die ihm die Supermarktbesitzer entgegenbringen, als er dort die Flasche französischen Champagner kauft, amüsieren ihn nur. Er, der so würdevoll, so ehrbar wirkte, so diskret, daß er es sogar geschafft hatte, sie Dinge erzählen zu lassen, die sie besser nicht gesagt hätten, ausgerechnet er hat sich mit diesem grünhaarigen Flittchen eingelassen. Jeder hat es gesehen, alle Welt weiß es, jeder redet darüber. Und er besitzt die Dreistigkeit, einfach so durchs Dorf zu spazieren, als sei überhaupt nichts geschehen. Ein Typ, der sich mit so einer Nutte abgibt, kann nur genauso schamlos sein wie sie. Und jetzt, nachdem er sie alle an der Nase herumgeführt hat, kommt er an und kauft französischen Champagner.
»Das ist die Marke, die Herr Bartrina immer gekauft hat.« Das klingt fast wie eine Beschuldigung.
Daniel lächelt, als hätten sie einen Scherz gemacht. Aus den Bergen von Keramik und Porzellan, die sich im hintersten Regal stapeln, wählt er zwei geschliffene Gläser aus. Ein blaues und ein grünes. Das grüne ist für María. Grün ist die Hoffnung. Hoffen wir, daß der Fall noch nicht erledigt ist. Seine Hände zittern vor Aufregung, als er die Evipan-Tablette zermalmt und das Pulver im Glas verteilt, bis es nicht

mehr zu sehen ist. Seit gestern nacht, seit sich eine Eingebung seines Herzens mit dem zufälligen Fund des Röhrchens Evipan verbunden haben, ist dieser Fall zu einem Abenteuer geworden. María ist die Eingebung des Herzens. Grün ist die Hoffnung.
Sie wird schon aus ihrem Fenster auf das Dach des Holzschuppens geklettert sein. Sie wird schon im Laufschritt den Garten durchquert und im Schutz der Dunkelheit die Straße erreicht haben. Sie wird schon im Pa amb Tomàquet angekommen sein. Oder vielleicht hat sie sich doch entschlossen, nicht zu kommen? Eine Zigarette nach der anderen. Das Warten wird unerträglich. Es ist schon nach zwölf, als Daniel die Flasche Champagner öffnet und die Gläser füllt. Er will nicht das Risiko eingehen, daß das Mädchen Verdacht schöpft. Vielleicht fährt sie gerade mit dem Aufzug nach oben. Der Schaum des Champagners macht das Pulver des Barbiturats unsichtbar.
Die Tür geht auf, und María kommt herein. Sie trägt ein leichtes Strandkleid, eines von den Kleidern, das man sich um den Körper wickelt und mit einem Gürtel zusammenbindet. Wenn sie sich bewegt, sieht man ihre Beine, die in schwarzen Nylonstrümpfen stekken. Kokain funkelt aus ihren Augen und betont die dunklen Ränder um ihre Augen.
»Französischen Champagner«, sagt er und bietet ihr das grüne Glas an.
»Was braucht man für den ›Vier und Vier‹?« fragt sie und löst ihren Gürtel.
»Ein Negligé, Strapse und schwarze Strümpfe.«
»Ungefähr so?«
Sie öffnet ihr Kleid und wirft es auf den Boden. Durch das Negligé kann man die dunklen Punkte der Brustwarzen und der Schamhaare erahnen. Perfekt geformte Beine in schwarzen Strümpfen, die an einem altmodischen Strumpfhalter befestigt sind.
»Und ein Glas französischen Champagner!« fügt Daniel hinzu.
María kommt näher. Sie prosten sich zu. Blaues Glas an grünes Glas.
»Auf einen leidenschaftlichen Abschied!« Sie trinken. Jetzt muß alles sehr schnell gehen.

Es war amüsant. Der ›Vier und Vier‹ war ein verzwickter Knoten aus Armen und Beinen. Verhaltenes Lachen, zerrissene Kleidung und Champagner, der das Bett und diverse erogene Zonen befeuchtete. Gierige, feuchte Küsse, die nach Champagner schmeckten. Champagner zwischen den Beinen, von oben und von unten, und dann in gewöhnlicher Missionarstellung einen verlängerten und konvulsiven Orgasmus genießen. Dann die Erschöpfung, die Müdigkeit, durch das Evipan beschleunigt und verstärkt. María liegt regungslos auf dem Rücken. Sie schläft, sanft und unschuldig, in dem champagnergetränkten Bett. Jetzt fängt das Abenteuer an.

Die Aufregung, die man verspürt, wenn man nachts um viertel vor eins durch die menschenleeren Straßen von Vilafort spaziert, das Loch in Carbós Gartenzaun sucht, zwischen Mischmaschinen und Baggern hindurchschleicht, über Sandberge, Backsteine und Kacheln, die für den Bau des Schwimmbeckens bestimmt sind, hinwegsteigt. Die Aufregung, die man verspürt, wenn man zu dem Holzschuppen läuft, mehr oder weniger flink hinaufklettert und das offene Fenster und die vielversprechende, vielleicht aber auch enttäuschende Dunkelheit sieht. Wenn man auf dem wackeligen Dach steht, kann man schon ins Schlafzimmer gucken. Ein zerwühltes Bett, schmucklose Jugendzimmermöbel aus weißem Holz, Schminkutensilien auf dem Frisiertisch, ein offener Schrank, zwei Bilder an der Wand, auf dem Boden verstreute Kleidungsstücke, ein zartes Parfum in der Luft, nach dem auch Marías Haare duften. Vor knapp einer Stunde hat sie sich hier für Daniel herausgeputzt. Nur für Daniel. Die Aufregung, die man verspürt, wenn man über die Fensterbrüstung ins Zimmer springt. Nachprüfen, ob die Tür wirklich, wie sie sagt, von innen abgeschlossen ist. Und jetzt die Suche. Schnell, aber präzise. Nervös, aber geduldig. Wie kommt er darauf, daß er hier etwas Interessantes finden wird? Intuition, würde er sagen. Das Gespür von jemandem, der sieben Jahre lang Polizist gewesen ist. Jedenfalls haben einige vage Hinweise zwangsläufig zu dieser Intuition geführt. Wenn der Wächter von PORCICOSA ermordet worden ist (eine Vermutung), dann, weil er was Wichtiges zu sagen hatte. Und wenn Bartrina, als er von den Schweineställen sprach, Angst gehabt hatte und irgendein Zeichen geben wollte, um sein Leben zu retten (noch eine Vermutung), dann war María, abgesehen von Daniel, die einzige Person, die ihn gehört hatte. Das würde bedeuten, daß auch Bartrina, entgegen dem Autopsiebericht, ermordet worden ist. Daniels Vermutung wäre vielleicht nicht bestätigt worden, wenn er nicht in der Schublade des Frisiertisches eine Mappe aus weiß-, grün- und gelbgeblümtem Stoff, in der Fotografien versteckt sind, gefunden hätte. Fotos, die offensichtlich aus großer Entfernung mit einem Teleobjektiv aufgenommen worden waren. Vergrößerungen eines schönen, aber etwas zu grobschlächtigen Gesichts, das durch den wehrlosen, unschuldigen Ausdruck weniger energisch wirkt. Esteban Rius am Strand. Esteban Rius beim Biertrinken. Esteban Rius im Hafen von Sant Pau del Port. Das größte Erfolgserlebnis für einen Forscher ist es, seine Vermutungen bestätigt zu sehen. Die einzelnen Informationen werden zu Teilen eines Puzzles, und die Arbeit wird nun darin bestehen, sie passend zusammenzufügen. Dabei ist ihm der Fund einer Perücke, die im Schrank versteckt ist, sehr behilflich. Eine skandalöse, grüne Perücke und ein Kleid aus silbernen und goldenen Metallplättchen. Daniel läßt alles so liegen, wie es war. Es ist viertel nach eins. Er hangelt sich vom Fenster auf das Schuppendach, von dort auf den Boden, rennt durch den Garten zur Straße, zurück zum Hotel. Jetzt hat er die Zügel in der Hand, und er wird sie nicht so schnell wieder aus der Hand geben.

Es ist anzunehmen, daß gestern nicht nur vier Personen, die in diesen Fall verwickelt waren, starben. Es starben nicht nur Buxadé, Bartrina, Pascual Carlos und Herr Godolat. Um wen es sich bei der fünften Leiche handelt, kann man sich schon denken.

María liegt noch immer haargenau so da wie vor einer Dreiviertelstunde. Weit entrückt und friedlich schlummernd. Mondlicht dringt durch das Fenster herein. Einige Minuten lang bleibt Daniel stehen und betrachtet sie fast bewundernd. Er bewundert ihren Körper, der kaum vom Laken verhüllt wird. Er bewundert ihre Hinterlist und ihren Mut. Vielleicht beneidet er sie sogar ein wenig um die Erregung, die sie verspürt haben muß, als sie alle Welt, und allen voran ihn, an der Nase herumgeführt hatte.

Er nimmt den Telefonhörer ab und läßt sich mit seiner Wohnung in Barcelona verbinden. Er wartet und zündet sich eine Zigarette an.

»Hallo?« Es ist Celia. »Wer ist da?«

»Hier ist Daniel«, sagt er nach anfänglichem Zögern. ›Wie geht es dir?«

»Ich habe schon geschlafen«, sagt sie vorwurfsvoll.

»Hast du dich beruhigt?«

»Was willst du?«

»Ist Esteban da?« Daniel atmet schwer.

»Ja.«

»Habt ihr zusammen geschlafen?«

»Und wenn schon!«

Daniels Herz klopft. Er atmet schwer. Er läßt Marías appetitlichen, unbeweglichen Körper nicht aus den Augen. Daniel seufzt.
»Ja«, sagt er, »und wenn schon. Kann ich mit Esteban sprechen?«
Celia antwortet nicht. Statt dessen hört er die verschlafene, schlechtgelaunte Stimme von Esteban.
»Was gibt's?«
»Hier ist Ponce. Die Sache sieht ganz schön mies für dich aus, mein Lieber...«
»Was ist passiert?« Er hat Angst.
»Die Bullen wissen, daß du nicht außer Landes bist. In Vilafort, Sant Pau und Barcelona wird nach dir gefahndet. Falls du es noch nicht wissen solltest: Der Disco-Besitzer hat gekniffen und dir dein Alibi versaut. Es werden dir drei Morde angehängt. Offensichtlich hat man in der Einsiedelei ein Hemd von dir gefunden.« Daniel improvisiert: »Außerdem haben sie die Leiche von Buxadé gefunden und vermuten, daß du ihn umgebracht hast. Aber ich weiß, daß du unschuldig bist. Ich bin bereit, dir zu helfen. Allerdings nur, wenn du mir hilfst, diesen Fall zu lösen. Dann wird dir nichts passieren. Eine Hand wäscht die andere, okay?«
»Hab ja keine andere Wahl, oder?«
»Bleib im Haus und geh unter keinen Umständen raus. Laß dich nicht am Fenster blicken, und wenn jemand klingelt, versteck dich. In Ordnung?«
»In Ordnung.« Es klingt nicht besonders begeistert.
»Wir sehen uns morgen mittag. Paß auf Celia auf. Würdest du das bitte tun?«
Daniel legt ohne Gewissensbisse auf und läßt sich mit einer anderen Nummer verbinden. Es klingelt zehnmal, fünfzehn, zwanzig, einundzwanzig, zweiundzwanzigmal. Eine Frauenstimme antwortet. Es ist das Dienstmädchen. Sie hüstelt, damit ihre Stimme nicht so verschlafen klingt.
»Ich möchte mit Herrn Carbó sprechen.«
»Er schläft.«
»Hab mir schon gedacht, daß er schläft. Weck ihn. Es geht um seine Tochter...«
Jemand hat den Hörer vom Nebenapparat abgenommen. Carbós Stimme unterbricht das Gespräch. Er klingt verstimmt, aber energisch.
»Was ist los? Wer spricht da?«

»Sagen Sie dem Mädchen, daß sie auflegen soll, Herr Carbó. Es geht um eine vertrauliche Angelegenheit, die Ihre Tochter betrifft.«

Pause. Husten.

»Leg auf, Amalia, und geh zu Bett.« Höflich, aber bestimmt. Knakken in der Leitung.

»Wer sind Sie?«

»Mein Name ist Daniel Ponce. Wir haben uns heute morgen im Haus des Herrn Puiggrán kennengelernt. Ich untersuche den Bilderraub.«

»Aber die Bilder sind doch gefunden worden, und Herr Puiggrán hat Ihnen Ihr Honorar gezahlt...«

»Das weiß ich. Was Sie nicht wissen, ist, daß Ihre Tochter an dem Raub und an den Morden beteiligt war. Ich habe Beweise.« Es vergehen einige Sekunden. Heftiges Atmen. Daniel redet weiter: »Ich habe den Mann, der von der Polizei gesucht wird, ausfindig gemacht. Ein gewisser Esteban Rius, der bei dem Raubüberfall beteiligt war und das Dienstmädchen und die beiden Ausländerinnen umgebracht hat. Ihre Tochter stand bis kurz vor dem Überfall in sehr enger Beziehung zu ihm...«

»Was wollen Sie von mir?« schreit Carbó ungehalten. Im Hintergrund hört man eine Frauenstimme: ›Was ist passiert, Joan?‹

»Ich möchte Sie nur vor Verleumdungen schützen. Sie, Ihre Tochter und Ihre Frau. Die Polizei hat den Fall offiziell abgeschlossen, und Esteban Rius bringt seine Sommerliebe noch nicht mit Ihrer Tochter in Verbindung, aber vielleicht...«

»Ich habe Sie gefragt, was Sie von mir wollen?« wiederholt Herr Carbó streng.

»Was *Sie* von mir wollen, ist die Frage, Herr Carbó.«

»Wollen Sie Geld? Wieviel?«

»Wieviel wäre es Ihnen denn wert, einen Skandal zu vermeiden?«

»Sie sind verrückt!«

»Nein, Sie sind verrückt, wenn Sie sich weigern, mit mir zu plaudern.«

»Ich könnte die Polizei rufen...

»Ich auch.«

Elf, zwölf, dreizehn Sekunden, vierzehn, fünfzehn... »In Ordnung. Ich möchte Sie sprechen.«

»Genau das wollte ich hören.«

»Kommen Sie zu PORCICOSA, zur Farm. Morgen mittag um zwölf.

Das Tor wird offen sein. Gehen Sie zum Bürogebäude, in den ersten Stock, und klopfen Sie an die Tür mit dem Schild ›Direktion und Verwaltung‹.«
»Ich werde alleine kommen, Herr Carbó. Falls mir irgendwas zustoßen sollte, wird Esteban Rius festgenommen werden, und er wird singen. Das schwöre ich Ihnen.«
»Herr Ponce, ich warne Sie. Ich hoffe, Sie wissen, mit wem Sie es zu tun haben!«
»Das weiß ich. Und ich weiß auch, daß Sie ein angesehenes Mitglied von Opus Dei sind und außerdem Hauptaktionär des Unternehmens, in dem letzten Sonntag Puiggráns Bilder mit Scheiße beschmiert wurden. Und daß der Wächter, der an diesem Tag Dienst hatte, zufällig bei einem Autounfall ums Leben gekommen ist. Und ich weiß auch, daß ihre Tochter mit jedem erstbesten, einschließlich mit Dieben und Mördern, ins Bett geht, und daß sie zuviel redet, wenn sie Kokain gesnifft hat. Vor allem aber weiß ich, daß Sie keinerlei Interesse an einem Skandal haben, da Ihnen doch die Wirtschaftspolitik unseres Landes so am Herzen liegt...«
Knacken in der Leitung. Carbó hat aufgelegt. Ende der Unterhaltung. Morgen ist auch noch ein Tag.
Die Sonne scheint schon ins Zimmer, als Daniel im Halbschlaf mitbekommt, wie María geräuschvoll aufwacht.
»Ach, du Schande«, hört er sie sagen.
Dann das Rascheln der Kleidung, als sie sich stöhnend und fluchend anzieht. Barbiturate enden nach acht Stunden Schlaf in einem fürchterlichen Kater. Arme María. Sie muß sich irgendeine Ausrede einfallen lassen. ›Ich bin früh aufgestanden und habe schon einen kleinen Spaziergang gemacht.‹ ›Und wie kommt es, daß deine Tür von innen abgeschlossen ist?‹ wird ihr Vater fragen. Mit bleischwerem Kopf und ausgetrocknetem Mund wird sie das alles ertragen müssen. Arme María. Daniel ist fast versucht, sie zurückzuhalten, ihr zu sagen, daß sie sich gar nicht zu beeilen brauche, daß Papa schon alles wisse und sowieso wichtigere Dinge im Kopf habe. Aber die Zeit ist noch nicht reif dafür. Darüber werden wir uns später unterhalten. Arme María.
Er hört, wie sie aus dem Zimmer geht, schaut auf die Uhr und beschließt, noch ein Stündchen zu schlafen.

Sechs Tage später

»Morgen mittag um zwölf«, hat Carbó gesagt.

Bei PORCICOSA arbeiten samstags nur die Hühner und die Schweine. Das Kontrollhäuschen am Eingang ist nicht besetzt. Der letzte Wächter ist vorgestern gestorben, und wahrscheinlich hat man noch keine Zeit gehabt, einen Nachfolger zu finden. Auf numerierten Straßen fährt man an den Gebäuden vorbei. Die einzelnen Gebäude wirken wie überdimensionale, weiße Ziegelsteine, die irgendein Riese hier abgestellt haben könnte. Das Drahtgitter, mit dem das geräumige Gelände umzäunt ist, verleiht dem Ganzen den Anschein eines verlassenen Konzentrationslagers. Das schmale, hohe Gebäude im Hintergrund könnte der Wachturm sein, ausgestattet mit Scheinwerfern und Maschinengewehren.

»Das Tor wird offen sein«, hat Carbó gesagt.

Das Drahttor ist nur angelehnt. Man muß lediglich den ersten Gang einlegen, mit der Schnauze des Autos vorsichtig gegen das Tor stoßen, und schon steht es sperrangelweit offen. Der schwarze Volkswagen fährt durch die leeren Straßen, wird mit Gackern und Grunzen begrüßt. Er hält vor dem Bürogebäude, dem hohen Wachturm. Auch die kleine, undurchsichtige Tür aus beschlagenem Metall ist nicht abgeschlossen. Die Halle wirkt noch kälter als beim letzten Mal. Man kommt sich vor wie in einem Kühlschrank, wie am Nordpol. Die Rezeptionstheke sieht aus wie eine Art Plastikaltar. Das Treppenhaus ist viel zu eng.

»Im ersten Stock«, hat Carbó gesagt. »Klopfen Sie an die Tür mit dem Schild ›Direktion und Verwaltung‹.«

Die Tür ist verschlossen. Die Klingel läutet nicht, wenn man auf den Knopf drückt. Es vergeht eine lange Minute, bis die Tür geöffnet wird. Alberto Losante, der Butler, begrüßt Daniel mit einem arroganten Lächeln. Er hat nichts mehr gemeinsam mit dem trägen, hochmütigen und aristokratischen Hausangestellten, diesem verspäteten Anhänger der Null-Bock-Generation, der Daniel vor fünf Tagen im Hause Puiggráns empfangen hat. Heute hat er seine Falten und sein

Alter hinter Wimperntusche und Schminke versteckt. Ana María Gómez Lorena würde ihn als den Herrn wiedererkennen, der sie am Flughafen empfangen und sich ihr mit dem Namen Kroffen vorgestellt hat. Der Herr, der sie auf dem Tisch erwürgt hat, um Tag für Tag die Verwesung ihres Körpers zu filmen. Heute trägt Alberto Losante eine weiße Perücke. Dieselbe, die er vor zwei Tagen benutzte, um sich als Daniel Ponce auszugeben.

»Wir sehen uns überhaupt nicht ähnlich«, sagt er zu Daniel, als wolle er sein unerschütterliches Selbstvertrauen unter Beweis stellen.

»Kommen Sie herein, Herr Ponce. Wir haben schon auf Sie gewartet.« ›Wir‹, sagt er. Nur mit Müh und Not gelingt es Daniel, noch zu lächeln. Es läuft ihm eiskalt über den Rücken, und eine Sekunde lang breitet sich diese Eiseskälte auch in seinen Gedärmen aus. Er weiß, daß er sich auf eine Gratwanderung begibt, und jedes unvorhergesehene Ereignis erschreckt ihn. Aber das dauert nicht länger als eine Sekunde an.

»Die Tür dort hinten, bitte.«

Mit unsicheren Schritten geht er durch den Flur. ›Ganz ruhig bleiben, Daniel. Du hast doch gewußt, daß der Feind viel zu mächtig ist, als daß du ihn besiegen kannst. Und wenn du ihn nicht besiegen kannst, wirst du dich mit ihm verbünden.‹ Rechts und links befinden sich Türen und Schilder. Herr Soundso, Rechtsanwalt; Herr Dingsbums, Public Relations; Archive; Sekretariat. An der letzten Tür gibt es weder Schild noch Türgriff. Nur ein Schloß. Der Butler geht hinter Daniel her. Daniel ignoriert ihn, stößt die Tür mit den Fingerspitzen auf und betritt einen völlig dunklen Raum. Das Flurlicht dringt in den Raum, und das helle Rechteck beleuchtet einen Klappstuhl, der mit der Rückenlehne zu Daniel steht.

»Setzen Sie sich«, sagt Alberto hinter ihm.

Daniel gehorcht. Die Tür wird geschlossen, und die Dunkelheit umgibt Daniel wie ein knebelndes Tuch. Er widersteht der Versuchung, etwas zu sagen. Zu fragen: ›Herr Carbó?‹ Er muß seine Unsicherheit ja nicht unbedingt zeigen. Und außerdem ist dies nicht der richtige Moment, um eine Erklärung zu fordern. Er wartet ab. Vorsichtig zieht er eine Zigarette aus der Tasche und zündet sie an. Die Flamme ist zu spärlich, um irgend etwas in der Dunkelheit erkennen zu können. Sie erhellt lediglich sein eigenes Gesicht, vielleicht auch die Nervosität, die ihm im Gesicht geschrieben steht. Deshalb macht er das Feuerzeug aus, steckt es wieder weg, raucht und wartet ab.

Plötzlich, wie ein Blitz, erscheint vor ihm eine große, weiße Leinwand. Zahlen laufen über das Bild, 6, 5, 4, 3... In schwarzweiß. Und links von ihm, auf einer anderen Leinwand, erscheint in Farbe, einer der geraubten Picassos. ›*Weiblicher Akt im Profil*‹ von 1903. Währenddessen flimmert ein Schwarz-Weiß-Bild von der ersten Leinwand. Puiggráns Gemäldesaal aus der Vogelperspektive. Die Tür geht auf. Gleichzeitig ertönt eine schrille Sopranstimme:
»Herzlich willkommen, Herr Ponce. Wenn ich richtig informiert bin, möchten Sie mit uns reden. Sind Sie ein Kinofan?«
»Ja«, antwortet Daniel, der aufmerksam die Leinwände betrachtet. »Vor allem bin ich ein großer Fan des *Cinéma Vérité*.«
José Luis Bartrina, María Carbó – im Bikini –, Herr und Frau Puiggrán, sowie das Dienstmädchen, die arme Elenita, betreten den Bildersaal. Nervös und unsicher. Ein Klumpen ekelhafter, brauner Masse klatscht auf den ›*Akt im Profil*‹. Breiartige Flüssigkeit tropft von der Leinwand. Zwei Frauen und ein Mann betreten nacheinander den Raum. Bekleidet mit weißen Overalls und Motorradhelmen. Pistolen in der Hand.
»Was wollten Sie uns sagen, Herr Ponce?«
›Ganz ruhig bleiben, Daniel. Sie wollen was von dir hören. Rede mit ihnen. Verhandle mit ihnen. Gib ihnen zu verstehen, daß du 'n gutes Blatt in der Hand hast.‹
»Diese Mädchen da, das sind nicht die Holländerinnen, die man tot aufgefunden hat«, sagt Daniel. »Die Holländerinnen sind zusammengeschlagen worden, und, soweit ich weiß, waren sie zum Zeitpunkt des Raubüberfalls bewußtlos.« Der Picasso ist schon über und über mit Exkrementen bedeckt. Schnitt. ›*Junger Harlekin*‹ von 1910. Er ist völlig unversehrt. Die Einbrecher und ihre Gefangenen durchqueren den Saal, in schwarz-weiß. Eines der Mädchen hängt die Bilder ab. »Die Frau, die die Bilder abhängt, könnte der Größe nach die Gioconda sein, sie ruhe in Frieden. Die andere, ich weiß nicht genau...«
»Ich bin Lucía Granés, die Tochter des Eisenbahners«, ertönt eine Kinderstimme aus der Dunkelheit. »Mach ich das nicht gut?«
»Und der Mann?« fragt Daniel. »Sagen Sie bloß nicht, das sei der Butler...!«
»Wie in den besten Kriminalromanen, Herr Ponce«, erklingt hinter ihm die zufriedene Stimme des Butlers.
Auf der Leinwand geht die maskierte Gioconda mit den Bildern aus

dem Saal. Vor dem Überfall haben sie nur das Kabel durchgeschnitten, das mit der Wache verbunden war. Jetzt wird Gioconda auch das andere Kabel durchschneiden. Das Kabel, an dem die Kamera angeschlossen ist. Der maskierte Butler schießt auf das Hausmädchen. Alles wirkt sehr konfus. Alle schlagen schützend die Hände vors Gesicht. Die maskierte Lucía läuft nach vorne und klettert auf die Bank. Elenita wird von einer Rauchwolke gegen die Wand gedrückt. Sie schaut nach oben und fällt wie ein lebloser Gegenstand auf den Boden. Lucía streckt ihre Hände dem Betrachter entgegen. Durch das Fischauge der Kamera sind sie ins Riesenhafte vergrößert. Dann ist der Film zu Ende. Der ›*Junge Harlekin*‹ auf der anderen Wand ist schon mit Scheiße bedeckt.
»Ein guter Trick, den Verdacht auf die falschen Personen zu lenken«, stellt Daniel selbstgefällig fest. »Auf die Holländerinnen und Esteban Rius. Wenn man alle drei tot aufgefunden hätte, wären die Untersuchungen eingestellt worden.« Die Skizze zu ›*Die beiden Brüder*‹ von 1905 erscheint auf der Leinwand. Auch auf sie prasseln Exkremente nieder. Auf der anderen Leinwand subjektive Kameraführung. Unsicher und zitternd verläßt sie den Buchen- und Korkeichenwald und entdeckt die Kapelle von San Cayetano. Wir sehen die beiden Mädchen mit den weißen Overalls. Eine ist groß und blond, eine stattliche Walküre. Sie entspricht dem Bild, das man von einer schwedischen Touristin hat. Die andere ist kleiner, hat dunkles Haar und wirkt auf den ersten Blick agiler, verspielter. Später dann, als man ihr Gesicht erkennen kann, wirkt sie verzweifelter als das blonde Mädchen. Sie winken in die Kamera, aber nicht, wie man auf den ersten Blick meinen könnte, zum Gruß. Sie rufen um Hilfe. »Judy und Erika«, sagt Daniel, um seine guten Kenntnisse zu demonstrieren. Die Kamera bleibt stehen. Auf den weißen Overalls sind plötzlich Blutspritzer zu sehen. Die Mädchen scheinen gegen eine unsichtbare Wand zu prallen. Sie fuchteln grotesk mit den Armen. Der Arm der Blonden macht eine bizarre Drehung in der Luft. Unbeteiligt schaut Daniel zu, wie sie hinfällt. Die Blonde dreht eine Pirouette. Die Füße der Dunkelhaarigen lösen sich vom Boden. Der vergebliche Versuch eines Salto Mortale rückwärts. Die Blonde stürzt zu Boden, rollt ein Stück den Abhang hinunter und bleibt auf dem Rücken liegen, Arme und Beine weit von sich gestreckt. Die Dunkelhaarige hat sich zusammengekauert. Sie liegt etwas weiter oben am Berg, zusammengerollt wie ein kleines Mädchen in seinem Bett, die Knie an die Brust gezogen.

»Schade, daß die beiden Frauen Esteban nicht umgebracht haben. Daß er fliehen konnte und mir alles erzählt hat«, sagt Daniel. Und die ›*Skizze zu Die beiden Brüder*‹ ist, genau wie die anderen Bilder, schon über und über mit dieser flüssigen, ekelhaften, braunen Masse beschmiert. »Esteban ist das Sandkorn im Getriebe.«
»Es war eine viel zu komplizierte *Performance*«, räumt die schrille Sopranstimme ein. »Eigentlich drei Aktionen auf einmal. Der Raub der Bilder, ihre Profanierung und das Alibi durch die drei falschen Täter. Sie hieß: ›*Aggression gegen die Kunst, gegen den Besitz und gegen die Logik* ‹. Man mußte zu viele Details beachten. Bartrina bestand darauf, die Sache durchzuführen. Er hatte den Amerikaner verpflichtet, zehn Millionen Dollar in das Projekt zu investieren, und wir waren dumm und habsüchtig genug, ihm den Rücken zu dekken...«
Travelling-Retro. Die drei Picassos liegen in einer Lache von Scheiße, in der sich, gleichgültig und gelangweilt, ein paar massige Schweine suhlen. Auf der anderen Leinwand entfernt sich die unruhig wakkelnde Kamera und läßt die beiden reglosen Frauen zurück. Nur die Schweine und die Kunstwerke heben sich noch von der Dunkelheit ab. Ein Bild vollkommener Profanierung. »Es war eine wunderschöne Aktion«, fährt diese kreischende Stimme fort. »Das ist eine schöne Aktion. Die Gleichgültigkeit der Schweine gegenüber den wertvollen, beschmierten Kunstwerken. Absolut symbolisch. Aber wir haben ein bißchen zuviel riskiert. Bis zu diesem Zeitpunkt waren die *Performances* alleine Albertos Sache gewesen. Er ist ein begeisterter Anhänger der Blutigen Konzept-Kunst, seit er bei einem Deutschlandaufenthalt Otto Muehl kennengelernt hat. Aber die Yankees hätten für keins von Albertos Projekten (die mit Pascual Carlos' Namen signiert wurden) eine Unterstützung von zehn Millionen gezahlt. Deshalb war es ein Versuch wert...«
»Und Pascual Carlos?« fragt Daniel.
Ein Scheinwerfer geht an. Der vertikale Lichtstrahl erhellt einen dikken Mann, der gemütlich in einem Gesundheitssessel sitzt. Es ist Doktor Horteza. Alfonso Horteza Santamaria. Fett wie ein Buddha. Er hat ein hochrotes Gesicht, als wäre er gerade beim Scheißen; Schweinsäuglein, denen der Sau, die auf der Leinwand den profanierten ›*Harlekin*‹ beschnuppert, zum Verwechseln ähnlich. Er redet, als sei ihm alles völlig egal. Daniel denkt an den schlaffen Händedruck seiner Wurstfinger tags zuvor bei der Begrüßung in Puiggráns Garten.

Neben Horteza sitzen andere Leute, aber Daniel kann sie nicht erkennen.
»Pascual Carlos wollte bei diesen Geschäften nie mitmachen«, sagt der Arzt mit der schrillen Stimme verächtlich. »Wir benutzten seinen Namen, da seine Arbeiten in Nordamerika schon einen gewissen Bekanntheitsgrad hatten. Wegen seiner aggressiven Konzepte und seiner skandalumwitterten Aktionen war sein Name schon ein Mythos. Als Bartrina ihn darauf angesprochen hat, ist Pascual Carlos aus der Haut gefahren und hat feige gekniffen. Es stellte sich heraus, daß seine sogenannten ›Aggressionen‹ nur witzig gemeint waren. Und wir mußten feststellen, daß wir mit seiner Theorie viel konsequenter umgingen als er selbst. Aber die Amerikaner wollten Pascual Carlos. Also mußte er herhalten, ob er wollte oder nicht. Der Markt stand uns offen, und es ging um Millionen. Deshalb haben wir seinen Namen benutzt. Die ersten vier Projekte haben wir hinter seinem Rükken mit seinem Namen ›signiert‹, da wir der kleinen amerikanischen Szene weitere Projekte bieten wollten, um seinen Marktwert zu steigern. Wir haben ihm gesagt: ›Du brauchst dir die Hände nicht schmutzig zu machen, aber alles, was wir bisher gemacht haben, stammt von dir. Und alles, was zukünftig von uns gemacht wird, auch.‹ Diejenigen, die in diese Geschäfte verwickelt waren, hielten Pascual ohnehin schon für einen Mörder. Daher hatte er keine andere Wahl, er mußte wohl oder übel zustimmen. Um den Schein zu wahren, machte er weiterhin harmlose *Performances,* aber dafür kassierte er wesentlich mehr als jeder andere Konzept-Künstler der Welt... Und wenn man eines Tages alles entdeckt hätte, wäre er der Hauptschuldige gewesen. ›Wenn die Sache auffliegt, bring ich mich um‹, hat er einmal gesagt. Und er hat Wort gehalten. Als María ihm am Telefon gesagt hat, daß Bartrina tot sei und die Polizei alles gefunden habe, das verweste Mädchen, das Auge im Cocktailglas undsoweiter, besaß er soviel Anstand, sich umzubringen. Auch Bartrina hätte sich so entscheiden sollen, aber leider mußten wir ihm diese Entscheidung abnehmen.«
Daniel stellt sich Bartrinas Überraschung vor, als er in seinem Geheimzimmer plötzlich von einer Gruppe von Leuten bedroht wird. Dort sind Doktor Horteza und Alberto Losante, der Butler. Es sind noch mehr Leute anwesend, aber in der Dunkelheit sind sie nicht zu erkennen. Daniel stellt sich vor, wie Bartrina schreit, daß der Detektiv Daniel Ponce genug Beweise habe, um sie alle ins Gefängnis zu brin-

gen, falls sie ihn töten würden. Genauso ruhig wie sein Gesprächspartner, sagt Daniel:
»Bartrina war sehr nervös. Wahrscheinlich ahnte er schon, was passieren würde. Deshalb hat er mir gegenüber auf der Konzept-Kunst-Messe im Beisein Marías die Bemerkung mit den Schweineställen geäußert. Als wollte er sagen: ›Wenn mir was zustößt, wird Ponce mit Godolat reden und alles erfahren...‹ Ach übrigens, bist du da, María?«
»Ja, natürlich. Hier bin ich.«
Sie erscheint aus dem Nichts. Sitzt ebenfalls in einem dieser Gesundheitssessel neben Horteza. Ein schwarzes Kleid betont ihr distinguiertes, aristokratisches Profil. Der seitliche Rockschlitz betont die Rundung ihrer wunderbaren, übereinandergeschlagenen Oberschenkel. Ihr wildes Lächeln, ihre Art, wie ein Mann zu rauchen, ihre gelangweilten Augen, die Daniel jetzt mit einem Ausdruck absoluter Verachtung durchbohren. Dieser Blick ist wie ein Schuldspruch, wie eine Verurteilung. Genauso wie damals beim ersten Mal, im Hotel Vilafort, als sie sagte: »Jetzt werden wir uns ein bißchen streiten. Und wenn du verlierst, wirst du mich nicht ficken.« »Aber kratzen gilt nicht«, hatte er damals gesagt. Damals hatte er gewonnen. Seit der Zeit haben sie Katz und Maus gespielt, und Daniel war die Maus. Jetzt sagen ihre Augen: ›Diesmal hast du verloren, und du wirst mich nie wieder ficken‹. Daniel hat entsetzliche Angst. María, die an Bartrinas Ermordung beteiligt war, die sich die grüne Perücke aufgesetzt und das Kleid aus goldenen Metallplättchen angezogen hat, damit man sie mit der Gioconda verwechseln würde. María, die eines schönen Tages mit Esteban ins Bett gegangen ist und zwei holländische Prostituierte engagiert hat, die ihn umbringen sollten. María, die Geliebte. María, die Mantis, die Gottesanbeterin, die Esteban verschlungen hat, die Bartrina verschlungen hat und die auch dich verschlingen wird, Daniel. Gleichgültig guckt sie zu, wie andere leiden.
Neben ihr zeichnet sich die Silhouette eines anderen Mädchens ab. Daniel erkennt Lucía wieder, die Tochter vom Eisenbahner. ›Die ist 'n ganz schönes Flittchen geworden‹, sagen die Leute im Dorf. Sie arbeitete zusammen mit Elenita bei den Puiggráns. Wahrscheinlich hat sie, ohne mit der Wimper zu zucken, zugeschaut, wie Elenita zusammengebrochen ist. Sicher hat sie ihren üppigen, weichen Mund beim Anblick des spritzenden Blutes zu einem grausamen Lächeln verzogen. Ihrem Vater fehlt ein Bein. Ihre Mutter sieht aus wie eine

billige Straßendirne. Sie ist klein und viel zu vollbusig für ihren dünnen Körper. Linkische, harte Bewegungen, die an frenetische Orgasmen mit Schreien, Kratzen und Schlägen denken lassen. Diese beiden Frauen versetzen Daniel in Furcht und Schrecken. Ihre Anwesenheit jagt ihm mehr Angst ein als die Anwesenheit von Doktor Horteza, oder die des Butlers, denn er weiß, zu was diese Frauen in der Lage sind. ›Meine Tochter hat mit dieser Sache nichts zu tun‹, hatte ihre Mutter gesagt. Was weiß ihre Mutter schon. Die beiden zusammen wären fähig, ein ganzes Priesterseminar zu verführen. Danach würden sie alle Seminaristen auffressen, einen nach dem anderen. Diese beiden Gottesanbeterinnen. Daniel zieht die beiden mit den Augen aus, und ein interessantes Foto für Penthouse kommt ihm in den Sinn. Entblößte Mösen, feuchte, weit geöffnete Mösen. Schade, daß du Lucía nicht mehr ficken wirst, Daniel. Dazu wirst du leider keine Gelegenheit mehr haben. Männerfressende Weiber. Das sind sie.

»Und dein Vater?« fragt Daniel, während er versucht, eine Beziehung zwischen den Begriffen Mantis und Religiosa herzustellen.

»Er konnte nicht kommen. Er kann nie zu Sitzungen kommen, auf denen unangenehme Dinge besprochen werden müssen.«

»Haha«, lacht Daniel und sagt: »Bartrina hat mir in deinem Beisein diesen Tip mit den Schweineställen gegeben. Damit gab er euch zu verstehen, daß er, solltet ihr ihm irgendwas antun, alles verpfeifen würde.«

»Er war ein Idiot«, fällt ihm Horteza ins Wort. »Er war immer schon sehr dumm. Er war sich all der Fehler bewußt, die er gemacht hatte. Deshalb hat er zu Godolat gesagt: ›Falls mir irgendwas passieren sollte, erzähl den Bullen, was wir hier letzten Sonntag mit den Bildern und den Schweinen gemacht haben.‹ Und ich stand daneben. Pahhh. Damit hat er lediglich erreicht, daß Godolat auch sterben mußte, der arme Mann...«

Ein Schwein legt sich auf den ›*Jungen Harlekin*‹ und läßt das Bild gänzlich in der Schlammpfütze verschwinden.

»Zu viele Tote«, bemerkt Daniel und starrt geistesabwesend auf seine Zigarette. »Das mit Godolat ist ja wohl ein bißchen plump. Ein LKW-Fahrer, der Fahrerflucht begeht.«

»Die Zeitungen sind voll von Berichten über Leute, die andere über den Haufen fahren und Fahrerflucht begehen.«

»Und der Autounfall von Buxadé?«

»Buxadé haben wir nicht umgebracht. Das war Zufall. Es gab keinen

Grund, Buxadé umzubringen. Er hat sich nie danebenbenommen. Es wird Sie sicher interessieren, wie wir Bartrina umgebracht haben, nicht wahr, Ponce?«

»Ich nehme an, unter bestimmten Umständen ist es nicht so schwer, einen Herzinfarkt herbeizuführen. Außerdem sind Sie Arzt...«

»Ich dachte, er wäre neugieriger«, murmelt Horteza enttäuscht. »Eine Kaliumspritze in die Vene.«

Daniel stellt sich vor, wie Bartrina in den Armen des Butlers zappelt, während der Doktor die Spritze vorbereitet. »Der Anteil an Kalium in einer lebenden Zelle ist weitaus höher als der des gesamten Körpers. Im Todesfall sondern die Zellen das Kalium ab, und die Kaliummenge im Körper steigt. Daher ist die kleine Menge, die dem Opfer injiziert worden ist und zu dem Herzstillstand geführt hat, nicht nachweisbar. Ich weiß nicht, ob ich mich verständlich ausdrücke. Dreißig Sekunden, und Bartrina war tot.«

Daniel fragt sich, wer danach die Ehefrau Bartrinas angerufen und gesagt hat ›Ich liege im Sterben‹, damit die Leiche so schnell wie möglich entdeckt würde. Er sagt sich, daß es wohl Losante gewesen sein muß, das Mädchen für alles.

»Da Bartrina heroinsüchtig war, hatte er viele Einstiche, und die Polizei konnte natürlich nichts feststellen«, sagt Daniel. Er sieht María und Lucía Granés vor sich, wie sie verzweifelt mit ihrem Ex-Geliebten kämpfen. Er sieht, wie sie dem Mord eine erotische Komponente verleihen, wie sie masturbieren, während Bartrina spuckt, und der Butler Bartrinas Hände löst, die sich sich an ihm festkrallen. ›Ihr dürft ihn auf keinen Fall schlagen. Man darf kein Zeichen von Gewaltanwendung sehen.‹ Und der Doktor setzt ihm routiniert die Spritze. Er hört triumphierende Schreie; Gelächter wie auf einer Geburtstagsparty, wenn die Kerzen alle auf einen Schlag ausgepustet werden. Dreißig Sekunden und Schluß. Er hört die verzweifelten Schreie der Gioconda und den Schuß, der sie tötete. Irgendwer wird sie ›Schwachsinnige‹ genannt haben. Ein trauriges Wort für ein Requiem. Daniel seufzt und wechselt das Thema. »Ich verstehe nicht, was Sie mit der ganzen Sache zu tun haben, Horteza. Die Kunst ist Ihnen doch völlig schnuppe...«

»Wegen des Geldes natürlich«, sagt Horteza, als sei er beleidigt, daß jemand etwas anderes vermutet hat. »Vor einem Jahr hat ein Amerikaner Bartrina dieses Geschäft vorgeschlagen. Handel mit blutiger Konzept-Kunst in kleinen, geheimen Zirkeln. Aber er vertraute Bartrina nicht ganz. Schließlich war Bartrina bereits vorbestraft, und alle seine Geschäfte hingen auf die eine oder andere Art mit der Banco Transibérico zusammen. Bartrina erzählte es María und Alberto, die gewöhnlich an seinen berühmten Orgien teilnahmen. María hat dann ihren Vater bezirzt...«

Was für eine Überraschung. Alberto bei den Orgien. Der perverse Butler. Alles überschlägt sich. Alberto Losante, der María und Lucía penetriert, der sie demütigt und entwürdigt und sich von ihnen masturbieren läßt.

»Mein Vater ist einfach köstlich«, sagt María lachend und ändert die Position ihrer übergeschlagenen Beine, so daß ihre Oberschenkel besser zu sehen sind. »Ich hab dir schon einmal gesagt, daß seine Frömmigkeit ein wenig ins Schwanken kommt, wenn Geld im Spiel ist.«

»Also«, sagt Horteza, »Bartrina hat María in das Geschäft eingeweiht, María ihren Vater, und ihr Vater dann mich.«

»Und warum nicht auch Puiggrán?« fragt Daniel.

Ein weiterer Scheinwerfer geht an. Das Licht fällt auf Puiggrán. Er sitzt, ein Glas Bourbon in der Hand, zerschlagen in einem Sessel. Volltrunken und seelenruhig sitzt er da. Er blickt in die Runde, mit diesem merkwürdigen Zucken, bei dem er die Augen ganz fest schließt und sich sein Gesicht so zusammenzieht, als würde er gleich platzen. Er steht über den Dingen. Ein bedrohliches Skelett. Im Halbschatten sieht man andere Sessel. Also sind noch weitere Personen im Raum. Daniel hat wieder dieses Gefühl, als würden seine Hoden plötzlich in eiskaltes Wasser getaucht. ›Wenn der Feind stärker ist als du, dann verbünde dich mit ihm‹, sagt er sich wieder, allerdings nicht sehr überzeugt.

»Bis die Dinge angefangen haben, sich zu überschlagen, haben sie sich mir nicht anvertraut«, sagt Puiggrán mit seiner rauhen Säuferstimme. »Ich weiß auch nicht, warum. Vielleicht haben sie gedacht, daß ich mir nicht viel aus Geld mache. Schließlich und endlich warst du ja auch beteiligt«, sagt er beleidigt zu Horteza, »und dir ist die Kunst doch wirklich schnurzegal.«

»Carbó war von Anfang an dagegen«, entschuldigt sich Horteza demütig, »da wir, du und ich, uns nicht besonders gut verstehen. Carbó wollte das Geschäft nicht durch persönliche Differenzen gefährden...« Er wendet sich an Daniel: »Gestern haben wir mit Puiggrán geredet und ihm alles gestanden. Wir haben ihn gebeten, uns den Überfall und Elenitas Tod zu verzeihen. Außerdem haben wir ihm eine Abfindung gezahlt und ihn am Gewinn beteiligt.«

»Ich habe natürlich akzeptiert«, sagt Puiggrán. »Wenn sie von Anfang an mit mir geredet und mich um meine Meinung gefragt hätten, hätte ich niemals für Bartrina gestimmt. Oder ich hätte ihn wenigstens an der kurzen Leine gehalten.«

»Und das wäre genau das Richtige gewesen«, bekräftigt Horteza. Daniel hat das Gefühl, daß das Ganze langsam zu einem stumpfsinnigen Kaffeeklatsch wird.

»Mir wurde das erst klar, als Bartrina uns erzählte, daß Esteban Rius in der Einsiedelei nicht in die Falle getappt ist«, fährt Horteza fort. »Von da an haben wir härter durchgegriffen. Bartrina bekam die Chance, Esteban zu beseitigen. Und ihm ist nichts Besseres eingefallen, als diese beiden Stümper von Zigeunern, diese dämlichen Messerstecher, loszuschicken, denen Esteban entwischt ist.«

»Das war zu dem Zeitpunkt, als ich dir mein Geheimnis erzählt habe«, mischt sich María ein. »Nämlich das mit den Orgien. Daß Bartrina mich vergewaltigt hat, daß er drogensüchtig ist undsoweiter. Erinnerst du dich? Das war im Motel von Cassa. Du solltest ihn verdächtigen, dich auf ihn konzentrieren. So hatten wir unsere Ruhe. Ich rede von dir und nicht von der Polizei, da mir klar war, daß du Nierga nie über deine Ermittlungen unterrichtet hast.«

»Was wollt ihr damit sagen?« protestiert Daniel. »Daß ich alles, was ich weiß, nur deswegen weiß, weil ihr es so wolltet? Nein, nein, nein. Gestern nacht habe ich den Braten schon gerochen. Daß nämlich du, María, was mit der Sache zu tun hast. Außerdem schwante mir auch schon, daß ihr Gioconda auf dem Gewissen habt. Es wäre ja wohl unlogisch gewesen, daß sie nach Bartrinas Tod einfach so alleine abgehauen wäre. Man hätte sie, in Tränen aufgelöst, neben der Leiche finden müssen. Sie war völlig abhängig von Bartrina, total verknallt in ihn. Nachdem Bartrina und Pascual Carlos tot waren, konnte sie ja schlecht am Leben bleiben. Ihr habt sie umgelegt. Weil sie nämlich angefangen hat, einen tierischen Aufstand zu machen, und weil ihr eingesehen habt, wie unsinnig es gewesen wäre, wenn sie ihre eigenen Schöpfer überlebt hätte. Ihr habt sie begraben oder verbrannt oder was auch immer. An Mitteln fehlt es euch ja nicht. Da niemand weiß, woher sie kam, wird sich auch niemand darum kümmern, herauszufinden, wohin sie gefahren ist. Und du, María, hast dich als Gioconda verkleidet und bist zusammen mit dem Butler und seiner weißen Perücke in einem schwarzen Volkswagen, der aussieht wie meiner, losgefahren.« Daniel holt tief Luft. Er seufzt aufgeregt. »Wolltet ihr wirklich allen weismachen, ich sei mit der Gioconda durchgebrannt?«

»Ja«, bestätigt María vergnügt.

Also gut, es ist soweit. Er hat nur noch eine Karte in der Hand, und er ist am Zug. Seine Augen starren in die halbdunkle Ecke des Raumes.

»Ja«, wiederholt er, »ihr wolltet mich in die Sache reinziehen. Aber ich war schon darin verwickelt. Damit habt ihr nicht gerechnet. Ich habe ausgezeichnete Rückendeckung. Weil nämlich Esteban Rius, das Sandkorn im Getriebe, bei mir und auf meiner Seite ist. Und er hat María wiedererkannt, als sie in dem schwarzen Volkswagen an ihm vorbeifuhr. Die Leute im Dorf haben die grüne Perücke gesehen und daraus gefolgert, daß es ›dieses extravagante Flittchen ist, das mit Bartrina zusammenlebt‹. Aber Esteban wußte nichts von Gioconda. Er hat sich auf das Gesicht des Mädchens konzentriert und nicht auf die Haarfarbe. Er hat sich durch das Auto nicht beirren lassen, weil er meins nämlich nicht kannte. Er sah nur dein Gesicht, María. Und er hat die Frau wiedererkannt, die ihn drei Tage vor dem Raubüberfall verführt hat. Eine gewisse Raquel...«

Er hält inne, denn alle lächeln zufrieden. Alle wußten, daß dies seine letzte Karte war, und alle wußten, daß die Sieger von Anfang an feststanden. Alle lächelten nachsichtig. Horteza und María und Lucía und Puiggrán und, hinter ihm, Alberto. Und noch ein Scheinwerfer geht an. Der Raum mit den schwarzen Wänden ist fast vollständig erleuchtet. Das Stativ und die Leinwand, auf die man den Schwarz-Weiß-Film über den Bilderraub projiziert hatte, sind schon zu erkennen. Ebenso die große Leinwand für das Video U-Matic Sony, auf der sich die Schweine auf den gefälschten Picassos gesuhlt hatten. Und Esteban Rius ist zu sehen. Er scheint etwas unbequemer zu sitzen als die anderen. Ein unsicheres Lächeln zuckt in seinen Mundwinkeln.

»Aber Ponce!« ruft Horteza enttäuscht. »Wenn wir nicht mit so was rechnen würden, hätte man uns schon längst geschnappt...« Daniels Atem geht schneller und schneller. Kopf und Brust bewegen sich bei jedem Atemzug. Seine Augen füllen sich mit Tränen. Aber er will sich nicht die Blöße geben, sie abzuwischen. »Seit wir wissen, daß Puiggrán dir mehr erzählt hat als der Polizei, haben wir dich beobachten lassen. Wir wußten, daß diese Bilder nur Kopien waren, denn die

Originale sind in einem Safe in der Bank. Wir hatten angenommen, daß Puiggrán das zugeben würde und die polizeiliche Untersuchung sich routinemäßig auf den Tod der Köchin beschränken würde. Wir konnten ja nicht ahnen, daß Puiggrán die Dinge derartig verkomplizieren würde, indem er alle in dem Glauben ließ, die Picassos seien echt, nur um die Versicherung zu betrügen. Puiggrán wollte, daß du...«, ein gefährliches Duzen, »die Bilder vor der Polizei findest, weil er mit dem Dieb und der Versicherung zugleich verhandeln wollte, um so bei beiden Geld rauszuschlagen...«
»Wir haben alle unsere Fehler«, sagt Puiggrán entschuldigend.
»Puiggrán hat dir gesagt«, fährt Horteza fort, »daß die Diebe den Film aus der versteckten Kamera mitgenommen haben. *Aber der Polizei hat er das nicht gesagt...«*
»Ich habe es ihnen später erzählt«, stottert Daniel.
»Aber was *du* gesagt hast, ist ja gar nicht wichtig. Wichtig ist, was Puiggrán gesagt hat. Und dir hat er dann von Bartrinas Leidenschaft für die Konzept-Kunst erzählt. Das hat dich auf eine wichtige und gefährliche Fährte gebracht. María hat dich ausgehorcht und festgestellt, daß du zu viele Schlußfolgerungen ziehst. Deshalb haben wir Informationen über dich eingeholt. Über dich, deine Frau und dein Detektivbüro. Da ich bei der Ärztekammer großen Einfluß habe, konnte ich mit Doktor Pujol, der deine Frau behandelt, Kontakt aufnehmen und etwas über eure unerfreuliche Ehe erfahren. Wir haben ein Detektivbüro, das wesentlich effizienter arbeitet als deins (das muß man schon sagen), damit beauftragt, dich Tag und Nacht zu überwachen. Sie konnten einige Dinge über dich und deinen Partner Javier Galán und euer Detektivbüro in Erfahrung bringen. Dabei sind sie auf ein paar Regelwidrigkeiten gestoßen, die ihr begangen habt. Anscheinend gibt es da einige Ungereimtheiten, was deine Lizenz angeht. Dein Partner, der sich etwas in die Enge getrieben fühlte, war damit einverstanden, diesen Fall niederzulegen und dich zu vergessen, um mit neuem Kapital die Agentur alleine weiterzuführen. Und auch einem gewissen Melgarejo oder Melga haben wir mit Geld zum Reden gebracht. Als er für uns uninteressant wurde, hat er sich freiwillig verzogen...«
»Ponce«, sagt der betrunkene Puiggrán mitfühlend, »du hast dich mit dem Olymp angelegt. Hast geglaubt, du seist der Klügste von allen und wolltest uns übers Ohr hauen... Das ist eine Sünde, mein Lieber, Hochmut ist Sünde...«

»Ich wollte euch nicht übers Ohr hauen!« protestiert Daniel. Er ist nur noch ein einziges Nervenbündel. »Ich wollte mit Ihnen zusammenarbeiten! Ich habe niemals ernsthaft daran gedacht, Sie zu erpressen! Sie brauchen doch einen neuen Künstler! Jetzt, da Pascual Carlos tot ist, brauchen Sie doch einen Künstler, um im Geschäft zu bleiben... Ich glaube nicht, daß der Amerikaner sich wegen Bartrinas Dummheiten das Geschäft durch die Lappen gehen läßt. Er wird sicher weitermachen wollen, und Sie bräuchten dann...«
»Immer mit der Ruhe!« bremst Horteza Daniels Redeschwall und geht geschickt darauf ein. »Das stimmt. Da hast du Recht. Puiggrán wollte dich nicht beleidigen. Wir haben nichts gegen dich. Immer mit der Ruhe! Nachdem Bartrina solche gravierenden Fehler gemacht hatte, haben wir in der Tat beschlossen, das Geschäft aufzugeben. Aber der Amerikaner war nicht damit einverstanden. Wenn es möglich wäre, diese Angelegenheit ohne größeren Schaden zu Ende zu bringen, wäre er bereit, weiterhin mit uns Geschäfte zu machen. Und sogar mit mehr Geld und mehr Käufern, denn dieser Skandal wird durch die Presse gehen und das Interesse von neuen, potentiellen Investoren wecken. Du hast den Nagel auf den Kopf getroffen: Wir brauchen einen neuen Künstler.«
»Ich werde dieser neue Künstler sein«, sagt Esteban selbstsicher.
»Ja, Esteban wird es sein«, bestätigt María.
»Pech für dich, Ponce«, sagt Puiggrán betrübt.
»Aber Esteban...« stammelt Daniel. »Die Polizei...«
»Die Polizei«, fährt Horteza fort, »denkt, daß Esteban nach Frankreich geflohen ist. Er hat ein Moped geklaut und es in der Nähe der französischen Grenze stehengelassen. Erinnerst du dich? Alle glauben, daß er in Frankreich ist und die Franzmänner jetzt hinter ihm her sind. In solchen Fällen ist die Polizei ein bißchen nachlässig. ›Der wird schon wieder auftauchen‹, denken sie. Denn die Polizei interessiert sich viel mehr für denjenigen, der hinter dieser ganzen Sache steht. Und den haben sie schon gefunden. Es war Bartrina, dieser Verrückte, der genau zum passenden Zeitpunkt an Herzstillstand starb. Esteban Rius wird in Vergessenheit geraten und nie wieder auftauchen. Darum werden wir uns schon kümmern. Wir werden eine kleine Gesichtsoperation an ihm vornehmen, falsche Papiere besorgen und ihm ein neues Leben verschaffen. Aus dem Nichts wird er in Los Angeles auftauchen. Ein spanischer Künstler, Vertreter der *Naiven Malerei,* ein Mensch mit hundert Jobs und ohne Geld, wird er von

einem Kunsthändler entdeckt werden, der ihn unter seine Fittiche nimmt und in die Welt der Konzept-Kunst einführt. In ungefähr sechs Monaten wird er schon ein kleiner Star sein und mit Pauken und Trompeten in Spanien empfangen werden. Dann wird er Kontakt mit Puiggrán aufnehmen, der schon vor ein paar Jahren einige seiner Gemälde gekauft hat...«

»Gemälde«, unterbricht ihn Puiggrán, der sein zufriedenes Lächeln kaum verbergen kann, »die schon jetzt, bevor sie überhaupt gemalt sind, einen beachtlichen Preis erzielen. Denn den Preis für die Künstler entscheiden *auch* wir, die Götter...«

»Die Polizei wird glauben, daß Esteban Rius irgendwo auf dieser Erde verschwunden ist. Und die Welt erhält einen neuen Künstler namens Andrés Martín...«

»Aber ich bin doch *schon* Künstler!« protestiert Daniel schwach. »Mich braucht ihr nicht erst erfinden...«

»Wer würde dir schon trauen, Daniel Ponce?« erwidert Horteza. »Esteban war sofort damit einverstanden, mit uns zusammenzuarbeiten. Wir haben ihm unseren Plan erörtert, und er hat sich voll und ganz in unsere Hände begeben...«

›Wie haben sie Esteban gefunden?‹ fragt sich Daniel. ›Bei mir zu Hause. Sie haben ihn bei mir abgeholt. Und Celia?‹

»Und Celia...?« fragt er ängstlich.

»...du dagegen hast versucht, als du glaubtest, du hättest die Zügel in der Hand, Carbó zu erpressen...«

»Und Celia? Ihr habt sie umgebracht! Und der Kleine...?«

»...und Nierga zu den Schweineställen von PORCICOSA gebracht«, fährt Horteza anklagend fort, »und du hast ihm erzählt, daß eine der beiden Frauen beim Raubüberfall den Film aus der versteckten Kamera herausgenommen hat. Wer würde dir noch vertrauen?«

»Ja!« schluchzt Daniel, der vor Panik in sich zusammengesunken ist, »Inspektor Nierga weiß alles. Er weiß, daß ich hier bin, mit euch!«

»Das weiß er nicht«, sagt der Doktor geduldig. Die anderen lächeln. Alle lächeln. Die Mantis, die Raben und die Götter. »Und selbst wenn er es wüßte, würde Nierga deinen Worten wohl kaum Glauben schenken, wenn er erfährt, daß *du Jaime Trullás darum gebeten hast, dich Puiggrán vorzustellen, weil du an dem Fall interessiert warst.*« Er spricht schneller, um Daniels Protest zuvorzukommen. »Ja, Ponce. Du hast aus der Zeitung von dem Fall erfahren und daraufhin sofort

Jaime Trullás angerufen, damit er dich mit Puiggrán bekanntmacht...«

»Das stimmt«, bestätigt Puiggrán mit einem Rülpsen und kneift fest die Augen zu. »Dein Partner kann bezeugen, daß ich niemals eure Agentur angerufen habe.«

»Trullás wird uns den Gefallen tun. Wir haben ihm in einer der bekanntesten Galerien von New York eine Ausstellung organisiert. Dank unserer Hilfe kann er sich jetzt international einen Namen machen. Er ist uns diesen Gefallen schuldig, und deshalb wird er sagen, was wir wollen... Warte.« Daniel versucht wieder dazwischenzureden. »Warte. Nierga wird dir erst recht nichts mehr glauben, wenn er erfährt, daß *Gioconda schon seit geraumer Zeit deine Geliebte war.* Und wenn er erfährt, daß *du schon lange vor dem Raub der Picassos an Bartrinas berühmten Orgien teilgenommen hast.* Das weiß nämlich das ganze Dorf. Lucía hat dafür gesorgt, daß es sich rumgesprochen hat.« Lucía Granés, die Tochter vom Eisenbahner, guckt Daniel an wie ein wildes, kleines Biest. ›Das hast du davon!‹ ›Geschieht dir ganz recht!‹ Als hätte Daniel ihr irgendwann mal was getan, für das sie sich jetzt absurderweise rächen müßte. »Nierga wird dir mißtrauen, wenn er erfährt, daß *Gioconda zehn Millionen von Bartrinas Konto bei der Banco Transibérico in Barcelona abgehoben hat.* Alle Bankangestellten werden sich an sie erinnern können. Grüne Haare und ein Kleid aus Metallplättchen fallen eben auf. Irgend jemand wird sich schon daran erinnern, *wie sie in einen schwarzen Volkswagen gestiegen ist,* nachdem sie die Bank verlassen hat. Garantiert wird sich jemand erinnern. Auch in dem Reisebüro, in dem dasselbe Mädchen *für heute abend zwei Fahrkarten für den Talgo Barcelona–Paris gekauft hat.* Und die Zugangestellten...«

»Das ist doch völlig absurd! Wieso wollt ihr mich...?«

»Anfangs haben wir das alles nur zur Sicherheit geplant. Man sieht doch sofort, daß man dir nicht trauen kann. Jetzt nützen uns diese Vorkehrungen, das Verschwinden von Gioconda zu rechtfertigen. Weißt du was? Wir hatten sie völlig vergessen. Als Bartrina starb, tauchte sie auf einmal auf und ging wie eine Furie auf uns los. Wir waren so überrascht, als hätte plötzlich eine Statue angefangen, sich zu bewegen. So merkwürdig das auch klingt, aber bis dahin ist uns überhaupt nicht in den Sinn gekommen, daß die Polizei vielleicht mit ihr reden wolle. Und dann dachten wir an dich. ›Daniel Ponce wird uns helfen.‹ Und wie du siehst... Jeder glaubt, daß ihr, dieses grünhaarige Mädchen und du, nach der Entdeckung von Bartrinas Tod zusammen durchgebrannt seid. Jetzt stell dir vor, Inspektor Nierga kommt eines Tages auf die Idee, daß Bartrina umgebracht worden sein könnte. Die Lösung liegt auf der Hand: Du und Gioconda, ihr habt ihn umgebracht und dann Pascual zum Selbstmord getrieben. Sie hat ihre Freiheit wiedererlangt, und du bist mit einem Teil der zehn Millionen abgehauen. Und falls Nierga mutmaßen sollte, daß Buxadé und Godolat nicht durch einen Unfall ums Leben gekommen sind, dann wird er ebenfalls dich für den Mörder halten. Die werden dich suchen bis zum Geht-nicht-mehr.«

»Und noch was...«, unterbricht ihn Puiggrán vergnügt. »Andrés Martín wird gleich mit seiner ersten *Performance* beginnen. Und du bist der Hauptdarsteller. Die Aktion heißt ›*Familien-Aggression*‹.«

Neue Bilder tauchen auf der Videoleinwand auf. Daniel denkt plötzlich daran, daß es noch eine Welt außerhalb dieser schwarzen Wände gibt, und der Gedanke daran, daß er diese vielleicht nie wiedersehen wird, versetzt ihn in Panik. Hypnotisiert starrt er auf die Leinwand. Schwarz-weiß-Fotos. Daniel vor zehn Jahren, wie er sich neben einer Statue im Garten des Louvre in Szene setzt. Die achtzehnjährige Celia, die von einem Balkon herunterlächelt. Das Familienalbum. Celia und Daniel auf der Hochzeit eines Freundes, der prostend sein Glas hebt, Celia mit einer Nelke im Mund. Sie haben sich gerade kennengelernt. Dieses Foto war der Vorwand, sich wiederzusehen. Die beiden, wie sie sich im Badeanzug am Strand umarmen. Die Nacht davor haben sie das erste Mal zusammen geschlafen.

»Celia!« schreit Daniel und erhebt sich von seinem Stuhl. Er spürt die Anwesenheit des Butlers hinter sich.

Die beiden auf den Ramblas. Beide machen ein dämliches Gesicht, ein Freund hat sie überrascht und einen Schnappschuß von ihnen gemacht. Das war die Zeit, in der sie sich ständig stritten, weil Daniel wollte, daß sie es ihm mit dem Mund machte. Aber sie hat sich geweigert. In der Zeit hat Daniel es mit Nutten getrieben und Celia immer alles erzählt. Die beiden im Regen, ohne Schirm, klatschnaß, lachend, nach einer Versöhnung, als sie es sich schon von hinten machen ließ. Die Hochzeit, als Celia im zweiten Monat schwanger war.

»Celia!« Daniel war wie gelähmt.

Celia im Krankenhaus, mit dem neugeborenen Marc im Arm. Als der Kleine geboren wurde, war Daniel mit dem Mädchen aus der Calle Aribau zusammen, mitten in einer *Ménage à trois*. Daniel, den kleinen Marc auf den Schultern. Lächelndes Familienalbum. Das Glück auf Kodak. Und Gioconda (rot-grünes Haar, scharlachrotes Glitzertrikot) küßt Daniel in Bartrinas Garten, abgehackte Bewegungen auf Bildern, die mit einer Schnellschußkamera aufgenommen wurden, tak tak tak, Daniel legt seine Hände um ihre Taille. Celia auf einem nächtlichen Spaziergang, betrunken und heruntergekommen. Gioconda (metallenes Kleid, grüne Haare) streichelt auf der Kunstmesse Daniels weißes Haar. Celia trinkt Whisky in einer Kneipe. Daniel und María im Motel von Cassá de Selva, ein erotisches Traktat, das Kamasutra auf Dias. Tak tak tak, ein Foto nach dem anderen. Celia umarmt Alberto Losante, sie lächeln sich zärtlich an. Das degenerierte Schwein, das María und Celia gedemütigt hat. Das Schwein, das Celia festhält, unschuldige, zärtliche Celia, sie an den Haaren packt und ihr Gesicht gegen sein Geschlecht drückt. ›Blas mir einen.‹ Dieses ekelhafte Schwein von Losante, das Celia die Fotos mit der Gioconda und mit María gezeigt hat. Dieses Schwein, das ihr von den Modellen, die Jaime Trullás ihm besorgte, und von dem Mädchen in der Calle Aribau erzählt hat.

»Celia!« schluchzt Daniel. Er ruft sie, fleht sie an. Jetzt begreift er. Jetzt weiß er, was ihn erwartet. Er weint. Versteinert sitzt er auf seinem Stuhl.

Das weiße Quadrat der Leinwand verschwindet. Als es wieder auftaucht, sieht er Celia. Ihr Blick ist haßerfüllt. Celia ist hier, in diesem Raum mit den schwarzen Wänden. Aber Daniel kann seinen Kopf nicht bewegen. Hypnotisiert starrt er auf die Leinwand.

»Celia, um Himmels willen!«

Und Celia hinter ihm und auf der Leinwand. Celia mit ihrem Puppengesicht, mit ihrem braven Kleinmädchengesicht, die schönste, die geliebteste aller Frauen. Sie spricht, sie spricht so zärtlich wie sie immer sprach, wenn sie dem kleinen Marc Märchen erzählte.

»Du hast gesagt, du würdest für immer fortgehen. Und alle werden mir glauben.«

»Der könnt ihr nicht vertrauen! Sie ist verrückt! Sie ist unberechenbar...«

Celia hat ein großes Küchenmesser in der Hand. Sie kommt näher. Nur ihr Profil ist auf der Leinwand zu sehen.

»Wenn sie psychische Probleme hat«, erklärt Horteza, als hätte ihn jemand freundlich um Auskunft gebeten, »dann werde ich mich ihrer annehmen... Ich habe mehrere psychiatrische Kliniken. Und in einer

davon werden wir bestimmt einen Platz für sie finden. Wahrscheinlich wird es ihr dort besser gehen als bei dir...«
Auf der Leinwand ist ein Rücken zu sehen. Es ist sein eigener. Daniel Ponce erkennt sich kaum wieder. Weißes Haar, ein Lächeln wie Donald Duck. Celia steht genau hinter ihm, die Messerspitze ist auf ihn gerichtet.
»Hörst du das, Celia?« sagt er mit kraftloser Stimme. »Sie wollen dich ins Irrenhaus stecken.«
»Das werden sie nicht tun«, sagt Celia nur.
Daniel wendet den Blick von der Leinwand ab und schaut zu der Gruppe, die der Vorstellung beiwohnt. Horteza, Puiggrán, María, Lucía und Esteban. Durch irgendeinen optischen Trick hat man den Eindruck, daß sie sich immer weiter entfernen. Sie werden kleiner und kleiner, unerreichbar. Daniel könnte nichts bewirken, selbst wenn er sich mit aller Kraft auf sie stürzen würde. Er würde sein Ziel nie erreichen. Sie sind unantastbar wie die Götter, kalt und berechnend wie Götter, erbarmungslos wie die Götter. Gleichgültig gegenüber den inständigen Bitten, die ihrem Willen zuwiderlaufen. Wie Götter. Unbesiegbar, unverwundbar, unsterblich wie Götter.
Auf der Leinwand, so als widerfahre es einem anderen, bohrt die über alles geliebte Ehefrau das Messer in den Rücken des Ehemannes.
Einmal, und Daniel sieht nichts mehr. Zweimal, und Daniel zerbricht innerlich. Und noch unzählige Male, und Daniel spürt nichts mehr.

Sechs Monate später

Die Person heißt Francisco Guillola Probat. Ein depressives und deprimierendes Individuum ohne einen Hauch von Sensibilität oder Frohsinn. Sein guter Geschmack, wenn man ihn so nennen will, beschränkt sich ausschließlich auf die Art seiner Kleidung; hauptsächlich maßgeschneiderte, graue Anzüge. Er wechselt täglich Hemd und Krawatte und besitzt die Geschmacklosigkeit, neben seinem Ehering einen goldenen Siegelring zu tragen. Seine Schuhe glänzen wie sein erst kürzlich erworbener Talbot SX Automatik. Seine Gesprächsthemen beschränken sich strikt auf Fußball (er ist Mitglied des CF Barcelona) und auf Düsenspinnmaschinen. Sein Ehrgeiz: Jedes Jahr ein neues Kind, ein besseres Auto und ein größeres Haus. Er stottert und quält seine Gesprächspartner. Er spricht nie über Frauen. Er schämt sich seiner Beziehung zu ihnen, da er nicht in der Lage ist, sie zu befriedigen. Aus diesem Grund ist seine Frau eine Neurotikerin mit leicht psychopathischen Zügen. Und er sucht ein paarmal in der Woche in dem schon genannten Massagesalon in der Calle Loreto seine zwielichtigen und bequemen Abenteuer. Er hat zwei Söhne, die er ignoriert und gelegentlich auch haßt; sowie eine vierzehnjährige Tochter, die er unbewußt sexuell begehrt.
Francisco Guillola Probat könnte man ohne weiteres als ›lebendigen Toten‹ bezeichnen. Sein Verschwinden würde seinen nächsten Familienangehörigen zweifellos nicht ungelegen kommen, da sie ihn auf die Dauer ohnehin nicht vermissen würden. Außerdem würden sie mit einem reichlichen Erbe und einer saftigen Lebensversicherung belohnt. Diejenigen, die ihn nur entfernt kannten, würden seinem Tod gelangweilt und gleichgültig gegenüberstehen. Francisco Guillola Probat ist ohne weiteres ersetzbar, sowohl als Ingenieur für Düsenspinnmaschinen, als auch als Mitglied des Barca, und vor allem auch als Liebhaber (sei es als ›fester‹ oder gelegentlicher).
Wenn Francisco Guillola Probat seiner Ehefrau ankündigt, daß er mit einem Kunden zu Abend essen oder einige dringende Angelegenheiten erledigen müsse (was fast regelmäßig einmal die Woche der Fall

ist), begibt er sich gewöhnlich in das eben erwähnte Institut Sensus, um sich der sachkundigen Pflege einer der Krankenschwestern, die dort arbeiten, anzuvertrauen. Um drei Uhr morgens verläßt er das Lokal, um sich erschöpft und schleppenden Schrittes an den Ort zu begeben, an dem er seinen erst kürzlich erworbenen Talbot SX Automatik hat parken können. Zu diesem Zeitpunkt hat er nichts mehr von seiner Stattlichkeit, die er tagsüber zur Schau stellt. Seine Überraschung ist unendlich groß, als er einen Mann sieht, der aus einem in der Nähe geparkten Auto steigt und sich so auf ihn zubewegt, als führe er einen rituellen Tanz vor. Der Mann trägt ein viel zu weites, großkariertes Jackett, ein gelbes Hemd, einen getrockneten Schmetterling anstelle einer Fliege und eine Hose mit enormem Schlag, die von diesen lächerlichen Riemenspannern gehalten wird, wie sie die Person selbst, Francisco Guillola Probat, jeden Morgen benutzt, um Bizeps und Brustmuskeln zu trainieren. Der Mann trägt eine künstliche, schreiend rote Nase und hat weiße Schminkflecken um Mund und Augen, was ihm einen unschuldigen und fröhlichen Ausdruck verleiht.

Die Person zeigt ihre Bestürzung. In Wirklichkeit sieht sie sich selbst in einem Spiegel. Sie muß erkennen, daß sie täglich von Tausenden von Menschen, die ihr auf der Straße begegnen, so gesehen wird. Als ein Individuum mit einer unmöglichen Verkleidung und absurden Bewegungen, die an der Grenze des Zumutbaren liegen. Als ein Individuum in ritueller, tausendmal wiederholter Kleidung, das, anstatt das zu vermitteln, wonach es trachtet – nämlich Würde und Fröhlichkeit – lediglich pathetisch wirkt. Beider Kleidung verfehlen ihre Absicht. Beider Kleidung haben eines gemeinsam: Die Beklemmung angesichts eines anachronistischen Rituals.

Der Manager versucht dem Clown auszuweichen, versucht sein eigenes Spiegelbild auszulöschen. Aber beim Anblick des Messers, das unerwarteterweise in der rechten, behandschuhten Hand mit den langen Fingern aufblitzt, gibt er auf. Paralysiert und verängstigt gehorcht er den unerhörten Befehlen, genauso wie sich seine Untergebenen seinen fortwährenden Aggressionen unterwerfen. Er knöpft den Mantel, das Jackett und die Weste auf. Sein Gesicht verzerrt sich, seine Hände zittern und versuchen vergeblich, der Aggression zu entgehen, die in der Gestalt eines Zauberers auf ihn zukommt.

Das Messer dringt in das Hemd des Managers, bohrt sich zwischen seine Rippen, dreht sich brutal herum und zerteilt die Knochen. Luft

wird durch diese Öffnung dringen und die Wunde brandig werden lassen.
Die Person zittert heftig und bricht mit weit aufgerissenen Augen zusammen.
Sie werden ihn am nächsten Tag finden, in Fötushaltung, so als suche er eine Wiedergeburt, eine neue Wahrheit. Korrekt gekleidet wird er dort liegen, das Jackett wird die Wunden, die Falten und Flecken verdecken, der Aktenkoffer wird stehen zur Rechten des Vaters, und vor seinem Körper wird man auf einem Stück Karton – welch absurdes Detail – die Große Wahrheit lesen können:

HAB FRAU UND DREI KINDER.
KEIN ABEIT.
HAB HUNGER.
BITTE UM
GNADE.

Das Analphabetentum eines Lebens, das in krassester Unbildung verbracht wurde, verbunden mit einem Hilfegesuch. Der Mann brauchte Nahrung, geistige Nahrung, etwas, das seinem Leben einen Sinn gegeben hätte. Und offensichtlich hat man ihn gerade aus der Arbeit, zu leben, entlassen. ›BITTE UM GNADE‹ ist keine Bitte um ein Almosen, sondern eine Bitte um Nachsicht der Personen, die die Freundlichkeit besitzen, seine Vergangenheit zu beurteilen.

Nachwort

Der Junge hinter der Säule

Wenn ich an Andreu Martín denke, habe ich immer ein ganz bestimmtes Bild im Kopf: Wie er in seinem Versteck steht und sich ins Fäustchen lacht. Von klein auf habe ich ihn für einen Experten im Bildersammeln gehalten. Ein kleiner Falschspieler mit einer sorgsam gehüteten Blechdose, in der er die Sammelbilder versteckt hielt. Inzwischen ist er ein bißchen dicker geworden, wie sich das für jemanden gehört, der sich endgültig verheiratet hat. Trotzdem macht er immer noch den Eindruck, als sei er gerade erst aus seinem Versteck hervorgetreten.

Es gibt Leute, die sehen nach etwas aus, was sie nicht sind, und andere, die das, was sie sind, nicht mehr verbergen können. Es gab eine Zeit, da spielten mein Sohn und ich ein Spiel: Wir versuchten, die Leute ihrem Aussehen nach einzuordnen. Mein Sohn glaubte, daß Schriftsteller wie Schriftsteller aussehen. Ich sehe nicht aus wie ein Schriftsteller. Ich weiß nicht, wie ich aussehe. Als mein Sohn vor ungefähr acht Jahren Andreu kennenlernte, meinte er, daß auch Andreu nicht aussähe wie ein Schriftsteller. Ich erinnere mich, daß ich ihn damals gefragt habe: ›Und wie sieht Andreu aus?‹

Das ist eine schwierige Frage. Man sieht Andreu lächeln, man geht auf ihn zu und stellt fest, daß er gar nicht lächelt, daß es nur eine Grimasse ist. Andererseits fängt er ganz ernst an zu reden, und aus irgendeinem versteckten Winkel hört man sein Lachen.

Seither ist viel Zeit vergangen, und wir spielen dieses Spiel nicht mehr. Mein Sohn ist noch zu jung, um sich über die Dinge lustig zu machen, aber wir wissen immer noch nicht, wie Andreu aussieht.

Ich wage eine These: Andreu sieht aus wie Andreu. Er ist sein eigenes Vorbild. Vielleicht ist er weiterhin ein harmloser Falschspieler, als wäre er immer noch der kleine Junge mit den Sammelbildern, der schließlich gemerkt hat, daß die Tricks wichtiger sind als die Bildchen. Ich habe immer schon vermutet, daß darin sein Ursprung als Schriftsteller liegt.

Seine Romane sind eine Mischung aus dem Theater der Manolita

Chen*, Fu-Manchú-Filmen und Psycho. Und alles ist voll von Gelächter, Schaudern, Gaukelei und dem Geräusch von zersplitternden Gebissen. Der Gute entpuppt sich als der Böse, die Sündhafte als die Tugendhafte, das Kind ist ein kleiner Alter, und der Bucklige ist ein aufrechter Mensch mit einem Hang zur Überheblichkeit. Nichts ist, wie es ist. Es kann sein, daß das Telefon klingelt, Sie den Hörer abnehmen und so die Tragödie ins Rollen bringen. Die kleinste Nichtigkeit kann die größte Wichtigkeit verbergen, genau wie manche Bikinis.

Als Andreu und ich uns in Madrid kennenlernten, wollte uns jemand interviewen. Und er tat es. Nur, daß ich mich als Juan Martín vorstellte, und er als Andreu Madrid. Niemand bemerkte den Schwindel. Danach gingen wir mit einer kleinen Gruppe von Leuten in ein Lokal, dessen Besitzer ein ehemaliger Polizist war. Dieses Lokal mußte man einfach aufsuchen, wenn man wissen wollte, was in Madrids Unterwelt passierte. Heute gibt es dieses Lokal nicht mehr. Damals konnte man dort heimlichen und ganz und gar unkünstlerischen Porno-Spektakeln beiwohnen. Und damals entdeckte ich noch einige andere Fähigkeiten mehr von Andreu. Im Laufe der Nacht und des Morgengrauens gingen die Leute um uns herum nach Hause. Selbst so erfahrene Nachtschwärmer wie René Palacios und der Baske Recalde verabschiedeten sich um zehn Uhr am nächsten Morgen. Andreu und ich redeten weiter.

Das ist eines der Geheimnisse, die Andreu in seiner Blechdose aufbewahrt. Sollte es wahr sein, daß ein Schriftsteller sich ausruhen kann, wenn er die entscheidende Seite geschrieben hat, dann kann Andreu es nach diesem Roman ganz bestimmt. Ich bin sicher, daß er seine ganze Weisheit als Schriftsteller in »Aus Liebe zur Kunst« gelegt hat. Der Roman ist eine Mischung aus Spiel, Horror, Schrecken und Gewalt. Eine Gewalt, wie sie nur ein Pazifist wie Andreu wiedergeben kann. Der Roman gehört ebenso in eine Sammlung surrealistischer Werke, wie in eine Sammlung von Kriminalromanen oder eine Sammlung von Horrorgeschichten, ganz wie Sie möchten.

Man hat den Eindruck, Andreu habe ›Aus Liebe zur Kunst‹ geschrieben wie ein Radrennfahrer, der sein Ziel erreicht – in vollem Tempo, freihändig und scheinbar ohne jede Anstrengung. Ein Trug-

* Theater der Manolita Chen: mobile Revue-Theatertruppe aus den fünfziger und sechziger Jahren.

bild. Es ist ein sehr ernster Roman über einen entsetzlichen Scherz. Oder umgekehrt. Die Jahre seiner Kindheit, in denen Andreu seinen Freunden die Sammelbildchen stibitzte, tragen jetzt Früchte.
Aus dem Spiel mit meinem Sohn habe ich eine Überzeugung gewonnen: Obwohl viele es glauben mögen, aber der Schein trügt nicht. Andreu sieht jetzt aus wie ein Schriftsteller. Wie ein großartiger, ernsthafter Schriftsteller.
Obwohl er immer noch den Eindruck macht, als wäre er gerade erst aus seinem Versteck hinter der Säule hervorgetreten.

Juan Madrid
August 1987

DEUTSCHER KRIMIPREIS 1993

»BIS DASS DER MORD EUCH SCHEIDET«

Andreu Martín beschreibt in seinem preisgekrönten Kriminalroman ebenso kritisch wie kunstvoll die Ursachen von Gewalttätigkeit und deren unerbittliche Folgen. Die Suche nach Nieves Bermejos Mörder gerät zum kriminalistischen Alptraum und zum Psychogramm einer ganzen Gesellschaft.

Andreu Martín »Bis dass der Mord euch scheidet«
Kriminalroman, gebunden,
283 Seiten, ISBN 3-89151-135-3
Elster Verlag

Im Buchhandel erhältlich!

Fordern Sie unser Gesamtverzeichnis an:
Elster Verlag, Schillerstr. 7, 76530 Baden-Baden

ELSTER VERLAG